# 추미애의 깃발

우리 함께 손잡고

# 추미애의 깃발

우리 함께 손잡고

개혁정치가 추미애
우리 시대의 지성 김민웅
격정 대화

**한길사**

진실이 힘을 펼치는 나라 | 책머리에 부치는 말씀 | 추미애·9

개혁정치의 미래를 만나다 | 책 끝에 부치는 말씀 | 김민웅·387

# 진실이 힘을 펼치는 나라

• 책머리에 부치는 말씀

## 개혁에는 때가 있습니다

김민웅 교수와의 대담 약속시간에 늦을 것 같아 서둘러 집을 나서려던 참이었습니다. 베란다에 내놓은 로즈마리 화분이 눈에 밟혔습니다. 한나절 정도는 갈증을 참아내겠지, 한겨울도 잘 참아냈으니 괜찮을 거야 하고 무심히 현관문을 나섰습니다.

늦은 밤까지 대담을 마치고 지친 몸으로 귀가했습니다. 화분에 물을 주려고 보니 로즈마리는 싱싱했던 초록 빛깔을 잃고 갈색으로 시들어 있었습니다. 불과 하루가 채 안 되는 시간이었습니다. 안타깝고 미안한 마음에 몇 날 며칠을 물을 주며 달래보았지만 허사였습니다. 무심했던 자의 욕심이었습니다. 게으른 자의 뒤늦은 항변이었습니다. 거실을 가득 수놓았던 로즈마리 향을 더는 맡을 수 없게 되었습니다.

고단한 세상사에 찌든 제게 잠시나마 정신적 여유를 누리게 해준 다정했던 친구가 생이별을 고한 것입니다. 남은 것은 후회뿐. 그때 잠깐만이라도 관심을 갖고 제때 물을 주었더라면 2년 넘게 함께했던 정든 로즈마리를 이렇게 떠나보내지 않았을 텐데. 저는 제 자신을 원망했습니다.

반려식물을 아쉽게 떠나보내고 개혁에도 '때'가 있는 것 아닐까 생각했습니다. 개혁은 한순간에 몰아치듯 다가오지만 그때를 놓치면 아무 일도 없었던 것처럼 가라앉기도 합니다. 개혁의 때를 놓치면 개혁의 새순은 꽃을 피우기도 전에 누군가에게 짓밟히기도 합니다.

개혁에 대한 타는 목마름을 제때 해갈하지 못한다면 개혁을 열망하는 민심이 더는 인내하지 않습니다. 기대를 접거나 결국 냉랭하게 돌아설 것입니다. 개혁의 순간을 외면하거나 회피한다면 개혁의 동력은 고사하거나 전혀 원하지 않는 방향으로 가버릴 수 있다는 것을 깨닫고 또 깨달은 지난 시간이었습니다. 나의 친구 로즈마리가 제게 잊지 말라고 일깨우고 간 듯해 오늘 밤 텅 빈 거실에서 더욱 그립습니다.

## 숙명의 시간 1년 1개월

법무부장관으로 지낸 1년 1개월은 숙명의 시간이었습니다. 회피할 수 없는 운명의 자리에 혈혈단신으로 섰습니다. 촛불시민에게 검찰개혁을 약속하고 다짐했던 제1야당 당대표에게 남겨진 숙제이기도 했습니다. 예상했던 대로 개혁을 결사적으로 저지하기 위해 사방에서 으르렁대며 쏘아대는 화살이 날아왔습니다. 맨몸으로 비수 같은 화살을 맞아야 했습니다. 그때 제 품속에는 비록

은장도뿐이었지만 마치 장검을 지닌 장수처럼 의연하게 화살을 막아내며 앞으로 나아가려 애썼습니다. 이를 악물고 싸웠지만 역부족이었습니다. 은장도는 결국 저를 겨눴습니다.

70년간 쌓인 검찰의 강고한 기득권은 조국 전 장관과 제가 개혁의 수술대에 올린다고 해서 쉽게 올라갈 몸집이 아니었습니다. 검찰개혁에 대한 저항은 실로 엄청났습니다. 비대해질 대로 비대해진 검찰권력과 그 권력을 엄호하는 보수언론과 이를 이용하는 야당이 삼위일체가 되어 흔들어댔습니다. 그러나 공정과 정의의 심판자로 행세한 검·언·야 부패 기득권의 카르텔은 싸움이 격렬해질수록 민낯을 드러냈습니다.

검찰총장이 대권에 직행하는 헌정사상 초유의 사태는 명백한 검찰의 중립성 파괴 행위입니다. 역시 헌정사상 초유의 검찰총장 징계의결서에는 그 위중함과 위험성이 적시되어 있습니다. 징계의결서는 민주주의를 위기에 빠뜨리는 검찰권력 해부 보고서이기도 합니다. 그러나 이를 징치해야 할 사법권력은 이토록 위중한 사안을 지나치게 가볍게 다뤘습니다. 검찰과의 공생의식과 검찰권력에 대한 두려움이 뒤섞인 비루하고 비겁한 결정이었습니다.

### 역사에 대한 의리

법무부를 떠난 후, 분노와 회한이 밀물과 썰물처럼 가슴을 터질 듯 채우다가도 이내 한순간에 공허해지기를 반복했습니다. 감당하지 못할 심경의 조류가 뒤엉켜 포말을 일으키고 분노와 공허에

괴로운 나날을 보내던 어느 날, 김민웅 교수께서 연락을 주었습니다. 그저 위로받고 싶은 마음에 검찰개혁 여정에 응원을 보내주셔서 감사하다는 말부터 꺼냈습니다. 그러나 김 교수는 여당의 보궐선거 참패로 개혁 전선이 무너지고, 개혁의 깃발이 접혔다고 실의에 차 있을 촛불시민들을 누가 위로하고, 누가 다시 힘내자고 할 것이냐며, 가라앉은 제 마음에 매몰찬 채찍을 가했습니다. 뜨거운 가슴을 품은 사람만이 할 수 있는 가장 냉정하고 매몰찬 격정의 토로였습니다.

그렇게 대담이 시작되었습니다. 김민웅 교수와 열 차례의 대담으로 치유와 회복의 강을 건너는 기분이었습니다. 대담하는 동안 어느덧 분노를 넘어서게 되었습니다. 5년 전 촛불광장에서 함께 앉아 걱정과 불안을 감추고 서로서로 용기를 북돋우며 미지의 길로 한 걸음 한 걸음 옮기던 때로 돌아가 있었습니다.

뜨거운 심장으로 추위를 녹여내며 부른 "어둠은 빛을 이길 수 없다. 거짓은 참을 이길 수 없다"는 합창은 단순히 노랫말이 아니었습니다. 서약하는 주문이었습니다. 그러기에 일부러 기억을 더듬어 입으로 말하는 대담이 아니었습니다. 가슴속의 한이 뿜어지듯 피를 토하는 심장의 소리가 나왔습니다. 때로는 되새김질조차 피하고 싶을 정도로 고통스러운 대목도 있었습니다. 그러나 촛불시민이 얼마나 위대한 힘이고 역사의 동력인지 깨우치게 해주는 고맙고 감격스러운 과정이었습니다. 제가 지켜야 할 역사에 대한 의리가 무엇인지 깨우치는 시간이었고 진심의 순도를 드높이는 담금질의 과정이었습니다.

대담 과정에서 김민웅 교수는 짓궂게도 저의 연애사를 물어보았습니다. 한 인간의 생각을 온전히 이해하기 위해서는 그 사람을 여러 각도에서 바라보아야 합니다. 그저 일시적인 고집인지 일관된 진정성인지 잘 분간되지 않을 때 인간적 바탕과 고민의 깊이를 알고 싶었을 것입니다. 그러다 보니 경계 없이 허물도 털어놓고 뒷담화도 하게 되었습니다.

이 책은 저절로 흉금을 털어놓은 책이 되었습니다. 그러나 여전히 제 마음은 우리의 촛불개혁이 미완의 개혁으로 끝나서는 안 된다는 죄스러움으로 무겁기만 합니다.

## 촛불은 우리 공동체의 미래

촛불정신은 이 시대를 비추는 거울입니다. 이제는 촛불이라는 이름을 부르기 불편해하고, 꺼려하는 현실도 목도하게 됩니다. 그것도 더불어민주당 안팎에서.

부르지 않는다고 꺼질 촛불이 아니라는 것은 우리의 유구한 민주주의 역사가 증명하고 있습니다. 가장 어려운 시기, 가장 어두운 시기에 들었던 촛불이 과거의 어둠을 밝혀 오늘의 길을 냈다면, 이제 촛불은 우리 공동체의 미래를 밝히는 희망의 준거가 되어야 할 것입니다. 이제 다시 그 촛불의 진의를 가슴에 새기고, 잘못된 점을 바로잡고, 역사의 길을 흐트러짐 없이 가야 합니다.

촛불시민이 꿈꾼 정의로운 나라는 진실이 힘을 가지는 나라일 것입니다. 촛불시민이 바라는 자유도 진실의, 진실을 위한, 진실에 의한 자유여야 하는 것입니다. 거짓과 위선, 반칙과 특권을 위한, 기득권에 의한 자유가 아닙니다.

전두환도 정의를 외쳤습니다. 그러나 그의 정의는 진실 위에 선 것이 아니었기에 폭압이 되었고 위선이 되었습니다. 윤석열 총장도 공정을 말합니다. 그러나 그의 공정은 정치적 셈법에 따른 취사선택과 검찰 이기주의에 터 잡은 편향성으로 얼룩졌기에 역사의 길에서는 버림받을 수밖에 없을 것입니다.

진실은 아직도 기득권의 무게에 짓눌려 있습니다. 개혁이 피곤하다고 적당하게 타협해버리는 순간 타협된 진실은 더는 진실이 아닙니다. 기득권이 숨어 있기 좋은 피난처일 뿐입니다.

개혁을 추진할 힘이 모자란다고 주저앉기 전에 우리 안에 누군가가 힘을 빼고 있지 않은지도 돌아봐야 합니다. 개혁의 진짜 적은 개혁의 대상보다 개혁세력 안에 은밀히 서식하는 경우가 종종 있기 때문입니다.

그것은 우리 안의 게으름과 비겁함으로 존재하기도 합니다. 특권세력이 워낙 강고한 나머지 오히려 다수 국민의 몫을 자꾸 내주는 식이라면 개혁이라는 이름을 써서는 안 됩니다. 양보를 얻은 특권세력은 개혁이라는 미명하에 또 다른 양보를 요구하기 때문입니다.

예를 들어 법무부 산하 검찰과거사위원회가 조명했던 김학의 전 법무차관 사건만 보더라도 그렇습니다. 그 사건의 본질은 검사가 스폰서를 두고 성접대를 받은 뇌물 사건, 성폭력 사건이었습니다. 그런데 윤석열 검찰은 검·언·야의 협공으로 김학의 출국방해 사건으로 둔갑시키고, 이규원 검사를 직접 기소한 것도 모자라 기밀누설혐의를 씌워 공수처에 수사의뢰까지 했습니다.

검찰은 윤석열 사조직이 되어 사법정의를 구현해야 할 국가기구를 무력화하고 사법정의를 먼지 같은 하찮은 것으로 만들었습니다. 이렇게 진실을 덮고 사법정의를 무력화한 수많은 사건이 그 억울함을 간직한 채 누가, 왜 그렇게 했는지 밝혀지지 않고 있습니다. 그러나 진실의 힘이 개혁을 만들어낼 것입니다. 그런 진실의 힘이 두렵기에 개혁을 바라지 않는 그들은 『조국의 시간』도 불편한 것입니다.

개혁 저항세력에게 위축되어 움츠러들 것이 아니라 다시 촛불시민과 함께 흐트러진 대오를 바로 세우고 올바른 역사를 향한 대장정을 준비해야 할 때입니다. 개혁을 멈춘 시대도 없었고, 아무런 저항 없이 무난하게 개혁이 이루어진 시대도 없었습니다. 개혁은 역사가 올바른 방향으로 걸어가기를 원하는 사람들의 집단의지의 천명입니다.

## 인간의 존엄성을 최우선으로 삼는 나라

촛불시민이 만들고 싶은 나라는 한 사람 한 사람의 자존감을 세워주는 나라입니다. 민주공화국은 인간의 존엄성 보호를 최우선으로 하는 나라입니다. 그런 나라를 만들기 위해 촛불시민은 생업을 걸고 목숨을 걸었습니다. 그러나 관료와 정치인, 언론·경제·사법 권력은 민주공화국의 존재 이유보다 자신들의 기득권과 안위가 먼저였습니다.

모든 공직자는 국민 한 사람 한 사람의 존엄성을 보호하기 위해 복무해야 합니다. 그런데도 검사가 인권보호 책무에 소홀하지 않도록 감독해야 하는 검찰총장이 청문회에서 "사람에 충성하지 않고 조직에 충성한다"고 말했을 때 여론은 그게 무슨 뜻인지도 모르고 환호했습니다. 권력을 남용해 탄핵당한 대통령을 경험했기에 그의 말을 대통령에게 맹목적으로 충성하지 않겠다는 뜻으로 좋게 받아들였던 것입니다. 그러나 그의 사고는 경직된 검찰주의자 그 이상도 그 이하도 아니었습니다. '조직에 충성한다'는 말속에 숨겨진 반헌법적이고 반민주적인 요소를 간과했던 것입니다.

공직자로서 그가 충성해야 하는 대상은 조직이 아닌 국민이어야 했습니다. 그가 복무해야 하는 가치는 검찰지상주의가 아니라 국민의 인권과 존엄성을 보호해야 하는 것입니다. 견제와 균형이 민주주의의 기본원리인데도 견제를 싫어하는 그의 사고방식을 압축적으로 드러낸 것이었습니다. 촛불시민이 만든 나라에 어울리지 않는 시대착오적 발상이었습니다.

헌법의 최고 가치이자 목적인 인간의 존엄성과 양립할 수 없는 헌법 조문이 있습니다. 박정희 군부가 헌법을 개악해 만든 검사의 독점적인 영장청구권입니다. 검찰이 무소불위의 권력기관으로 성장하는 데 성장판 역할을 한 조문입니다. 검찰은 이 조문을 최대한 악용해 지금껏 영장청구권을 독점하며 제 식구를 감싸거나, 유력자의 죄를 덮거나, 평범한 시민의 인권을 다반사로 침해해왔던 것입니다. 인간의 존엄성과 충돌하는 이 조문은 촛불정신에 반하는 것이고 시급한 개헌 대상입니다.

## 선진국 위상에 맞는 선진검찰

우리나라는 국민과 기업, 정부의 노력으로 어느덧 세계 10대 경제대국으로 부상했고, 경제·사회·문화 등 각 분야에서 명실상부한 선진국가로 발돋움하고 있습니다. 특히 코로나19 극복과정에서 빛난 'K방역'은 선진국으로서의 자아의식을 갖게 한 일대 사건이었습니다. 그러나 국민의 구체적인 삶도 선진국 국민다운 품위를 누리고 있는지, 또한 인격적 대우를 충분히 받고 있는지는 분명히 되새겨봐야 할 문제입니다.

무엇보다 사법영역에서 국민의 품위와 인격은 제대로 보장받지 못하고 있습니다. 사회 전 분야가 선진국으로 업그레이드되는 대전환의 시대에 유독 지체되고 있는 영역입니다. 그런 점에서 검찰개혁과 사법개혁은 선진국가로 대전환하는 시대에 걸맞게 국민의 품위를 높이고 인권을 옹호하는 검찰 선진화, 사법 선진화를 의미합니다.

인간의 존엄성을 회복하고 보호하는 선진국으로 나아가기 위해서는 과거의 악폐에 머물러 있는 검찰을 선진국형으로 개조해야 합니다. 그것이 검찰개혁입니다. 특히 일제의 잔재가 가장 진하게 남아 있는 마지막 권력이 검찰권력입니다. 검찰개혁은 복잡한 것이 아닙니다. 단순한데도 어려운 이유는 논리의 문제 때문이 아니라 검찰이 누구도 감히 건드릴 수 없는 무소불위의 조직으로 성장했기 때문입니다. 70년간 검찰은 견제와 균형을 비효율적이고 거추장스럽게 여기는 군부 통치에 협조하면서 어느 나라에도 없는 막강한 권력이 되었습니다. 선진 사법국가에서는 이미 수사와 기소가 분리되어 견제와 균형, 분권의 민주적 원리가 작동하고 있습니다. 그러나 한국 검찰은 아직도 수사가 기소에 복무해야 한다는 등 다른 나라의 법이론에서 볼 수 없는 갈라파고스식 논리에 집착하고 있는 것입니다.

### 생각의 근육 키우기

검찰개혁에 가장 필요한 세 가지를 꼽으라면 첫째, 견제와 균형·분권의 원리입니다. 둘째, 용기입니다. 셋째, 생각입니다.

첫 번째에 관해서는 수사와 기소의 분리 등을 이미 말씀드렸기에 반복하지 않겠습니다. 두 번째에 관해서는 개개의 검사가 검사동일체의 원칙을 깨는 용기가 필요합니다. 현재의 방식대로 검찰청법을 생각 없이 운용하면 검찰총장 한 사람만 진짜 검사이고 나머지는 그의 부속품에 불과하게 됩니다. 검찰총장이 직무이전과 승계권을 통해 대검의 구성원뿐만 아니라 전국 지검의 모든 구성원의 사건까지 마음대로 자신의 휘하로 가져가는 것을 당연시한다면 앞으로도 검찰권을 이용해 정치하는 검찰총장을 막을 수 없습니다. 개개의 검사가 이의제기권을 적극적으로 활용해 단독제 관청으로서의 주체성을 확립해나가야 할 것입니다.

세 번째 생각에 관해서입니다. 생각의 근육을 키워야 합니다. 이 것은 비단 검찰뿐만 아니라 모든 권력부서, 금권부서 등 힘과 돈을 가지고 있는 부서의 공직자에게 해당합니다. 개개 공직자의 생각 이 바뀌지 않으면 개혁은 불가능합니다. 그런데 힘 있는 부서일수 록 구성원의 생각을 단순화시킵니다. 상명하복의 지휘체계에 순 응하도록 하고 조직에 대한 무조건적 충성심을 강조하면서 조직 논리 이외의 생각을 막는 것입니다. 그렇게 되면 조직이 권력을 장 악하게 되고 국민의 주권은 조직으로 넘어가게 되는 것입니다. 그 러나 이 조직은 국민이 바꿀 수가 없습니다. 국민에게 선택되지 않 으니 교체할 수가 없습니다. 그들은 국민을 두려워하지 않습니다. 국민주권이 관료주의가 강하게 지배하는 조직에게 찬탈되는 것입 니다.

개개의 공무원이 조직 속의 생각 없는 도구가 되지 않도록 해야 합니다. 불법적인 상관의 명령을 비판 없이 따르는 위험한 관료주 의로 국정이 농락된 것을 우리는 이미 경험했습니다. 이를 혁파하 는 것이 촛불정신입니다. 주체적 사고, 주체적 생각의 혁신 없이 촛불혁명을 이룰 수 없습니다. 따라서 국민주권을 늘 되새기는 공 복이 되도록 모든 공직의 직무범위와 한계를 분명히 하는 제도혁 신이 뒤따라야 합니다.

## 검찰개혁과 언론개혁

검찰개혁을 진두지휘하는 과정에서 상처도 많이 받았지만 깨달음도 컸습니다. 2017년 문재인 정부의 출범으로 우리는 촛불혁명을 완성한 것이 아니라 새로운 시작이었음을 깨닫습니다. 새로운 시작은 과거의 논쟁에 빠져 헤매는 소모적인 태도를 지양해야 가능합니다. 검찰개혁의 목표는 국민의 존엄을 지키는 형사사법기관으로 검찰을 거듭나게 하는 것이었습니다. 그런 조직이 되려면 먼저 검사의 역할이 바뀌어야 합니다. 수사에 집착하는 검사에서 수사과정의 적법성을 감독하고 인권을 옹호하는 법률전문가이자 공소관으로서 거듭나야 합니다. 그렇지만 촛불혁명의 의미를 몰랐던 윤석열 검찰은 개혁의 의미를 단순히 검찰권의 부당한 침해로 받아들이고 저항했습니다. 코로나19만 아니었다면 일선의 젊은 검사들과 진지한 대화를 나누고 미래의 검찰상을 놓고 토론해 보았을 텐데 하는 아쉬움이 남는 대목이기도 합니다.

검찰은 조직문화 속에 일제 잔재가 남아 있다면 언론은 의식 속에 일제 잔재가 남아 있습니다. 검찰개혁과 언론개혁이라는 양대 개혁은 당연히 필요한 개혁인데도 많은 에너지를 소모하고 미래로 가는 발목을 잡고 있는 것이 참으로 아쉽습니다. 이 고비를 잘 넘겨서 국민적 에너지를 이제는 소모하지 말고 미래에 집중해야 합니다.

우리 앞에 놓인 무수한 도전에 지혜와 힘을 모아야 합니다. 기후위기, 저출산, 인공지능 시대에 따른 대량실업, 기술주의와 자본의 집중이 가져올 인간의 도구화 등 새롭게 초래될 위기를 어떻게 준비해나갈 것인지 국가적 역량을 집중해야 합니다.

## 대의가 있는 곳에 길이 있습니다

개혁은 더디지만 반드시 이루어집니다. 제주 4·3을 통해 배운 것입니다. 군사정부뿐만 아니라 이명박·박근혜 정부에서도 제주 4·3은 붉은 칠을 당했습니다. 그러나 20여 년 전 국민이 만든 민주정권에서 진상 규명을 시작하는 입법을 발의해 길을 열었고, 움직일 수 없는 진실의 힘으로 드디어 재심과 배·보상의 길을 열었습니다. 초선 국회의원으로서 진상규명을 위한 법안을 입법 발의하고, 이를 토대로 법무부장관으로서 제주 4·3 희생자와 유족들에 대한 재심과 배·보상의 길을 열게 된 것은 참으로 영광스러운 일이었습니다.

길은 처음 열기가 어려운 것이지 한 번 만들어진 길은 자꾸 밟고 여러 사람이 다니기 시작하면 새롭게 만들어집니다. 노력한 만큼 길이 넓어지고 길어지는 것입니다. 장엄한 역사의 길, 촛불시민께서 열어주신 역사의 길이 다시 닫히지 않도록 더 많은 시민이 함께 걸어가야 할 것입니다. 그 길에 여러분과 함께 제가 있을 것입니다. 길을 방해하기 위해 온갖 꼼수를 부려도 사마귀 한 마리가 역사의 수레가 가는 길을 막아서려고 몽니를 부리는 당랑거철(螳螂拒轍)에 불과할 것입니다. 대의가 있는 곳에 대세가 있고 길이 있기 때문입니다.

## 되살아난 나의 로즈마리

서문을 마무리하기 전에 다시 고백합니다. 촛불시민이 계시지 않았다면 개혁의 길은 아득했을 것입니다. 지난겨울 저의 사기를 꺾으려는 태극기부대가 흰색 근조화를 법무부 과천청사 출근길 가도에 잔뜩 세워놓았습니다. 어느 날 그 기세를 진압하려는 듯 확성장치와 LED 화면을 갖춘 차량이 나타났습니다. 일군의 시민들께서 새벽부터 여수에서 올라와주신 것입니다.

뜨거운 시민의 열정이 제게 용기를 주고 스스로 옷깃을 여미게 해주었습니다. 전국 각지에서 올라와 추위를 이겨내며 외롭지 않도록 함께해준 한 분 한 분께 다시 감사를 드립니다. 역사의 길, 저의 길을 안내해준 촛불시민께 무한한 존경과 감사를 드리며 이 책을 헌사합니다.

처음 법무부장관 지명 소식을 듣고 아들이 제게 말했습니다. 엄마에게 어울리는 자리라고 생각한다고, 엄마를 응원한다고 말입니다. 아픈 다리를 내색 않고 군 입대까지 하고 나머지 다리마저 수술치료를 받고 다시 복귀해 만기제대를 하고 돌아온 아들은 지난 1년 내내 검찰개혁에 나선 엄마를 대신해 혹독한 시련을 겪었습니다. 며칠 전 집안 청소를 하다가 창고에서 아들이 수술 후 짚고 다녔던 목발을 발견했습니다. 교통사고로 다리를 다친 아빠에게도 간헐적으로 수술이 필요할 테니 버리지 않고 보관해두겠다고 한 것이 생각났습니다. 거짓의 프레임 속에서 이유 없이 일방적으로 명예를 훼손당한 아들에게 엄마인 저는 미안하고 위로밖에는 해줄 말이 없습니다.

나의 로즈마리가 아주 떠난 것은 아니었습니다. 가지치기를 하고 물꽂이한 잔가지에서 기적처럼 뿌리가 내렸습니다. 분신을 남긴 것입니다.

2021년 6월
새로운 길 위에서 길을 향해 길을 걸으며

추미애

# 제1장
# 개혁의 길

"개혁과 민생은 동전의 양면입니다.

개혁은 민생의 전제조건이자 기반입니다.

개혁이 곧 민생이지요. 개혁이 없으면

민생은 나아질 수 없습니다.

저도 그런 세상을 위해 기여하고 싶습니다."

## 개혁을 가로막는 사람들

김민웅 2021년 4·7 재보궐선거에서 여당이 패배한 충격이 가시지 않고 있습니다. 이런 때에 대담을 하게 되었습니다. 마음이 복잡하시겠어요.

추미애 선거 패배는 속상하지요. 게다가 대선판이 드러나고 있잖아요. 여당 내부에서 검찰총장 출신 윤석열의 출마는 불가능하다고 속 편하게 생각하고 있다가 보궐선거에 패배하고 나니 이제 분명하게 보이는 거지요. 윤 총장의 출마는 하나의 공식, 상수가 되었잖아요. 그는 이미 오랫동안 정치를 준비해온 사람입니다. 좋은 의미에서의 정치가 아니라 검찰조직을 자기 정치를 위해 사적으로 이용한 거지요. 그런데 검찰개혁 이슈를 자꾸 꺼낼수록 윤 총장이 실제 대통령이 될 수도 있다고 생각하는 이들이 개혁의 고삐를 주춤거리게 만들었습니다.

김민웅 그러니까 검찰개혁을 너무 앞세워 부각시키지 말자는 거지요?

추미애 그렇지요. 오히려 검찰개혁을 더 몰아쳐서 검찰조직의 무소불위한 힘을 빼야지만 검찰이나 언론도 개혁을 하나의 역사적 흐름으로 받아들였을 텐데 그렇게 안 하거나 못하고 말았습니다. 그게 참 아쉬워요.

김민웅 이런 이야기가 여당에 대한 비판도 된다는 점에서 정치적으로 부담되지는 않으신가요?

추미애 그런 점이 없지 않아 있지만 그래도 짚고 넘어갈 건 짚어야지요. 일부에서는 검찰개혁을 하면 검찰을 적으로 돌리고, 언론 개혁을 하면 언론을 적으로 돌린다고 여기기도 합니다. 한국 정치판에서 이 두 세력을 적으로 두고서는 정치적으로 불리하고 무섭다는 공포감이 있을 수 있습니다. 그러나 지난 2020년 총선을 생각해보세요. 그때도 검찰과 언론은 검찰개혁을 이끈 이들에게 적대적이었습니다. 민주적 통제가 공백이 된 법무행정을 바로잡지 않으면 우리 민주주의 앞날에 매우 불행한 지형이 형성될 것이라고 생각했어요. 그래서 저는 정치를 포기하고 장관직을 받았던 것입니다. 장관에 취임해서는 맞닥뜨리는 문제마다 정면 돌파를 선택했습니다. 우호적이지 않은 언론환경이지만 나름 소신껏 법무행정을 해나갔습니다.

김민웅 전임 조국 법무부장관이 당하는 걸 보고도 그럴 마음이 생기던가요?

추미애 정면 돌파를 하는 것이 국민들에게 무엇이 문제인지를 정확하게 보여줄 수 있는 길이라 생각했기 때문입니다. 실제로 그 과정에서 검·언 유착의 민낯이 드러났고요. 언론이 여당에 적대적인 상황에서 총선을 치렀지만, 오히려 더불어민주당은 크게 이겼습니다. 그러나 여당은 총선 1년이 지난 2021년 4·7 재보궐선거에서는 검찰개혁이라는 이슈에서 벗어나고자 했고, 제기되는 이슈마다 회피하는 전략을 썼습니다. 그 점이 도리어 문제가 된 거지요. 회피가 능사는 아닙니다. 개혁을 힘 있게 밀고 나가지 못하고 중단하면 개혁 대상이 잔뜩 힘을 가진 상태로 굳어지고 말거든요. 그런데 그 반대로 생각한 거예요. 덧나지 않게 하자는 방향으로 말이지요. 검찰개혁 때문에 패배한 게 아니잖아요. 개혁의 추진력이 약해진 데 대해 지지자들이 실망한 점도 여당으로서는 반성해볼 지점이라고 생각합니다. 선거 패배 이후 어떻게, 어떤 전략을 세울지, 그것을 제대로 인식해야 한다고 봅니다. 지금 이 순간이 그런 거지요.

김민웅 개혁을 할 때는 기세를 몰고 나가는 게 맞지요. 그렇게 하지 못한 게 아직도 매우 아쉬우신 것 같습니다.

추미애 그런가 봅니다. 아직까지 제 마음에서 다른 주제로 잘 넘어가지질 않습니다.

김민웅 하지만 장관님 자신은 강렬한 기세로 진두지휘하지 않았습니까?

추미애 개혁은 혼자 할 수 있는 일이 아니잖아요. 그랬다가 '고집불통'이라는 소리나 듣고요. 검찰의 행태가 참 기가 막혔어요. 특히 검·언 유착이 가장 큰 문제였어요. 채널A 사건만 보더라도 그렇고요.

김민웅 아, 그 이야기는 본격 대담에서 다룰 사안이니 우선 중요한 대목만 말씀하시면 좋겠습니다.

### 채널A 사건의 핵심은 어디로 갔을까

추미애 채널A 이동재 기자는 수용자를 협박한 혐의로 지금 공판 중입니다. 검찰은 지난 5월 14일 이동재 기자에게 강요미수 혐의로 징역 1년 6개월을 구형했습니다. 그러나 정작 중요한 인물이자 핵심인 한동훈 검사장은 조사조차 안 하고 있는 상황입니다. 한동훈 검사장이 누굽니까? 윤석열 검사가 검찰총장이 되고 나서 바로 서울중앙지검장으로 강력하게 추천했다고 알려질 만큼 윤석열 총장의 최측근이지요. 관련 기사들을 보면 채널A 사건은 처음부터 한동훈 검사장이 깊숙이 개입했을 거라는 의혹이 듭니다. 그러나 한동훈 검사장은 자신의 핸드폰 압수수색에 대해 어떠한 협조도 하지 않고, 오히려 자신을 조사하려고 했던 검사를 폭행으로 고발했습니다. 이동재 기자보다 한동훈 검사장을 더 철저하게 조사해야 하는데 그게 지금도 안 되고 있습니다.

김민웅  채널A 사건의 핵심을 덮고 있다는 거지요?

추미애  한때 한동훈 검사장의 별명이 '편집국장'이었다고 들었습니다. 지난 2019년 12월 3일에 방영된 MBC「PD수첩」'검찰기자단'을 보면 한동훈 검사장은 언론을 아주 적절히 활용할 줄 아는 인물입니다.

김민웅  검사인데 '언론사 편집국장'이라고요?

추미애  특정 언론사에 소속되지 않고도 '편집국장'이 된 거지요. 굵직굵직한 기삿거리를 기자들에게 흘려줄 뿐만 아니라, 어떤 기사를 어느 언론에 언제 배포하는 것이 가장 효과적인지를 능숙하게 처리한다 해서 그런 별명이 붙었다고 합니다. 어떤 사건은 『동아일보』, 어떤 기사는 『경향신문』, 어떤 기사는 『한겨레』에 넘기면 해당 언론사에 따라 사안별로 폭발력이 더 커진다는 걸 알고 있는 거지요. 그런 정도로 기획력과 두뇌회전이 빠르다고 들었어요.

김민웅 검찰에게 언론은 진보·보수가 따로 없게 되었습니다. 게다가 진보언론이라는 게 있긴한 건지 의심스러운 상황이 되기도 했고요.

추미애 이게 검·언 유착의 구체적인 현실입니다. 언론은 그걸 받아 특종이네, 단독이네 하면서 검찰의 목소리를 대신 내주고 있습니다. 서로 배짱이 맞아 돌아가는 거지요. 자, 보세요. 이동재 기자만 기소하고 한동훈 검사장은 기소도 못 했잖아요. 채널A 본사도 재빨리 빠져나갔습니다.

김민웅 그게 어떻게 가능한가요?

추미애 특권세력의 카르텔이지요. 학연·지연 이런 걸로 다 가능합니다. 이동재 기자로 딱 꼬리 자르고 몸통은 살아남는 겁니다. 이동재 기자도 가벼운 형량으로 가야지만 채널A 본사 쪽으로 불똥이 안 튀지요. "그냥 실수했구나, 취재윤리 위반했구나" 정도로 해야 하는 겁니다. 이동재 기자가 이철 전 밸류인베스트코리아(VIK) 대표의 지인을 만난 곳 중 하나가 채널A 본사입니다. 거기서 한동훈 검사장의 존재를 알려주고 회유와 협박을 했지요.

김민웅 그 말은 어떤 뜻인가요?

추미애 채널A 본사가 범행 장소라는 거지요. 범행 장소는 당연히 압수수색 대상인데 건드리지도 못 했습니다. 아니 안 건드린 거지요. 1년 전인가 채널A 본사를 수사한다고 하니까 소속 기자들이 난리를 쳤잖아요. 이런 상황을 넘지 못해 범행의 진실에 전혀 접근하지 못하고 있습니다. 이게 현재진행형인 오늘의 현실입니다.

김민웅 그래도 검찰개혁의 제도적 장치들은 마련된 거 아닌가요?

추미애 끝까지 제대로 해내지 못하면 자칫 검찰개혁을 하는 척만 한 것이 되고 여기저기 찔러만 놓은 셈이 될 수도 있습니다. 한참 인기를 모았던 드라마 「빈센조」를 보면, "악의 부활은 더 큰 악이 된다"는 대사가 나옵니다. 이게 맞는 말이에요. 악은 더 커져버렸습니다. 세게 쳐내지 못하면, 검찰로서는 자기를 지켜내는 기술이 더 정교해지게 됩니다. 이렇게 되면 "차라리 검찰개혁을 안 하는 게 더 낫지"라는 자조적 상황이 벌어질 수도 있습니다. "공수처가 설치되었고 검경수사권 조정이 되었으니 나름 성과를 거뒀다"라고 하겠지만 여기서 더 강력하게 밀고 나가지 못하면 상대도 이 권력을 절대 놓치지 않겠다면서 온갖 대응을 하게 됩니다. 언론과도 찰떡 공조를 하고 있고요. 그 공조는 앞으로 더 단단해질 수 있지요. 검·언 유착 상태에서 언론은 당연히 검찰개혁에 나서지 않습니다. 개혁을 위한 그 어떤 비평도 하지 않습니다.

**개혁과 민생은 동전의 양면이다**

김민웅 초반부터 이야기가 뜨겁습니다. 검찰개혁 주무장관 출신으로서 사태를 너무 비관적으로 규정하는 건 아닌가요?

추미애 그만큼 상황이 심각하다는 걸 말씀드리는 겁니다. 개혁은 본래 있어야 할 자리로 돌아가게 하는 것입니다. 어느 특정 정치세력에 기울지 않고 정치적 중립을 생명처럼 여겨야 할 검찰이 스스로 정치판으로 걸어 나와 정치를 합니다. 언론은 정론을 포기하고 특정 정치세력의 이해에 맞는 편향된 관점을 주입하고 있습니다. 이것이 오늘 우리의 현실입니다. 이런 상황에서 검찰개혁과 언론개혁은 이들을 제자리로 돌려놓는 작업입니다. 검찰개혁은 검찰이 정도를 갈 수 있게 하는 것이고 언론개혁은 언론이 정도를 걷도록 하는 것입니다. 검찰이나 언론이 그것을 거부하면 자신의 존재가치를 스스로 저버리는 것입니다.

검찰개혁을 멈추면 민심이 조용해지고 세상이 잘 굴러갈 것이라고 생각하는 사람들이 있어요. 그건 아니지요. 도리어 개혁을 잘 마무리해야 검찰이나 언론이 제대로 자기 역할을 하게 되고 신뢰도 굳건해지는 것이지요. 민심도 진실에 입각해서 사태를 판단할 수 있게 되는 것이고요. 그래야 민생 해결의 방향과 방법도 분명해질 수 있습니다. 민생을 위해 검찰개혁을 너무 내세우지 말자는 주장은 더 깊은 수렁에 빠지는 길입니다. 정신을 바짝 차리지 않으면 검찰이 지배하는 국가로 가는 길이 더 은밀하고, 더 확실하게 열릴 수 있다는 점을 우리가 알고 있어야 한다는 뜻입니다.

**김민웅** 결국 개혁의 동력을 새롭게 살릴 수 있을 것인지가 관건입니다. 문재인 정부가 세워질 당시 추미애 장관님은 당대표로서 '촛불정부'라는 명칭을 기쁘게 쓰지 않았습니까? 그런데 어느 때부터인지 여당이나 정부가 촛불혁명이나 촛불정부란 명칭을 잘 쓰지 않더군요. 정부 여당 안에서 촛불동력이 서서히 꺼져가는 게 아닌가 싶었어요. 아니면 촛불이 부담스러워진 것도 같고요. 검찰개혁이 왕성하게 요구되었던 2019년 서초동의 촛불은 바로 2016년 촛불혁명의 연장선에 있던 힘이었습니다. 그 힘을 받아 개혁의 추진력으로 담아내는 정치가 미약했던 것 같습니다. 2021년 올해 세월호 7주기를 겪으면서 이 문제 하나라도 확실하게 해결하는 의지를 강력하게 뿜어냈다면 그게 우리 사회 전체의 힘이 되어서 다른 상황을 만들어냈을 것이라는 아쉬움이 큽니다.

추미애 저도 책임을 통감하고 있습니다.

김민웅 따지고 보면 정부는 세웠지만, 포위되어 있었던 거지요. 개혁을 원하지 않는 세력에게 말이지요. 지금도 그렇다고 봅니다. 이 포위망을 뚫고 꼭 필요한 개혁적 조처를 실행해야 합니다. 촛불혁명의 역사를 되짚어보고 그 안에 담긴 희망과 요구를 잘 담아 함께 손잡고 새로운 희망을 만들어내는 노력이 더더욱 절실한 것 같습니다. 그렇게 하지 않으면 우리가 지금까지 애써 쌓아온 민주주의의 성과가 파괴되는 파시즘적 상황이 올 수 있다고 봅니다. 권력의 특권을 청산하는 민주주의가 서지 않으면 민생은 특권층을 위한 시스템에서 언제나 희생되기 마련입니다.

추미애 그렇습니다. 개혁과 민생은 동전의 양면입니다. 개혁은 민생의 전제조건이자 기반입니다. 개혁이 곧 민생이지요. 개혁이 없으면 민생은 나아질 수 없습니다. 저도 그런 세상을 위해 기여하고 싶습니다. 이 대화가 우리의 미래에 대한 전망과 그 동력까지 끌어낼 수 있길 바랍니다. 개혁과 민주주의를 감당해내는 동력, 시민적 에너지가 재집결할 수 있는 거점을 만들어내야 하는 거지요.

개혁을 위해 촛불을 들었던 시민들이 지금 많이 지쳐 있기도 합니다. 그러나 촛불시민들의 열렬한 지원이 없었다면 우리의 정치가 여기까지 오기도 힘들었을 겁니다. 지난 4월 선거에서 민주당은 패배했지만 더불어민주당 지지자들이 패배한 것은 아닙니다. 개혁을 바라는 시민들이 패배한 것이 아닙니다. 더불어민주당이 이들의 지지를 더 강력하게 받아들이지 못해 패배한 거지요. 그러나 앞으로 촛불시민들이 패배하는 상황이 생기거나 그것이 장기화되면 안 됩니다. 개혁이 지체되는 것에 실망한 시민들이 다시 마음을 모을 수 있도록 해야 합니다. 개혁의 정치적 연속성을 확보하는 작업이 반드시 필요한 시점입니다.

## 촛불혁명은 여전히 우리의 원동력

김민웅 장관님과 나누는 이 대화도 그런 목표 의식을 가지고 시작하게 되었습니다. 장관님의 경험과 문제의식, 비전 등이 잘 정리되었으면 합니다.

추미애 저도 교수님과 나누는 이 대담을 통해 그런 점들이 잘 정리되기를 기대합니다.

김민웅 이 대화가 바로 그런 과정이 되리라 믿습니다. 큰 주제를 놓고 있는 대로 이야기를 나누다 보면 잠시 머물러 한담을 할 만한 곳, 더 가야 할 곳이 판단되지 않을까 합니다. 그래야 장관님이 말씀하시는 것도 자연스럽고 내용도 생동감이 있지 않을까 합니다.

추미애 말씀을 듣다 보니 제 마음속에서 뭔가가 자꾸 끓어올라요. "검찰을 독립시켜주었더니 막상 검찰 스스로 중립을 지키지 않더라"고 한탄하신 노무현 대통령을 생각하면 검찰개혁을 대충하거나 멈추거나 하면 안 되잖아요. 그걸 제대로 못 해서 한명숙 전 총리가 당하고 조국 전 장관이 당한 것 아닙니까. 검찰권력은 비대해졌고 이걸 제3자의 일이라고 생각하는 비겁하고, 의리 없고, 소심한 사람들이 있습니다. 정치검찰의 만행을 겪은 저 자신도 분노가 치밀어요. 이건 정말 아닌 것 같습니다.

김민웅 정치를 공학적으로 접근하는 사람은 그런 분노를 이해하기 어려울 것입니다. 촛불시민들의 분노는 정의감입니다. 촛불시민들이 추 장관님의 개혁조치를 얼마나 열렬히 지지했습니까. 퇴임 때는 장관님을 뜨겁게 응원했고요.

추미애 정말 감사하지요. 그 덕분에 외롭지 않게 견딜 수 있었습니다. 조국 전 장관도 그랬겠구나 싶었습니다. 정치의 기본이 무엇입니까? 출세하려고 정치하는 게 아니잖아요. 공공의 목적을 위해 자신을 던지는 일이잖아요. 저는 어떤 선택 앞에서 제 앞날을 고민하며 일한 적이 한 번도 없습니다. 방탄조끼를 입고 일한 적이 없어요. 문제가 있다면 바로 뛰어들었습니다. 판사를 할 때도, 국회의원 준비를 할 때도, 국회의원과 법무부장관을 할 때도 제 자신을 모두 던지면서 살아왔습니다.

김민웅  그래서 '추 다르크'라는 애칭을 얻었던 것 아닙니까?

추미애  그런 애칭이 감사하기도 하고 부담스럽기도 합니다. 남들이 볼 때는 거칠고 험하게 밀고 나가는 것 같지만, 공공의 선을 위해 싸울 수밖에 없을 때는 강하게 밀어붙여야 하는 거 아닌가요? 그건 제 심장을 뛰게 하는 일입니다. 힘과 권한을 가지고 있으면서도 불의 앞에서 움직이지 않는 사람을 보면, 실망하고 화가 나기도 해요. 왜 그런 상황을 지켜만 보는 건지, 왜 그것이 남의 일이라고 생각하는지 이해할 수가 없어요. 평범한 시민들도 하는 걸 왜 정치인이 하지 못하는지 안타까운 마음이 들어요. 촛불광장에 있었을 때 눈물이 났습니다. 정신이 바짝 들고 시민들이 가진 그 열기가 힘이 되었습니다. 촛불혁명은 여전히 우리의 엄청난 에너지원입니다.

김민웅  그걸 잊어서는 안 될 것입니다. 우리 대화의 원동력도 바로 그것이지요.

추미애  네, 깊이 새기겠습니다. 교수님과 이야기하면서 마음이 많이 편해집니다. 속상해서 넋두리처럼 말한 것에도 의미를 부여해주시고 흐름도 잘 잡아주시네요.

김민웅  그렇게 받아주셔서 감사합니다. 강물이 흘러가듯 이야기를 나누었으면 해요. 말씀하시는 장관님도 그렇고 이 책을 읽는 독자들도 그 흐름에 자신을 맡길 수 있을 것입니다.

추미애  저도 그렇게 생각하니 응어리가 풀리고 이야기하는 데 부담도 사라지는 것 같습니다.

김민웅  여행하는 기분이 듭니다. 어떤 경로를 거치게 될지 모르지만 목적지는 알고 있는 여행 말입니다. 그 목적지의 이름은 '희망'입니다. 길 잃고 헤매는 이들이 있다면 우리의 이 목소리를 듣고 어디에서 모여야 할지 알게 되지 않을까요? 한번 떠나보시지요!

추미애 네!

# 제2장

# 폭풍의 언덕에서

"할 수 있을 때 최선을 다해야 해요.

후회는 살아 있는 사람의 지옥이라고 하더라고요.

다행히 제 마음은 지옥이 아니에요.

다시 가시밭길을 가라고 해도 갈 거예요.

촛불을 들라고 하면 다시 드는

시민이 있기 때문입니다."

## 정치는 개혁을 위해 존재한다

김민웅 장관님은 더불어민주당 당대표까지 하셨잖아요. 그게 몇 년도였지요?

추미애 2016년 8월입니다.

김민웅 정당인으로서 정상에 올라간 건데 그런데도 법무부장관이 하고 싶으셨나요?

추미애 아닙니다.

김민웅 법조인 출신으로서도 법무부장관을 해보고 싶다는 생각을 하신 적이 없으셨나요?

추미애 한 적은 있지요. '내가 하면 이런 부분에서 잘할 수 있겠다'라는 생각을 했어요.

김민웅 왜 그런 생각을 하셨나요?

추미애 저에게 개혁성향이 있다고 생각했거든요. 제가 정치를 하는 이유는 개혁을 하기 위해서지, 즐기기 위해서는 아니니까요.

김민웅 그런데 왜 첫 질문에는 하고 싶지 않았다고 하셨어요?

추미애 시기의 차이가 있습니다. 법무부장관을 하고 싶다고 생각한 건 40대 무렵이었어요. 제가 판사 출신이었으니까 그때는 단순히 저의 전문영역에서 잘해보고 싶다는 생각이었지요. 그러다가 막스 베버의 『직업으로서의 정치』라는 책을 읽고 가치관이 바뀌었습니다. 베버가 소명(召命)의식을 많이 강조하잖아요. 소명의 정치, 즉 공적 책임감을 뜻하는 거지요. '직업으로서의 정치'라는 번역은 자칫 '밥벌이로서의 정치'로 들릴 수 있지만, 베버가 말하는 직업은 삶의 목적 차원입니다. 이것은 명망가 정치, 권위를 탐하는 정치, 가문의 영광을 위한 정치가 아니라, 전문가로서 정치를 하라는 뜻이지요. 프로페셔널리즘을 강조하는 겁니다. 그 책을 읽고 저도 '정치전문가'를 저의 정치적 원형으로 추구해왔습니다. 그래서 법무부장관 지명 당시에는 법무부장관이라는 '자리'보다 '정치가'라는 관점에서 생각하게 된 것이지요. 40대 때와는 조금 다른 차원의 정치적 접근이었습니다.

**김민웅** 법무부장관직을 수락한 보다 직접적인 이유는 무엇이었나요?

**추미애** 제가 해야만 하는 분위기였어요. '지금 너 아니면 안 된다'라는 느낌이었죠. 내가 그 일을 꼭 맡아야 하나 보다 생각하면서 개혁을 위해서라면 무엇이든 과감하게 해나가자고 다짐했습니다.

**김민웅** 두렵지 않으셨어요? 전임자가 조국 전 장관이었잖아요. 그분이 겪은 일을 보면 그다음 장관도 쉽지는 않을 것이라는 게 예상됐을 텐데요.

**추미애** 두렵지는 않았어요. 저는 정치를 오래 해왔어요. 판사를 그만두고 단 하루도 변호사를 한 적이 없습니다. 곧바로 정치를 시작한 거지요. 정치를 하겠다고 결정한 후엔 판사로서 권위를 내세우지도 않았고 법조 인맥들과도 관계를 맺지 않았습니다. 제가 판사였을 때 맺은 인연이 있기 때문에 누구를 소개해주겠다거나 우리 당 법률문제를 해결해달라는 등의 부탁을 단 한 건도 한 적이 없어요. 그렇다고 조국 전 장관이 그랬기 때문에 고난을 겪었다는 건 결코 아니고요. 저는 정치인으로서 이미 오랜 기간 혹독한 검증을 거쳤다고 여겼기 때문이었지요.

김민웅  인맥정치를 한 적 없다는 말씀이시네요.

추미애  네. 그래서 빚진 게 없고, 선거 때마다 검증 또 검증했고 무슨 일이 있을 때마다 탈탈 털렸지만 아무것도 나온 게 없었어요. 조금 전에도 말했듯이 지난 세월 속에서 검증은 이미 끝난 거라고 생각했으니까요. 신상에 대한 염려는 전혀 하지 않았어요. 다만 한 가지 우려한 것은, 저는 무엇이든 끝을 보는 성격인데, 저에게 그런 기회가 허락될지 걱정이었어요.

김민웅  막상 장관직을 수행해보니 예상하지 못했던 일, 만만치 않았던 일들이 있었겠지요?

추미애  엄청 많았습니다.

## 눈앞에서 목격한 '윤석열 사단'

김민웅  한두 가지라도 말씀해주실 수 있을까요?

추미애  애초부터 상상 못 한 일들이 많았어요. 특히 인사 문제가 그렇습니다. 제가 임명되기 전인 2019년 7월에 윤 총장이 주도한 검찰 인사가 이루어졌습니다. 이 인사의 가장 큰 특징은 기수를 파괴한 특수라인의 발탁이라고 할 수 있습니다.

김민웅  검찰 특수부 말인가요?

추미애  네, 그렇지요. 그들이 검찰 내 주요 보직을 다 차지함으로써 대검 내부에서 부서장 간의 자유로운 의견 개진을 통한 견제와 균형관계가 무너졌습니다. 그렇게 되면 총장 일인에게 의존하는 원탑(one-top), 단일 의사결정 구조가 구축돼요. 윤 총장은 그걸 한 겁니다. 이때 '윤석열 사단'이라는 용어가 처음 언론에 등장했습니다. '윤석열 사단'이라는 말이 얼마나 황당합니까?

김민웅  과거 전두환이 주도했던 군부 '하나회'가 떠오릅니다.

추미애  다르지 않아요. 검찰 조직을 공정하게 이끌어야 할 검찰총장이 더 신경 써서 챙기는 '제 식구'와 '라인'이 있다니, 다른 검사들이 이걸 보고 무슨 생각을 하겠습니까? 역시 라인을 타야 하는구나, 이런 생각을 하지 않겠어요? 여기서 조금 더 추가하자면, 윤석열 사단의 모체는 대검 중수부입니다. 2016년 국정원 댓글 사건 수사팀과 국정농단 특검팀에 지난날의 중수부 수사팀이 재결집했고, 사회적으로 주목받는 사건을 이끌며 세력화했습니다. 밖에서 보면 상당한 능력을 발휘한 걸로 평가되지만 안으로는 내부의 권력화가 심각하게 진행되는 과정이었습니다.

이들은 수사를 승패로 가르는 사냥이나 전쟁으로 생각합니다. 수사 대상을 표적으로 삼아 재판 전에 수사기밀을 언론에 흘려 여론을 만들고, 저인망식의 거칠고 비인권적인 수사방법으로 대상을 벼랑 끝까지 몰고 갑니다. 내부에서는 철저하게 믿을 수 있고, 충성하는 부서와 검사에게만 주요한 수사를 맡깁니다. 선배는 수사보안을 지키고 추진력 있는 후배의 충성을 얻고, 후배는 보직과 승진을 보장받으며 결속을 유지하지요. 결국 사적 의리가 공적 능력보다 우선되는 것입니다. 이러한 '윤 사단'을 보면서, 수십 년간 검찰 조직에 켜켜이 쌓인 '적폐'를 알 수 있었습니다. 조직 개개인의 관념을 바꿀 수 있는 전격적인 인사가 절대적으로 필요하다는 생각을 하게 되었습니다.

김민웅  대강 짐작은 하고 있었지만 직접 들으니 숨이 막히네요. 특수부라는 게 그렇게 대단한 건가요?

추미애  기능도 그렇고 그 안에서 만들어지는 조직적 관계도 그래요. 윤 사단을 밖에서 듣기만 하다가 실제로 보니 그 문제점이 선명하게 드러났어요. 생각하는 이상이었습니다. 예를 들면 초임 때부터 아주 우수하다고 평가받은 모 검사가 있었어요. 객관적 자료로 남아 있는 성과도 있고, 수사능력도 뛰어나고 사건처리를 잘했어요. 그래서 특수부에 발탁됐지요. 특수부는 보직을 통해 선배와 후배가 끈끈하게 연결되어 대를 이어 양성됩니다. 특수부에 합류해서 일할 때는 그 검사도 검찰 조직이 일그러져 있다는 것을 몰랐대요. 그 속에서 충분히 혜택을 누리는 사람은 모르는 거지요. 그건 지금도 마찬가지예요. 그러다가 본인이 불합리한 일을 겪고, 조직에 저항하다가 결국 인사에 불이익을 받았습니다. 이것은 검찰 조직의 불합리함을 그대로 보여주는 사례입니다.

김민웅  그래서 어떻게 됐습니까?

추미애  저도 그 일을 듣고 그 검사에게 용기도 주고 능력을 충분히 발휘할 수 있는 자리를 마련해주어야겠다고 생각하고 인사에 반영하고자 했습니다. 그런데 법무부에서 다 반대했어요. 이유가 무엇인지 압니까? 그럴 실력이 안 된대요.

김민웅 그 판단 기준이 뭐지요?

추미애 처음엔 인사평정과 복무평가에 객관적인 기록이 되어 있는 줄 알았어요. 그런데 그게 아니었어요. 예전에는 괜찮았는데 조직과 등을 진 이후 그 검사의 상관들이 악의적인 평가를 써놓은 거예요. 상당히 주관적인 평가였습니다. 평가란에 쓸 수 있는 표현도 아니고 전혀 객관적이지 않았어요. 개인에 대한 조직의 집단적 따돌림이었던 것이지요. 저는 법무부 내부의 반대 의견을 무릅쓰고 인사발령을 냈습니다. 이후 그 검사가 업무에서 큰 성과를 내자 반대했던 검사들이 아무 말도 못 하더군요.

## 원칙이라는 전략

김민웅 양쪽 모두 누군지 알고 싶네요. 아무튼 기가 막힐 일이었겠어요. 법무부장관은 인사권을 발동하는 자리지요. 비(非)검사 출신 장관이라 검찰과는 구조적으로 긴장 상태일 수밖에 없는 상황이었겠습니다. 그 상황에서 장관님의 철학과 전략은 무엇이었나요?

추미애 '원칙'입니다. 제가 장관 취임사를 할 때 이런 말을 했어요. "여러분 한 분 한 분이 개혁의 주체가 되어주시길 바랍니다. 약속해주실 수 있겠습니까? 그렇다면 박수로 답해주시기 바랍니다."

김민웅 박수를요? 하하.

추미애  네, 그런데 힘차게 박수를 치시더라고요.

김민웅  위계에 의한 강압성 박수 아닙니까?

추미애  하하, 그랬을지도 모르지요. 그러나 분위기는 좋았어요. 여러분은 개혁의 '대상'이 아니라 개혁의 '주체'라고 했으니까요. 저는 "여러분이 개혁의 주체임을 잊지 않겠습니다"라고 했어요. 나중에 퇴임을 앞두고 간부들과 점심 식사 자리에서, 어떤 분이 이런 말을 했어요. "장관님은 무슨 일이든 원칙으로 돌파해내시더군요. 장관님이 떠난 후에도 장관님이 세워놓은 원칙을 되새기며 저희도 문제를 마주하면 원칙으로 돌아가서 일하겠습니다."

다른 분들도 저에게 정치에 대한 어떤 기술적인 전략이 있을 거라고 생각하시는 데 "항상 원칙에서 생각해보자"는 게 제 전략입니다. 그러다 보면 때로는 제가 손해볼 수도 있고, 넘어질 수도 있고, 언론의 화살받이가 될 수도 있어요. 가끔씩 간부들이 우려의 목소리를 내기도 하는데 그럴 때마다 이렇게 말했습니다. "저는 개혁을 하려고 왔습니다. 원칙으로 돌아가 생각해봅시다, 이게 맞습니까, 아닙니까? 여러분이 맞다고 하면 가겠습니다. 그러나 유불리에 따르지는 않았으면 합니다. 언젠가 또 이런 상황이 벌어졌을 때 '그때 그 장관도 회피했다'는 선례를 만들어서는 안 됩니다. 제가 핑곗거리가 되어선 안 됩니다"라고 설득했어요.

김민웅  청문회 때부터 가족과 관련해 공격을 많이 받으셨어요. 조국 전 장관이 고초를 겪는 걸 봤고, 또 실제로 겪으시면서 느낀 점이 궁금합니다. 문제가 있어서 문제제기를 한 것이라면 받아들이겠지만, 개혁 장관의 등장에 공격을 취하는 조직적인 움직임이라면 곤혹스러웠을 것 같습니다.

**추미애** 정확한 지적이세요. 검찰과 언론은 흰 것을 검게 만들고 검은 것을 희게 만들었지요. 검찰은 언론과 주고받으며 문제를 만들고 죄를 만들었어요. 제가 당한 건 그런 거였습니다. 그때 이미 저는 재산과 가족에 대해서 충분히 검증된 상태였어요. 사실 청문회 때 아들의 병원 진단서를 가지고 있었거든요. 그러나 꺼내지 않았어요.

**김민웅** 왜 공개하지 않으셨나요?

**추미애** 처음부터 "아들이 아프지 않은데 아프다고 휴가 간 것 아니냐?"라는 공격을 받았어요. 그러나 그때 진단서를 공개하지 않은 이유는 '사실인 게 분명한데 굳이 이걸 왜?'라는 생각이었습니다. 원칙으로 돌아가면 진단서의 내용 주체는 아들이었습니다. 아들의 프라이버시인 거지요. 아들의 아픈 부위가 어디인지를 공개적으로 밝히는 것이 앞으로 아들의 사회생활에 문제가 될 수도 있어요. 아픈데도 군복무를 수행했고 만기전역을 했으면 된 일이지, 어디가 아파서 몇 번 수술했다는 것을 내 마음대로 공개한다는 게 마음에 걸렸어요. 그런데 지나고 보니 그때 공개했어야 했나 싶어요. 나중에 진단서를 공개하니, "위조다. 의사와 짰다"는 공세를 하고 진단서를 발급한 병원까지 압수수색을 하더라고요.

## 결국 빵점 엄마가 되었어요

김민웅  예상을 못 했다고 하기엔 정치적으로 너무 순진했던 거 아닐까요? 상대에 대해서?

추미애  결과적으론 그랬습니다. 근거를 가지고 의심하는 것을 합리적 의심이라고 하잖아요? 합리적 의심에는 육하원칙이 있어요. 의심스러운 게 있으면 미리 물어보거나, 조금이라도 알아볼 법한데 그런 절차는 전혀 없었습니다. 면책특권 있는 야당의원이 국회에서 근거 없이 이야기하면, 그걸 시민단체라고 내세운 단체가 고발하지요. 그 후엔 애초에 말도 안 되는 사건이니 검찰이 각하해야 하는데 검찰은 그걸 쥐고 있고 언론은 그걸 키워서 사회적 주목을 받는 사건으로 만드는 거예요.

김민웅  공인이지만 엄마이기도 하시잖아요? 마음이 힘들고 복잡했을 것 같습니다.

추미애  저는 한 번도 아이의 공부를 도와준 적이 없어요. 도와주고 싶어도 그럴 시간이 없었으니까요.

김민웅  그렇다면 그 일 겪으면서 더더욱 마음이 아프셨겠어요.

추미애  어릴 때도 신경써주지 못했는데 그런 일까지 겪게 했으니 결국 저는 빵점 엄마지요. 저나 남편이나 부모가 바르게 살면 자녀가 삐딱해지겠냐 하는 믿음이 있었어요. 공부에 대한 강박도 없었습니다. 그냥 "열심히 해라, 안 되면 그건 네 적성이 아니니 다른 적성을 찾아라. 그러면 뒷받침은 해주겠다"는 식이었어요. 바쁘니 제대로 챙겨줄 수도 없었어요. 그러니 아이가 스스로 헤쳐나간 셈이에요.

김민웅 괜찮으시다면 아들 이야기 좀 해주시겠어요?

추미애 막내인데 할머니가 다 키워주셨어요. 제가 지방에서 일하다 보니 아이를 낳기만 하고 돌보기는 어려운 상황이었습니다. 백일 때까지는 친정에서 키우다가 그 후에는 친할머니 친할아버지가 키워주셨지요. 그러다 보니 아무래도 말이 좀 늦었어요. 제가 1996년에 초선 국회의원으로 당선됐을 때 동네 아주머니들이 관심이 많으셨어요. 국회의원 하면 중후한 남성을 생각하다가 30대 후반 젊은 여성이 지역구에서 파격적으로 당선되니까 신기했던 거예요. 그래서인지 동네 아주머니들이 우리 아이한테 호기심이 많으셨어요. 아들은 '엄마'와 '국회의원'이라는 단어를 같이 배웠어요. '엄마'보다 '할미'가 더 익숙한 아이의 주변을 동네 사람들이 둘러싸서 "너희 엄마가 국회의원이지?" 하니 그게 학습된 거지요. 그때 애가 주눅이 들었어요.

김민웅 주눅이 들었다고요?

추미애 엄마라는 사람은 아플 때도 나타나지 않았는데 자꾸 낯선 사람이 다가와 엄마가 국회의원이냐고 신기해하니 그게 뭔지도 모르는데 주변의 관심이 크니까 심리적인 압박감이랄까, 그런 게 생겼던 모양이에요. 어린아이였으니까요.

김민웅 아들에게 미안한 마음이 깊었겠네요.

추미애 늘 미안하지요.

김민웅 이번에 특히 더 그러셨겠어요. 일련의 일을 겪으면서 아들은 뭐라고 하던가요?

추미애  저희 아들이 '전북산'이에요. 전북대 병원에서 태어났거든요.

김민웅  하하, 무슨 말씀인가 했습니다. 그때 전북 지역에 살고 계셨던 모양이지요?

추미애  사실 제가 서울 목동에 살면서 인천지법으로 출퇴근하다가 아이를 낳기 위해 남편의 고향인 정읍으로 갔어요. 남편의 의견을 따른 거예요. 그 아이가 태어나기 전해에 대선이 있었는데 그때 김대중 대통령이 선거에서 졌어요. 남편이 너무 속상해하더라고요. 선거에 패배한 이유는 지역주의를 깨지 못한 탓이라며 지역주의 타파를 위해 이 아이는 호남에서 낳아야 한다고 하더라고요. 지금 생각하면 촌스러운 이야기라고 할 수 있지만 그땐 그만큼 호남분들의 절박함이 컸습니다. 그래서 아들을 남편의 뜻에 따라 전북대 병원에서 낳고 전북 주민등록번호를 받았어요.

김민웅  '정치적 출생'이로군요? 하하.

추미애  그러게요, 하하. 아이가 크면서 운동을 좋아했어요. 그래서 스포츠매니지먼트과를 나와서 전북 FC구단에 들어갔어요. 정말 기뻐하더라고요. 그런데 어느 날 왜 자기만 전북산이냐고 물었습니다. "아빠가 널 담보잡은 거란다. 오죽 절절하면 그랬겠냐"라고 그때 이야기를 해줬더니 "처음 들었다"면서 놀라더라고요. 이 아이가 선거 때 저를 많이 도와줬어요. 2016년 선거에서 제가 식도염을 앓았는데 목소리가 잠겨 있으니 아들이 엄마를 대신해 선거 유세차에 올라 유세를 했어요. 청문회 때는 아들도 많이 힘들었는지 술에 취해 들어와서 저한테 한마디 하더라고요. "엄마, 존경해요."라고요.

김민웅 주눅이 자랑으로 바뀌었군요.

추미애 그렇게 돼버렸네요, 하하.

김민웅 기분 좋으셨겠어요.

추미애 아니오. 오히려 더 미안했습니다. 저는 아들에게 존경한다는 말보다 사랑한다는 말을 듣고 싶었어요. 존경한다는 말은 제가 죽었을 때나 하는 말이라고 생각했거든요. 거리감이 느껴졌어요. 그러고는 이렇게 말하더라고요. "엄마 나 힘들었어요. 열심히 살고 싶었어요. 엄마한테 부담 안 주려고 다리 아픈 것도 관리했고, 운동 많이 하면 다리 아프니까 하고 싶은 운동도 제대로 못 했고, 그런 상태로 군대도 갔고…"라고요.

김민웅 그랬군요. 사실 부군이신 서성환 변호사께서도 교통사고를 겪은 뒤 다리가 불편하시잖아요? 그래서 아들에게 더 애틋한 마음이 있으셨을 것 같네요.

추미애 아들은 군대 가서 아픈 게 아니라 가기 전부터 아팠어요. 제가 아들에게 말했어요. "엄마가 공인이니까 엄마 때문에 네가 억지로 결정하지 마라. 아프면 순리대로 하자. 그에 맞는 법과 제도가 있으니 솔직하게 아프다 말하고 그렇게 하자"라고요. 그런데 오히려 아들이 "대한민국 사회에서 군대를 안 가면 엄마한테 시빗거리가 만들어질 것 같다"며 입대했거든요. 정치를 하다 보니 가족의 건강에 신경 쓸 수가 없었어요. 그런 와중에도 스스로 잘 자라주고 엄마 생각해서 아픈 다리를 이끌고 군대까지 갔는데 그런 일이 생겼으니 기가 막힐 노릇이었지요. 제가 병원을 데리고 가줍니까, 먹는 거라도 제대로 챙겨줍니까. 저는 아들에게 항상 미안해요.

## 고독한 지휘관

김민웅  이 모든 게 문재인 정부의 개혁 소임을 맡으면서 발생한 일이라는 생각이 들었을 법합니다. 직접 겪어보니 조국 전 장관 일에 대해 이전과는 생각이 많이 달라지지 않았을까 싶어요.

추미애  막상 겪어보니 비로소 조국 전 장관의 마음을 조금이나마 이해하게 되었습니다.

김민웅  견딜 만하셨습니까?

추미애  견디긴 했지만 견딜 만했다고 말하기는 어렵습니다. 이미 자기논리로 무장된 조직을 개혁한다는 것 자체가 정말 어려웠어요. 순탄치 않을 것이라고 예상은 했지요. 제 성격상 한번 시작하면 잘못된 것을 덮어주거나, 일단 마음먹은 것을 포기하는 일은 없으니까 앞으로 참 힘든 싸움이 되겠다고 생각했어요.

김민웅  정말 개인에게 문제가 있어서 겪는 일인지, 개혁을 주도하기 때문에 공격당하는 일인지 혼란스러운 상황에서 아들까지 문제 삼으니 놀라진 않으셨나요?

추미애  어느 순간에 딱 알게 되었어요. 제가 법무부장관이 되고 수사지휘를 두 번 했어요. 첫 번째는 채널A 검·언 유착 사건이고

두 번째는 라임 사건이었습니다. 첫 번째 수사지휘에서는 검찰을 제압했지요. '형성권'(形成權)이라고 받아들여졌어요. 지휘권자의 일방적 의사표시만으로 권리의 변동을 가져오는 권한입니다. 그 후 예산결산특별위원회 회의가 열렸는데, 예산 심의하는 국회에서 갑자기 주제를 벗어나 제 아들 문제를 가지고 거칠게 질문을 하더라고요. 1차 수사지휘 이후에 반격을 가한 거지요. 그때 아들 문제를 크게 키운 거예요.

김민웅 수사지휘권 문제는 나중에 좀더 자세히 말씀해주세요. 저도 그때 아들 관련 논란이 기억납니다. 기사가 엄청나게 쏟아졌지요.

추미애 네, 그런 경우는 검찰과 언론이 야당과 합세해서 문제를 만들어 확대·재생산하는 거예요. 돌아가면서 문제를 만들고, 피드백을 주고받으면서 키웁니다. 포털사이트 네이버에 30만 건의 기사가 등장했습니다. 다른 포털까지 합하면 더 많겠지요. 그러면 사람들이 어떻게 생각할까요? 확실히 뭔가 문제가 있다고 생각하게 되는 겁니다. 조국 전 장관이 경험한 것이 이런 거였구나 실감했어요. 그때 비로소 그 심정을 보다 깊이 이해할 수 있었습니다.

김민웅 어떤 의미지요?

추미애 아, 이 사람들은 없는 문제도 만드는구나. 없는 죄를 만드는구나!

김민웅 자신에게 어떤 일이 닥칠 것이라는 공포는 없었나요?

추미애 그때는 한창 싸울 때니까 그렇지 않았어요. 야당이 터무

니없는 말을 하면 저도 당당하게 근거를 가지고 이야기하라고 했지요. 그런데 언론 지형으로 보면 '99 대 1'이었어요. 그런 식으로 '죄인'을 만들어가는 것이었지요. 검·언 유착의 피해자로서 그 과정의 한복판에 있었던 겁니다. 그러면서 2019년 10월에 2차 수사 지휘에 들어가고 11월에는 징계청구에 들어갔습니다. 완전히 마주 달리는 열차 같았어요.

김민웅 내가 왜 이런 취급을 당해야 하나 하며 장관직을 수락한 것에 대해 후회한 적은 없었나요?

추미애 후회라기보다는 외롭다는 생각이 들었어요. 앞장서서 개혁을 지휘하는 지휘관이어야 하는데 사방이 포위된 요새 속에 갇혀 있는 느낌이었지요. 사방이 포위되어 있는 상태에서 누군가가 후방지원을 해주고 뚫어줘야 하는데 그런 것 없이 혼자 싸우고 있다는 고독감이었어요.

김민웅 그래도 검경수사권 조정이 진행되고 있지 않았나요? 일정한 개혁 성과가 있었던 것 같은데요?

추미애 검경수사권 조정은 개혁의 시발점입니다. 하지만 윤석열 사단에 속한 검사들은 이런 구조에서 별개로 움직였어요. 윤 사단 자체가 특수수사를 하면서 형성된 검찰 내의 꽃가마를 탄 사람들이었으니까요. 검찰 내의 나머지 검사들은 이들과는 달라요. 그래서 대체로 형사공판부에 있는 검사들을 발탁인사 하는 한편 비정상의 정상화를 위한 인사를 단행했지요.

김민웅 '비정상의 정상화'라는 말은 '검찰에 대한 민주적 통제'

라고 할 수 있는 거잖습니까.

추미애 맞습니다. 그렇게 1차 수사지휘까지는 괜찮았어요. 언론 지형도 이 문제와 관련해서는 '7 대 3' 정도였던 것 같습니다. 검찰 조직의 문제나 검사들의 업무 방식 문제를 기사로 내보낼 줄 아는 법조출입 기자들도 있었어요. 그러나 1차 수사지휘 이후 검찰이 대대적으로 반격했지요. 전체 1년을 보면 국정감사에 들어간 그 시기부터 분위기가 완전히 달라진 것 같아요.

김민웅 그래도 검찰개혁에 대한 요구나 지지가 서초동에서부터 시작됐고, 추미애 법무부장관에 대한 촛불시민들의 응원과 지지가 대단했어요. 그게 힘이 되었을 것 같은데요.

추미애 저의 유일한 버팀목이었지요. 촛불시민들을 잊지 않고 힘을 냈습니다. 언론이 왜곡보도를 하는데도 "검·언이 유착되어 있고, 야당도 합세하여 개혁에 대한 저항을 하는 것이다"라고 촛불시민들께서 정확히 본질을 꿰뚫어 보고 저를 지지해주셨기 때문에 저도 버틸 수 있었어요.

## 추·윤 갈등이 아니라 검찰의 항명

김민웅 이른바 '추·윤 갈등'으로 많이 시달리셨지요? 저는 '추·윤 갈등'이라는 말 자체에 동의하지 않습니다. 지휘권자인 법무부장관과 그 지휘를 받는 위치에 있는 검찰총장의 관계를 이렇게 표현해서 지휘체계 문란행위를 은폐해버리려는 단어라고 생각합니다. 갈등이 아니라 하급자인 윤석열 검찰총장의 지휘체계 교란으로 생긴 사태지요. 검찰개혁이라는 사회적 요구를 개인적인 대치나 긴장·갈등으로 만들어 의미를 왜곡하고 최소화하려는 전술적 단어 선택이었습니다. '추·윤 갈등'이라는 이야기를 들으면서 어떤 생각이 드셨나요?

추미애 말씀하신 것처럼 '추·윤 갈등'이 아니라, 검찰의 항명이었습니다. 갈등은 비교 대상이 동등할 때 할 수 있는 거예요. 예를 들어 인종갈등이다 하면, 흑인이건 백인이건 인간으로서 같은 기회를 가져야 하는데 그렇지 않기 때문에 갈등한다는 거잖아요? 그러니 법무부와 검찰을 같은 위치로 본다는 전제부터가 틀린 거예요. 지휘체계의 문제도 있고요. 검찰은 법무부의 지휘를 받아야 하는 법무부의 외청(外廳)입니다. 검찰의 비대해진 권력을 법무부가 통제하자 조직적으로 반항한 것입니다. 검찰이 지난 70년간 수사·기소·영장청구·공소유지 같은 막강한 권한을 독점하고 있었기 때문에 발생한 사건이라고 봅니다.

김민웅 검찰로서는 당연하게 누려온 권력을 왜 지금 건드리냐는 것인데, 사실 이 문제는 오랫동안 거론되어온 것 아닙니까? 해결을 위한 개혁을 이제 막 시작하는 거지요.

추미애 네, 맞습니다. 그래서 처음에 잘해야 합니다. 검찰은 견제와 균형의 원리가 필요한 권력기관입니다. 특정 세력이 큰 힘을 갖고 있다고 해서 그 권한집중의 문제가 국민들의 피부에 직접 와닿지는 않지요. 그러나 권력부서인 검찰이 마치 정보기관처럼 정보도 다루고, 수사도 하고, 기소도 하고, 영장청구도 하고, 공소유지도 하면서 무소불위의 권한을 독점적으로 누리고 있습니다. 이런 기관이 그동안 전혀 견제받지 않고 있었다는 건 심각한 문제지요. 이 집중된 권한을 분산시키는 것이 곧 민주주의를 지켜내기 위한 견제와 균형입니다. 문재인 정부는 그 분산을 처음 시도한 정권입니다. 1차적으로는 조국 전 장관이 민정수석 시절, 박상기 법무부장관과 김부겸 행정안전부장관 두 분과 함께 검찰의 독점적 수사 권한을 나누기로 했고, 그 과제를 제가 이어받은 것입니다.

김민웅 조국 전 장관은 기본 틀은 만들어놓았지만 중도에서 좌절당했지요.

추미애 그러니 제가 후임 장관이 되어 개혁을 완수하겠다니까 검찰이 긴장하고 저항한 것입니다. 이른바 '강성 장관'이 오니 검찰 조직 내에서는 나름의 대비를 했다는 것을 나중에 알게 되었어요. 첫째, 수사를 통해 저항하겠다, 둘째, 인사로 대비하겠다는 것이었습니다. 이건 70년간 누적되어온 독점권력에 대해 실질적인 개혁을 현실화하는 과정에서 맞닥뜨린 하나의 운명적 갈등이라 할 수 있지요.

김민웅 생각 이상으로 굉장히 조직적인 저항이었군요?

추미애 '추·윤 갈등'은 검찰개혁에 대한 조직적 저항을 개인 간의 갈등으로 덮어씌우기 한 것입니다. 검찰은 70년간 누구도 흔들지 못한 기득권을 누리고 있었습니다. 이를 민주적 통제하에 두려하자 개혁주체를 상징하는 법무부장관과 기득권을 유지하려는 조직을 대표하는 검찰총장이 대립하게 된 것이지요. 이는 역사적이고 구조적인 문제입니다. 이것은 필연적일 수밖에 없는 역사적인 과제입니다. 하지만 이 문제를 개인 간의 갈등, 대등한 기관 간의 갈등이라고 말하는 것은 본질을 벗어나 엉뚱하게 인식하도록 만드는 의도적이고 악의적인 프레임입니다. 이를 넘어서지 않으면 개혁은 완성할 수 없습니다. 그럼에도 '추·윤 갈등'이라고 폄훼하며 개인 대 개인의 성격문제로 몰아가려는 것은 개혁에 대한 저항세력의 욕망입니다. 그들의 의도에 넘어가는 것은 어리석은 패착이며, 그들의 욕망에 백기 투항하는 것과 같습니다.

## 추미애, 까칠하지 않아요

김민웅 개혁의 방향은 동의하는데, 추미애 장관이 까칠해서 문제를 어렵게 만들었다는 말도 나왔습니다. 장관님 까칠하세요?

추미애 무슨 말씀이세요. 제가 얼마나 온화한 사람인데요, 하하. 까칠하다는 건 개인적 관계에서 별문제도 아닌 걸로 예민하게 굴어 불편하게 만든다는 뜻 아니에요? 그건 원칙을 불편하게 느끼는 사람들이 지어낸 말입니다. 잘 알려지지 않았지만 개혁의 방향이 제시되면 검찰이 스스로 개혁의 주체가 되어야 한다는 것이 제 방식이었어요. 이걸 까칠하다고 하면 뭐가 안 까칠한 걸까요?

김민웅 까칠한 것은 아니라도 그에 못지않은 새로운 압박의 방식이라고 생각하는 사람들이 있었던 것 아닐까요?

추미애 제가 취임식에서 검찰에게 자신의 위치를 개혁의 대상으로서만 제한하지 말자. 우리가 개혁의 주체라고 선언한 이야기를 기억하시지요? 개혁의 방식이 바로 미래의 검찰상을 제시하는 거였어요. 놀라운 것은 미래의 검찰상은 70년 전에 이미 다 마련되어 있었다는 점이에요. 대한민국이 형사소송법을 1954년에 만들었어요. 해방이 한참 지난 후에 만들어졌지요. 검·경 간 위치 설정을 어떻게 해야 할지 고민이 많았던 거예요.

김민웅 그때는 지금의 상황과 반대였지요. 검찰보다 경찰이 더 강력한 권력기구였습니다. 이승만 정권이 1949년에 반민족행위특별조사위원회를 무너뜨리는 과정에서 일제강점기 친일 세력이 다수였던 경찰의 권력을 비대하게 키웠지요.

추미애 그렇습니다. 냉전 시기에 사회주의 세력을 견제하기 위해 경찰을 지방직이 아닌 국가직으로 제도화했습니다. 그러다 보니 경찰력이 너무 세진 거예요. 분권화되지 않은 경찰에 공안질서와 치안질서를 맡기는 것도 엄청난 거잖아요. 사실 나라의 법 질서를 처음 만드는 상황인데 얼마나 고심했겠습니까. 그런데 불행하게도, 당시의 시대상황이 국가경찰제도로 갈 수밖에 없었으니 경찰에게 권한이 집중되었던 것이지요. 그런 현실 속에서 경찰에게 수사권까지 맡길 수는 없잖아요. 그래서 "이 수사권은 원래 경찰의 것이지만 지금은 검찰에서 담당하세요. 그러나 머지않은 미래에 자치경찰로 돌아가면 수사권은 다시 경찰에게 돌려줘야 합니다"라는 논리가 전제되어 있었던 거예요. 그렇게 검찰은 수사권을 갖게 된 겁니다. 일제강점기 때는 형사가 수사도 하고 영장청구도 하고 그랬었지요.

김민웅 헌병체제로 경찰제도를 만들었기 때문이었지요. "순사 온다" 하면 울던 아이가 울음을 뚝 그친다는 이야기가 나올 정도로 무서운 존재였습니다. 지금은 검찰이 그렇게 된 거고요.

추미애 그렇습니다. 시대적 상황이 교정을 요구하고 있는 겁니다.

김민웅 이제 달라진 상황에 맞는 변화가 필요하다는 것이겠지요. 주어진 권한이 비대해지면 나눠야 한다는 것이 핵심입니다. 그게 누구든 어떤 집단이든 말입니다.

추미애 그렇지요. 그때는 그때에 맞는 제도가 필요했던 건데 70년이 지나고 나니 상황이 달라졌어요. 무소불위의 검찰권력은 부정과 부패를 없애는 본질적인 일은 하지 못하고 공작정치를 하게 되었어요.

김민웅 다시 강조해보면, 70년 전이나 지금이나 원칙은 같다, 다루는 현실의 대상만 다를 뿐이다, 집중된 권력은 문제가 생긴다, 집중된 권력의 비대한 체제를 혁파하는 것은 그때나 지금이나 민주주의 원칙에서 보면 언제나 동일한 요구였다, 이렇게 정리할 수 있겠네요. 여기에 저항하고, 공작정치까지 하는 권력기관이 있다면 당연히 개혁적 조처를 취해야 하지요.

추미애 명쾌하게 정리하셨습니다.


## 개혁에 관심 없는 윤석열

김민웅 그런데 쉽지 않은 게 현실이지요. 앞에서 '추·윤 갈등'

의 본질적인 이야기를 하셨는데요. 추미애가 이런 역사적 요구를 담아내고, 검찰이 그것을 인식하면서 개혁의 주도권을 검찰이 스스로 갖도록 하자, 이게 원리적으로는 좋은 이야기지만 현실로 풀어내기는 간단치 않잖아요? 이미 기득권이 너무 두텁게 형성되어 있으니 말입니다.

추미애 취임 후 6개월간 저는 미래의 검찰상을 이야기했어요. 검찰은 경찰의 수사를 통제하는, 달리 말해서 수사의 적법성을 통제하는 법률전문가이자 인권감독관이라고요. 사실 모든 수사는 불가피하게 인권침해적이에요.

김민웅 "수사는 불가피하게 인권침해적이다"라는 말씀은 언젠가도 하셨는데 그때도 참 인상 깊게 다가왔어요. 그러나 대부분은 수사하는 쪽이나 받는 쪽이나 그걸 당연한 절차로 여기고 있지요. 수사 자체가 기본적으로 인권침해적이라는 걸 인식하는 건 대단히 중요한 시민적 상식이 되어야 할 것 같아요.

추미애 맞습니다. 그래서 수사 과정에서 적법성 통제, 사법적 통제를 하는 법률전문가로서의 검사가 되어야 한다고 이야기했어요.

김민웅 문제는 미래형 모델을 제시해도 기득권을 해체하지 않으면 검찰개혁의 싹이 틀 수 없지 않겠습니까? 그렇다면 윤석열 총장과 이런 인식이 공유되어야 했을 텐데 어땠습니까? 추 장관님께서 윤 총장에 대해 어떤 평가와 인식을 하게 되던가요? 민감할 수 있는 질문이지만 짚고 넘어가지요.

추미애  한마디로 개혁에는 관심이 없는 총장이었어요.

김민웅  우선 장관의 지휘권을 인정하지 않은 것이 문제 아니었나요? 서로의 위치와 존재를 인정해야 개혁이든 뭐든 소통하면서 해결의 지점을 찾을 수 있을 텐데 말이지요. 그는 "총장은 장관의 부하가 아니다"라고 했지요. 선출권력이 임명한 법무부장관의 검찰에 대한 민주적 통제의 핵심인 지휘권을 인정하지 않는 것은 그 자체로 개혁주체의 자격을 스스로 버린 것입니다. 과거에는 법무부장관이 모두 검찰 출신이었으니까 큰 충돌 없이 지냈는데 결국 박상기·조국·추미애로 이어지는 비검찰 출신 장관의 지휘권을 거부한 것 아닌가요. 윤석열 검찰총장이 이걸 직설적으로 표현하는 걸 보면서 제대로 된 대화나 소통은 어렵다는 생각이 들었습니다. 현장에서는 어떻게 느끼셨나요?

추미애  장관으로서 저는 검사 개개인이 지녀야 할 미래의 검사상과 검찰상을 제시했고, 그것을 실현하기 위한 방향과 방법도 제시했어요. 취임 초반 6개월 동안 이루어진 검경수사권 조정에 따른 수사준칙 마련이 바로 그것이지요. 그것은 단순히 검경수사권 조정 요구 때문에 하는 것이 아니라 이 준칙을 기준으로 수사에 대한 적법성을 통제할 수 있도록 한 것입니다. 언젠가 수사권을 완전히 내려놓을 때는 이대로 수사지휘를 하면 된다는 것이지요. 제가 검찰에게 이런 원칙으로 조문 하나하나 경찰과 협의하라고 당부했어요. 그런데 이게 '검·경의 밥그릇 싸움'이 된 거예요.

김민웅  경찰의 입장에서는 아무래도 자신의 권한을 최대한 가져와야 하는 것이 아닌가요? 더군다나 검경수사권 조정 여론이 형성된 시기에 하지 못하면 안 될 테니 어쩔 수 없지 않았을까요? 당연히 검찰은 기득권을 빼앗기지 않으려 했을 거고요.

추미애 물론이지요. 하지만 검찰도 문제였으나 경찰도 큰 판에서 보지 못하고 소소한 이해관계로 접근한 면이 있습니다. 이게 잘되어야 경찰에게도 좋은 일이라는 점을 명확하게 인식하지 못한 것 같아요. 자칫하면 권한분산이 경찰을 또 하나의 권력기관이 되게 할 수 있다는 일각의 우려는 충분히 검토해야 하는 점이었어요. 균형 잡힌 접근이 절실했습니다. 경찰도 현장을 뛰다 보면 법률을 놓칠 수 있습니다. 그걸 감독자가 잘 파악하고 법률적 지원 또는 통제를 해야 인권이 지켜지고 수사의 적법성이 확보됩니다. 여기서 감독자라는 건 상하 관계가 아니라 오케스트라의 지휘자나 영화감독 같은 거예요.

김민웅 무슨 뜻인지 쉽게 이해가 됩니다.

추미애 역시 이해가 빠르시네요. 그래서 저는 경찰의 수사 파트너로서 코치 역할을 하는 개개의 검사를 상정하자고 했어요. 검사가 현장에서 법률전문가로서 경찰과 밀접하게 소통하고 친해져야 하는 겁니다. 팀워크가 발휘될 수 있는 대등한 위치에서 한 사람의 법률전문가와 한 사람의 수사전문가를 상정하는 거예요. 그러면 범인을 놓치지 않을 뿐만 아니라 인권침해도 하지 않지요. 이런 관계 설정을 수사준칙에 담기 위해 많은 노력을 기울였습니다.

김민웅 역할만 다를 뿐이지 검·경의 수사 파트너십이 요체가 되겠네요.

추미애 바로 그거예요. 경찰에서는 제가 검찰의 수사권을 내주지 않으려는 것이라고 생각하고 단어 하나하나 신경 쓰는 저를 보며 검찰의 요구에 순치됐다고 여기기도 했지요. 정작 저는 그 회의를 하기 위해 주말도 없이 일했는데 말입니다. 사실 그건 원래 검찰총장이 해야 하는 일이에요. 그런데 총장은 그 중요한 일에 관심이 없었어요.

김민웅 검찰과 경찰 양쪽에서 의혹의 대상이 된 셈이네요. 듣고 보니 '수사준칙'이라는 게 참으로 중요한 대목이군요. 검·경의 권한 경쟁 논리가 아니라 협동체제를 만드는 일이니까요. 말씀하신 대로 수사의 효율성과 함께 법적 적합성, 인권 보호 등을 함께 이루는 장치니 말입니다.

**개혁의 활시위는 이미 떠났다!**

추미애 수사준칙을 정리하는 일은 너무 힘들었어요. 그러나 장관으로서 자부할 수 있어요. 그 수사준칙을 잘 따른다면 검찰이 수사권을 다 내려놓아도 아무런 문제가 없고, 수사지휘에 공백이 생기지도 않을 것입니다. 구체적인 실무에 들어가면 문제가 생길 수도 있겠지만, 그건 나중에 보완하면 되는 문제고요. 큰 줄기는 잡아놨다고 할 수 있지요.

김민웅 검찰총장이 검찰개혁에는 관심이 없다고 하셨는데요. 그 당시 장관님은 윤 총장이 앞으로 정치를 할 것 같다는 느낌이 있으셨나요?

추미애 두 번 정도 그런 느낌을 받았습니다. 채널A 검언유착 사건에서 윤 총장은 분명 수사지휘에서 손을 떼겠다고 했습니다. 2020년 6월 초순경인가 그랬을 거예요. 그러면서 자신은 손을 떼고 대검 부장회의에 수사지휘를 맡긴다고 했어요. 그러다가 뜻대로 잘 안 되니까 전문수사자문단으로 하겠다고 꼼수를 쓰고 그사이 채널A 사건의 증거는 인멸되는 상황이었어요. 수사팀은 혼란을 겪었지요. 그래서 제가 7월 2일 수사지휘를 내렸어요. "총장은 수사팀이 독립적으로 수사할 수 있게 하고 수사에서 손 떼라"고 했는데 미동도 안 하더라고요.

김민웅 그래서 어떻게 대처하셨나요?

추미애 제가 법무부 간부들과 점심식사를 하면서 들어보니 이미 윤 총장이 정치권에 수사지휘에 대한 타협의 여지가 있는지 도움을 요청하고 있다는 거예요. 그래서 저는 윤 총장이 수사지휘를 받아들일 때까지 대화의 여지를 끊어놓기로 했습니다. 연가를 내고 산사에 가 있겠다 했지요. 법무부 간부들에게는 "여러분들도 앞뒤 재지 말고 절대 흔들리지 마라. 이건 이미 활시위를 떠난 것이고 이런 문제는 타협할 수 있는 게 아니다"라고 엄명을 내렸어요. 그런데 그사이에 간부들이 밥 먹다 말고 전화기를 들고 들락날락하더라고요. 들어와서는 윤 총장의 말을 전했습니다. "(장관님이) 특임검사를 받아주면 (윤 총장이) 팔짱을 끼고 사진을 찍어주겠다"라고요.

김민웅  갑자기 사진을 찍어주겠다니요?

추미애  아, 이 사람이 나를 사진 노출증에 걸린 정치인으로 취급하는구나, 자기 자신이 오히려 정치 생각이 간절한 모양이구나, 사람 잘못 봤네 싶었어요. 그 말을 듣고 그 자리에 있는 사람들이 모두 동시에 웃었어요. 윤 총장은 항상 정치적 그림을 그리고 있구나 하는 생각이 들었습니다.

김민웅  그걸로 그친 건 아니지요?

추미애  아니지요. 윤 총장은 그다음 행동을 이어나갔습니다. 7월 4일에 갑자기 전국 검사장 회의를 소집했어요. 그리고 그 회의 결과를 7월 6일에야 공개했어요. 시간을 두고 정리한 거지요. 윤 총장은 그때 세 가지 제안을 내놓습니다. 첫째, 전문수사자문단 절차는 중단이 필요하다. 둘째, 검찰총장의 지휘감독권을 배제하는 것은 위법하거나 부당하다. 셋째, 검찰총장의 거취와 연계될 사항이 아니다라는 것이었습니다.

김민웅  첫 번째 내용을 보니 전문수사자문단에 수사지휘를 하는 건 무리라고 일단은 인정한 셈이네요.

추미애  그렇지요.

김민웅  결국 말하고 싶은 건 두 번째, 세 번째였네요. 그것을 어떤 의미로 받아들이셨나요?

추미애  첫 번째 내용은 전문수사자문단 절차가 무리인 걸 자인하는 것이기도 하고 두 번째와 세 번째 이야기를 하기 위한 전략적 포석이라고 봤어요. 그리고 저는 그 세 가지를 딱 한 줄로 이렇게 읽었어요. "나 사표 안 내." 지휘가 위법하고 이의가 있으면 사표를 내는 게 맞는 거예요. 그런데 위법하다는 말은 검사장들 입을 빌려 하고 자기는 "사표 안 내!" 하는 거지요. 이때 청와대도 윤 총장이 사표 쓰면 받으려고 했던 걸로 알아요. 그러나 결국 윤 총장은 피해자 코스프레에 실패했지요.

김민웅 피해자 코스프레요?

추미애 장관에게 지휘권 간섭을 받았다는 피해자 코스프레를 했지만 동정여론으로 기울지 않았습니다. 집단항명을 했으면 총장으로서 책임을 져야 하는데 뭔가 타이밍을 노리는 것 같았습니다. 순수하게 조직을 생각하는 검찰총장이라면 본인보다 조직을 먼저 생각하는 게 맞지요. 전국 검사장들을 불러 모아 회의를 하고 집단항명을 했잖아요. 그러면 이제 조직의 체면을 생각해서 방향을 잡아야 하는데, 그러지 않은 것을 보면 본인이 따로 정치에 생각이 있다는 것이었지요.

김민웅 다음에 자세히 여쭤볼 예정이지만 1년 1개월 재임기간 동안 여러 힘든 일들을 겪으면서도 법무부장관을 계속하고 싶으셨나요?

추미애 저는 한번 시작한 일은 끝장을 내야 합니다. 끝장을 보고 싶었어요.

김민웅 검찰총장은 징계와 무관하게 계속 남아 있었는데, 추미애 장관은 물러났습니다. 그러면 추미애 장관이 패배한 것이 아닙니까?

추미애 그렇게 생각하지 않습니다. 이건 누가 먼저 그만두느냐의 문제가 중요한 것이 아닙니다. 당시 상황으로는 제가 그만둠으로써 검찰개혁의 동력을 더 높게 끌어올릴 수 있다고 판단할 수밖에 없었습니다. 징계 대상인 윤 총장이 자기 자리에 계속 연연하는 모습이 저와는 대조적으로 부각되었으니까요. 다만 시험문제를 다 풀지 못한 아쉬움이 있습니다.

김민웅 마저 풀지 못한 문제는 무엇일까요?

추미애 지금 진행되고 있는 것들이오. 사실 성과를 강조하고 싶어 하는 쪽에서는 검경수사권 조정이 이루어졌다, 공수처를 출범시켰다고 자축하지만, 진정한 검찰개혁을 위해서는 뿌리 깊은 조직문화가 바뀌어야 해요. 그런데 그것은 오히려 더 강해졌다고 봐요. 검찰은 개혁을 무력화시키기 위한 다른 꼼수들을 계속 던지고 있으니까요.

김민웅 미완의 부분을 제대로 잡아내야겠습니다.

추미애 제가 퇴임한 이후 개혁 동력이 멈칫거리는 사이에 안타깝게도 미완의 과제가 더 많이 쌓였어요.


## 유일한 위로

김민웅 장관님은 검찰개혁 2기를 책임졌습니다. 그 시기를 거치면서 그래도 이건 후회하지 않고 해낸 것 같다 하는 게 있다면요?

추미애 후회라는 단어가 갑자기 걸리네요. 제가 후회할 일을 할 것 같은가요? 하하!

김민웅  당연히 그렇게는 안 보이지요, 하하. 달리 이야기하자면, 추미애가 있었으니 이만큼이라도 해냈다고 스스로 평가할 수 있는 건요?

추미애  그건 제 입으로 이야기 못 합니다, 하하.

김민웅  안 넘어오시네요. 그러면 다르게 질문해볼게요. 적어도 검찰개혁 2기에 이만큼까지 해서 다행이다 하는 부분이 있다면요?

추미애  다행이라기보다는, 우선 후회되는 건 없어요. 모든 걸 던졌고 치열했고 최선을 다했으니까요. 여건이 충분하지 못한 상태에서 그나마 이 정도를 했으니까요.

김민웅  상처는 없나요?

추미애  엄청 많지요. 상처는 이루 다 말할 수 없어요.

김민웅  그래도 퇴임할 때, 청와대 국민 청원 게시판에 추 장관님 재신임 청원이 올라가고 촛불시민들이 화환을 보내는 등 열정적인 응원이 있었잖아요. 어떠셨어요?

추미애  유일한 위로였어요. 한편으로는 이분들이 어떻게 전후 사정을 다 아시는지 궁금했어요. 나중에 들으니, 청와대 게시판에 퇴임 반대 청원이 여러 건 올라와 있었고, 거기에 동의해주신 분들이 58만 명쯤 되었다고 하더라고요. 그분들께 말로 표현할 수 없이 감사하지요. 제가 답답하고 안타까운 건 "여의도와 소통이 안 된다!"는 거예요. 촛불혁명으로 동력이 만들어졌고 이제 국회가 움직일 차례인데 그들은 정작 검찰개혁을 하나의 이슈 정도로 생각한 건 아니었을까요? 다시 이야기하지만 촛불시민은 본질을 정확하게 알고 계셨어요.

김민웅 추 장관님은 촛불혁명 당시 당대표였고, 문재인 정부가 성립하면서 거대 여당이 만들어졌습니다. 개혁이 추진되는 과정에서 법무부장관직을 맡았고 응원도 많이 받으셨습니다. 검찰개혁은 어떤 특정 정권이 자의적으로 선택한 목표가 아니라 촛불을 든 시민들의 열망을 이루는 일이었습니다. 촛불혁명, 촛불시민, 검찰개혁을 분리해서 생각할 수 없습니다.

추미애 앞에서 조금 말씀드렸다시피 여의도 국회는 검찰개혁을 하나의 이슈만으로 생각하지 않았나 싶어요. 시작했으면 후퇴 없이 끝을 봐야 한다는 결기가 있어야 하는데 그게 보이지 않았습니다. 그 본질을 이해한 유일한 집단이 바로 촛불시민들이었어요. 쉽지 않기 때문에, 포기하면 안 되기 때문에, 촛불시민들은 검찰개혁을 내려놓을 수 없었던 거예요. 그래서 다시 촛불을 들고 서초동으로 간 거지요.

김민웅 검찰개혁의 동력이 탄탄하게 만들어진 현장이었습니다. 여의도 정치가 검찰개혁을 하나의 이슈 정도로 봤다고 여긴 까닭이 있나요?

추미애 언론이 날마다 '추·윤 갈등'이라고 부각시켰어요. 급기야 추·윤이 동반 퇴장해야 한다는 주장까지 등장했지요. 이제 막 개혁이 시작됐는데 말이지요. 많은 분들이 징계청구사유를 보시고, "아, 이거 윤 총장 문제가 많구나" 하던 차였는데 난데없이 거꾸로 가게 된 겁니다.

김민웅 저는 2기 검찰개혁의 수장이었던 장관님과의 대담이 촛불혁명의 의지를 다시 환기하고 재결집하는 계기가 될 수 있지 않을까 하는 기대가 있습니다.

추미애 2016년의 촛불이 가슴속에 살아 있는 시민들은 여전히 흔들리지 않고 민주주의를 위한 개혁에 힘을 모으고 싶어 합니다. 그렇지 않아도 최근 도올 김용옥 선생님이 직접 사인해서『동경대전』이라는 책을 보내주셨어요. 바로 동학의 경전입니다. 첫 문장이 "동학은 눈물이다"예요. 언젠가 김 교수님하고도 이야기했잖아요. "촛불은 눈물이다"라고. 김용옥 선생님께 책 보내주셔서 감사하다고 인사하면서 그 문장에 꽂혔다고 말씀드렸어요. 민초를 결집시키는 것, 그것은 눈물입니다. 촛불도 눈물입니다. 그 눈물이 힘이 되어 여기까지 왔습니다. 누군가는 힘 없는 혁명, 패배한 혁명이었다고 말하지만, 동학이 살아난 것이 제주 4·3이고, 제주 4·3이 살아난 것이 광주 5·18이고, 그 5·18이 또 살아나서 촛불이 되었습니다.

김민웅 감동적인 역사입니다.

추미애 민초들은 변함이 없어요. 위정자들만 변덕이 심한 것이지요. 자기 이익을 위해 주판알을 튕기는 겁니다. 광장에서 촛불과 함께한 정치인의 한 사람으로서 그 촛불의 눈물을 잊어서도 안 되고, 눈물만 흘리고 있어서도 안 됩니다. 제가 고2 때 선생님이 제 좌우명을 물으셔서 "후회 없는 삶을 살겠다"고 말했어요. 후회는 자기 성찰의 경우도 있지만 대체로는 변명이에요. 후회를 하느니 차라리 할 수 있을 때 최선을 다해야 해요. 그러면 변명이 필요하지 않아요. 후회는 살아 있는 사람의 지옥이라고 하더라고요. 다행히 제가 지옥 속에 있지는 않아요. 제 마음은 지옥이 아니에요. 다시 가시밭길을 가라고 해도 갈 거예요. 왜냐하면 촛불을 들라고 하면 다시 드는 시민이 있기 때문입니다.

김민웅 네! 역시 추 다르크다운 대답이십니다. 혁명을 혁명답게 완성하는 것은 혁명 이후입니다. 아직 우리에게는 아직 기회가 있다고 믿습니다.

# 제3장

# 분홍빛 청춘

"그 사람이 삶을 대하는 치열한 태도에
깊이 끌렸습니다. 상대방의 처지를
먼저 생각한 후에 해법을 찾으려는 배려에
마음이 갈 수밖에 없었지요. 그게 그 사람의
인간적인 매력이었어요."

## 겁 없는 초등학생

**김민웅** 자, 이제 인간 추미애 얘기를 좀 해보겠습니다. "나는 어떤 사람이야"라고 짧게 자신을 얘기해본다면 뭐라고 표현할 수 있을까요?

**추미애** 불의를 보고 그냥 지나치지 못하는 성격이에요. 원래부터.

**김민웅** 그래서 '강성'이라는 수식어가 따라붙잖아요. 이런 이미지, 억울하신가요? 아니면 그대로 받아들이시나요?

**추미애** 강성이나 연성이라는 이분법으로 나눌 수는 없는 것 같고요. 보이는 것과 봐야 할 것을 구분하려고 노력합니다. 보이는 것이 전부가 아닐 수 있어서 현상 너머 본질을 탐구했는데, 그 본질을 들여다보니 모순이 가득한 거예요. 이것은 내 자리에서 풀어야 하는 문제라고 판단하면 그냥 지나치지 않는 성격이었어요. 그렇게 살아왔습니다.

**김민웅** 어릴 때도 그러셨나요?

**추미애** 그랬습니다.

**김민웅** 기억나는 에피소드가 있으신가요?

**추미애** 제가 1958년 개띠잖아요. 1965년도에 초등학교에 입학했어요.

**김민웅** 한·일 기본협정이 있던 해네요. 그 전해인 1964년에는 한일국교정상회담에 대한 대대적인 반대가 시작되었고요. 가난한 나라였지만 민족적 자존심을 분명히 표현하던 시대였지요.

추미애 맞습니다. 그 시절 대구도 모두가 가난했어요. 학교 담벼락에 천막집이 다닥다닥 붙어 있었고, 여름엔 검은색 팬티 같은 내의만 입고 학교에 오는 아이들도 많았습니다. 가난이 일상이었지요. 그러나 그때는 가난이 창피한 것도 두려운 것도 아니었어요. 모두가 가난했으니까요. 5학년에서 6학년 올라갈 무렵인 1970년 초반까지 가난의 풍경은 거의 변하지 않았어요.

김민웅 힘겨운 시절이었지요. 그 시절이 이젠 참 아득하게 여겨집니다. 학교생활은 어떠셨나요.

추미애 1970년도에 6학년에 올라갔어요. 배정된 반을 찾아갔더니 먼저 온 아이들이 모여서 담임선생님 흉을 보는 거예요. "아, 우리가 선생님을 잘못 만났다. 선생님은 부자 아이들만 좋아한다. 학부모에게 촌지를 받고 성적을 높여준다. 이 선생님한테 과외를 받지 않으면 성적을 잘 받을 수가 없다." 뭐 이런 내용이었던 것 같아요. 그 이야기를 듣고 저는 제자리로 갔어요. 누군가 "선생님 온다"라고 하니까 아이들도 후다닥 자리로 가 앉았어요. 그런데 선생님 얼굴이 무척 화가 난 표정이었어요.

김민웅 음, 사건이 터지는군요.

추미애 담임선생님이 들어오자마자 "누가 나를 흉봤어? 당장 나와!"라고 소리치니 아이들이 쥐 죽은 듯이 조용하잖아요. 그런데 선생님이 제일 앞에 앉아 있던 아이를 일으켜 세우더니 토끼 귀 잡듯이 왼손으로 귀를 잡은 채 오른손으로 아이가 기절할 정도로 막 때리는 거예요. 다른 아이들은 겁에 질려 있었고요.

김민웅 그 당시 교실에서는 흔한 풍경이었지요. 그래도 어떻게 서로 처음 만난 자리에서 그랬을까요!

추미애 선생님이 분을 삭이지 못한 목소리로 "앞으로 너희 같은 놈들은 안 가르쳐. 싫으면 다 나가" 그러는 거예요. 그때 저는 그 선생님한테 더는 배울 것이 없다고 생각했어요. "나가!"라고 하는데 아무도 안 나가면 선생님은 자신이 옳다고 생각할 것 아니에요? 전 그걸 받아들일 수가 없는 거예요. 새로 받은 교과서를 가방에 탁탁 집어넣고 교실 밖으로 나가버렸어요.

김민웅 하하, 아이고, 정말 겁 없는 소녀네요. 공부는 잘하셨지요?

추미애 잘했어요.

김민웅 선생님도 그걸 알고 있었나요? 다른 아이들 반응은 어땠나요?

추미애 선생님도 알고 있었고, 저는 저 같은 범생이가 앞장서면 아이들도 용기를 내서 따라나설 줄 알았는데 아무도 따라오지 않았어요. 하하.

김민웅 아이들은 선생님이 무서웠겠지요. 그래 어떻게 마무리 됐나요?

추미애 집으로 갔어요. 갈 데가 없으니까.

김민웅 담임선생님은 가만히 있었고요?

추미애 모르지요, 제가 나간 뒤 교실 이야기는 모르니까요. 집에 가니 엄마가 "너 왜 이렇게 일찍 왔어?"라고 물었습니다. 저는 "머리 아파서 빨리 왔다"면서 감기 걸렸다고 누웠어요. 그다음 날이 문제였지요. 엄마는 왜 학교를 안 가냐며 재촉했고 저는 계속 아프다고 했어요.

김민웅  그때 후회스럽거나 무섭지는 않으셨나요?

추미애  좀 무섭긴 했지요. 뒷수습을 어떻게 해야 할지 모르겠더라고요. 한마디로 대책이 없었습니다.

김민웅  반 친구들은 나중에 뭐라고 했나요? "저렇게 튀어봐야 혼나기만 해" 아니면 "추미애가 옳았어" 어느 쪽이던가요?

추미애  아이들은 선생님을 이길 수 없으니까 각자 속으로만 생각했던 것 같아요. 이런 일도 있었어요. 6학년 주산수업 시간이었는데 그때 9급 정도의 수준으로 주산을 가르쳤어요. 근데 저는 이미 1급 정도의 실력이어서 교재를 살 필요가 없어서 안 샀거든요. 그랬더니 선생님이 제가 반항한다고 생각하고는 교실 바닥에 교사용 주산 책을 던지면서 가져가라는 거예요.

김민웅  이게 뭔가 싶었겠어요.

추미애  선생님은 아이들 앞에서 저를 망신주고 싶으셨겠지요. 저는 당시에 집안 형편이 넉넉하지 않아서 굳이 다 아는 내용의 책을 살 필요가 있을까 싶어서 안 샀을 뿐인데 선생님이 그렇게까지 화를 내실 거라고는 생각하지 못했지요. 어린 마음에 무척 상처를 받았어요.

김민웅  그래서 어떻게 됐나요?

추미애  나중에 알고 보니, 선생님께서는 그 책을 판매한 만큼 교재상에게 일부 돈을 돌려받는 구조였다는 거예요. 요즘 말로 '리베이트'였던 거지요.

김민웅  부당하다고 판단하면 참지 않았군요. 공부를 잘했으니 주위에서 "너 커서 뭐 될래? 이거 하면 잘하겠다"라는 말을 많이 들었을 것 같은데 스스로는 어떤 생각을 하셨나요?

추미애  아, 당연히 사회를 정의롭게 만드는 데 어떤 역할을 하는 사람이 되어야 한다고 생각했어요.

김민웅  정의로운 사회를 만들기 위한 구체적인 상이 있었나요?

추미애  부조리는 주로 기자가 고발하니까, 기자가 되고 싶다는 생각을 했어요. 법관이 되고 싶다는 건 나중이고요.

김민웅  부모님의 기대도 컸을 것 같은데요.

추미애  부모님은 무조건 제 편이셨어요. 정의감에 불타는 아이니까 삐뚤게 살지는 않을 거라고 생각하신 것 같아요. 그 부분은 제가 아버지 성격을 닮기도 했고요.

김민웅  정의감이 넘쳐서 오히려 친구들과 어울리는 데 어려움이 있지는 않으셨나요? 부조리에 맞서 용기 있게 나섰는데 다른 친구들이 함께하지 않으면 무척 섭섭하고 원망스러웠을 텐데요.

추미애  친구들과는 잘 지냈고요. 저의 정의감에 동조하지 않는 친구들을 원망한 적은 없어요. 어떤 스타일인가 하면 제가 반장이라 청소감독 책임을 맡게 돼요. 아, 그땐 공부 잘하면 반장을 시켰을 때였지요. 자랑 아닙니다. 그땐 그랬다고요, 하하.

김민웅  음, 네.

**추미애** 청소가 제 마음에 들어야 하는데 그렇지 않으면 친구들한테 "그냥 집에 가, 내가 알아서 할게" 그랬어요.

**김민웅** 자신이 감당하는 쪽이군요. 어쩜 저랑 그렇게 비슷하세요? 하하.

**추미애** 또 자랑처럼 되어버렸네요. 아무튼, 내일 청소검사를 한다는데 휴지통이 더러워 보이면 휴지통 겉에 하얀 종이를 풀칠해서 새것처럼 만들어놓았어요. 어린아이였는데도 저걸 내가 했다고 자랑하지도 않았고요.

**김민웅** 기특한 어린이였네요.

**추미애** 과정은 힘들어도 결과가 잘 나오면 된다고 생각했어요.


### 까르르 잘 웃던 아이

**김민웅** 사춘기 시절의 추미애는 어떻게 상상하면 되지요?

**추미애** 그냥 평범했어요. 그때는 학급을 우열반으로 나눴습니다.

**김민웅** 그랬지요. 상당히 폭력적인 방식이었어요.

**추미애** 맞습니다. 전체 일곱 반 중에서 우반이 둘 있었는데 저는 거기에 속했고 저녁에는 남아서 특별수업도 했어요. 그땐 고교시험제니까 학생들을 어느 고등학교에 보내느냐가 학교를 평가하는 기준이었습니다.

**김민웅** 목표가 어디였나요?

**추미애** 대구엔 경북여고가 있었어요. 거기가 목표였지요. 학교에서는 쉴 틈을 주지 않고 공부를 시켰고 저는 학교에서 시키는 대로 따라갔어요. 다른 걸 생각할 겨를이 없었으니까요.

김민웅 그럼 친구들과 만나지도 않고 웃을 일도 없었겠네요?

추미애 학교에서 늦게까지 공부하다 보면 막차를 놓칠 때가 있어요. 그럴 때는 친구들과 같이 걸어갔는데 얘기하면서 까르르하고 잘 웃었어요. 그때는 낙엽만 굴러가도 웃을 때니까요.

김민웅 그랬군요. 형제 관계는 어떠셨어요?

추미애 위로는 언니가 있고 밑으로는 남동생이 있어요. 전 만만한 둘째였어요. 집에서 제일 신경 안 쓰는 둘째. 저는 주로 외할머니가 돌봐주셨는데 저녁밥을 차려놓고 저를 찾으러 나오시면 제일 시끌벅적한 곳부터 가셨대요. 제가 목소리도 크고 잘 웃었으니까요.

김민웅 그땐 입시지옥이라고 해서 공부에 많이 시달리기도 했지만 지금과 비교하면 나름 낭만적인 시대이기도 했어요. 공부 말고는 뭘 했나요?

추미애 책을 많이 읽었어요. 미혼인 이모들과 같이 살았는데요. 이모들이 연애소설을 많이 읽었어요. 저는 19금 소설을 비롯해 장르를 가리지 않고 책을 읽었던 것 같아요. 여자애들은 잘 읽지 않는 『삼국지』도 읽고요.

김민웅 문학소녀였나 봅니다.

추미애 제 입으로 문학소녀라고 말하기는 좀 낯간지럽지만 문화예술 분야로 관심이 많긴 했어요. 아쉽게도 음악 쪽은 재능이 없었지만 미술 성적은 좋았어요. 따로 배운 적은 없어도 좋은 점수를 받았어요. 미술을 더 잘하고 싶었어요. 초등학교 5학년 때 미술학원 앞에서 한참을 서성인 적이 있습니다. 미술학원 선생님이 제 그림을 보면 재능이 있다고 공짜로 가르쳐주지 않을까 해서요. 집에서 미술학원에 보내줄 형편은 아니었으니까요.

김민웅 와, 미술학원 앞에서 그런 생각을 하면서 기다리는 소녀 추미애. 그림이 나오네요. 좀 슬프긴 하지만.

추미애 그러네요, 하하.


## 우울했던 여고생

김민웅 고등학교에 진학한 뒤에도 계속 밝고 명랑하게 지냈나요?

추미애 아니오, 고등학생 때는 좀 우울하게 보냈어요. 집안이 경제적으로 많이 어려워졌거든요. 아버지가 친척들 재산을 여기저기서 끌어모아 일을 벌리셨는데 그게 잘 안됐어요. 아버지도 마음이 정말 힘드셨을 거예요. 우리 집은 물론이고 친척들까지 어렵게 만들었으니까요. 그러니 저도 고등학교 시절에 신날 일이 없었어요. 그때가 고3이었는데 저는 탈출구가 필요했어요. 마침 한양대에서 장학생을 뽑는다는 공고문을 보고 바로 지원했습니다.

김민웅 한양대 장학생이라는 게 법대 장학생을 말씀하시는 거지요? 그러면 그때 이미 법조계 쪽으로 진로를 정한 거군요.

추미애 고등학교 1·2학년 때 장래희망은 기자와 판검사였어요.

그런데 공부는 잘하는데 가정형편이 어려운 저를 선생님이 한양대 법대에 추천해주셨어요. 한양대에서도 장학금을 주니 다른 학교로 도망가지는 않겠다고 생각한 것 같아요.

김민웅 한양대 말고 다른 학교는 생각해보지 않았나요?

추미애 당연히 있었지요. 서울대 법대에 가고 싶었습니다. 그런데 지방에서는 정말 어려웠어요. 게다가 성적을 올리려면 서울에 있는 학원에도 다녀야 하는데 저희 집안 형편에 쉽지 않더라고요. 그래서 단념했습니다.

김민웅 그때가 유신 시대였는데요. 비판적인 정치의식이 형성될 만한 계기가 있었나요?

추미애 아버지가 현실을 비판적인 시선으로 보셨어요. 저는 어릴 때부터 아버지의 영향을 받은 것 같아요.

김민웅 그랬군요. 지금도 그렇지만 그때 대구에서 그러기 쉽지 않았을 텐데요.

추미애 호남차별 지역주의가 기승을 부릴 때였지요. 그때 『동아일보』 언론인들의 자유언론실천운동과 광고탄압 사태가 있었습니다. 아버지는 어린 자식들을 앞혀놓고 박정희의 잘못과 독재 통치의 부당성을 들려주셨습니다. 막걸리 한잔 하시면 늘 박정희를 비판하니까 어머니는 아버지가 늦게 들어오시면 걱정을 많이 하셨어요. "이 양반이 술자리에서 정부를 비판하다가 어디 잡혀간 거 아니냐" 하시면서요.

김민웅 '막걸리 반공법'이라는 게 있던 시절이었지요. 막걸리

한잔하고 정부를 비판하면 끌려가서 고문을 당하기도 했어요. 대구에서 서울로 올라왔을 때 문화충격은 없었나요?

추미애 엄청난 문화충격이 있었지요. 우선 말을 못 하겠더라고요.

김민웅 사투리 때문에요?

추미애 네, 친구들이 사투리를 못 알아들으니까요. 제가 말하기만 하면 웃었어요.

## 법대생의 회색빛 청춘

김민웅 그때 법대에는 여학생이 몇 명이었나요?

추미애 법학과 정원이 40명인데, 여학생은 3명이었어요. 한 친구는 1학기 정도 하다가 자기 길이 아니라면서 다른 진로를 선택해서 나갔어요. 결국 둘만 남았습니다.

김민웅 대구 출신 여자 법대생의 대학생활은 어땠나요?

추미애 교양과정 국어 시간에는 여러 과 학생들이 같이 수강했어요. 다른 과 학생들은 대학 들어왔다고 발랄하게 화장하고 옷 색깔도 화사한데 우리 법학과 학생들은 복장에서부터 영 촌스러운 거예요. 법대생들은 유행 지난 우중충한 정장만 입고 다녔어요. 법대 학장님이 학생들의 복장에 압박을 가하셨거든요. 청춘보다 공부. 그러니까 입는 거 신경 쓰면 공부 안 된다는 식이었습니다.

김민웅 지금 생각하면 아쉽지 않으신가요?

추미애 그러게 말이에요. 회색빛 청춘이랄까. 다른 과 학생들은 알록달록 예쁘게 꾸미고 다니는데 우중충하게 입고 다니는 여자 법대생이 무슨 매력이 있겠어요? 그런데 교양과정 교수님이 제가 법대생인 걸 알아차리고 "그렇게 권력 지향적으로 사는 삶이 행복할까?"라고 단도직입적으로 말씀하시더라고요. 제가 듣기에는 좀 비꼬는 듯한 뉘앙스로 들렸어요. 갓 스물 왔다 갔다 하는 나이에 벌써 판검사가 되겠다고 고시 준비나 하면서 심각하게 앉아 있는 제가 같잖아 보이신 게 아닌가 싶었어요.

김민웅 법대생이라는 이유만으로 출세욕이 있는 학생이라고 지탄받은 셈이네요.

추미애 네, 상당히 기분이 나빴습니다. 저는 약자 편에서 생각하는 삶을 살고 싶은데 법학 공부를 하고 있다는 이유로 권력을 추구하는 인생처럼 취급받는 게 맞나 하는 억울한 생각과 함께 자존심에 상처를 받은 기억이 납니다.

김민웅 화가 많이 났을 텐데 어떤 식으로 풀었나요?

추미애 그게 어렵더라고요. 학교생활은 완전히 스파르타식이었어요. 예를 들어 2학년 때까지 사법시험 1차를 패스하지 못하면 장학생 혜택이 사라져요. 다행히 저는 1학년 말에 1차 시험에 합격했어요. 방대한 수업을 감당하느라 힘겨운 하루하루를 보냈고 다른 데 신경 쓰기 어려웠어요. 획일적인 사고에 빠지지 않으면서도 자신만의 관점을 유지하는 일도 쉽지 않았고요.

## 분홍빛 청춘이어라
김민웅 혹시 충격의 돌파구를 연애에서 찾은 건 아닌가요?

추미애 아닌 게 아니라 사실 그런 면도 있어요. 어느 날 학교에서 면접을 본다는 연락을 받았어요. 입학하기 전에 면접을 끝냈는데 갑자기 특정 장소로 소집해서 또 보겠다는 거예요. 왜 그런지 알아보니 그때 서울대를 비롯한 몇몇 대학에서 본고사를 봤어요. 날짜를 겹치게 잡아서 가지 못하게 막은 거였습니다. 거기까지는 그래도 이해할 수 있는데 장소가 재미있었어요. 절이었어요.

김민웅 스님 계신 절이오?

추미애 네, 김천 직지사로 갔더니 고시생들이 스님처럼 머리를 빡빡 깎고 트레이닝복이나 승복을 입고 공부하고 있는 거예요. 학교 선배들이었습니다. 학장님을 보더니 삼배를 하더라고요.

김민웅 분위기 딱 들어오네요.

추미애 그때 쇼트커트를 한 선배 언니 한 분이 학장님에게 와서 인사를 했어요. 그러니까 학장님께서 저에게 이 언니처럼 머리를 잘라야 한다고 하는 거예요.

김민웅 듣는 사람 쪽에서는 상당한 압박을 받았겠네요.

추미애 그렇지요. 그 후 그 학장님 수업을 듣게 되었는데, 수업 내용을 이론적으로 반박하며 반론을 제기하는 학생이 있는 거예요.

김민웅 감히 학장님께요?

추미애 네. 그때 저는 복습하기도 버거웠는데 "와, 저 사람은 선행학습을 하네. 교수와 한판 붙어보겠다는 거구나" 하고 생각했어요. 그 학생이 계속 물러서지 않으니까 학장님이 화가 나셨는지 갑자기 "호로자식!"이라며 욕을 하시는 거예요. 조금 안됐더라고요.

김민웅  누가요?

추미애  학장님이오. 직지사에서 삼배도 받던 지존이신데, 40명이 넘는 강의실에서 그 학생이 수업 시간마다 꼬리에 꼬리를 무는 질문을 하니 화가 나실 만도 하지요. 그래서 저도 뒤를 돌아봤어요. 그 '호로자식'이 누군지 확인하려고요!

김민웅  누구였나요?

추미애  같은 학번인데 교통사고를 당해서 치료받느라 또래보다 2년 늦게 들어온 학생이었어요.

김민웅  지금 부군이신 서성환 변호사님 이야기하시는 거지요?

추미애  네, 그럼 누구 이야기해요? 하하!

김민웅  그러게 말입니다.

추미애  저는 그때 그 사람을 처음 알게 되었어요. 이후 그 사람이 한양대 법대 수준이 괜찮은 것 같으니 형사 모의 법정을 열어보자고 제안했어요. 저와 친구들은 재미있을 것 같다고 동의했고요. 그 사람은 자신이 안락사를 주제로 시나리오를 써보겠다고 했어요. 그때는 안락사 개념 자체가 낯선 시대였고 인권·의학·철학까지 포괄하는 꽤나 어려운 주제인데 그걸 하겠다는 거예요. 게다가 그 주제로 이미 연구를 많이 해놨더라고요. 본인이 병원에서 투병생활을 오래하면서 느낀 점이 많았던 것 같았습니다.

김민웅  서 변호사님께서 학생 시절부터 그런 주제에 일찍 눈을 뜬 이유가 있었던 거군요.

추미애 네, 그 당시 저희한테 안락사를 주제로 수업했던 교수님도 국내 연구가 별로 없는 상황에서 본인이 먼저 선구적으로 가르쳐준다는 식으로 알려주신 건데, 그 사람이 적극적으로 내용을 발굴하고 토론을 주도했습니다. 기존의 교과서만 달달 외는 게 아니라 실제 사례를 가지고 이론을 전개해나갔지요. 지금 생각하면 그때 이미 로스쿨의 모범 사례였던 것 같아요. 그렇게 우리 앞에서 먼저 발제해서 우리가 다 좋다고 했어요.

김민웅 음, 이야기가 흥미진진합니다.

추미애 네, 그땐 학구열에 젊음의 열정까지 더해졌지요. 다른 대학은 어떤 주제로 모의 법정을 여는지 보기 위해 몇 명이 모여 고대도 가보고 서울대도 가봤어요. 그러고 나서 그 사람이 시나리오를 써왔는데 너무 잘 썼더라고요. 교수님도 깜짝 놀라셨어요. 그걸 바탕으로 배역을 정했는데, 저한테는 대사가 없는 판사 역할을 주고 저랑 같이 입학한 고등학교 친구한테는 변호사 역할을 주더라고요.

김민웅 그걸 누가 정한 거예요?

추미애 서 변호사요.

김민웅 서 변호사님은 어떤 역할을 맡았나요?

추미애 연출과 공동변호인을 맡았어요. 모의 법정은 무사히 잘 마쳤어요. 그때 그 사람의 내공에 감탄했어요.

김민웅 호감이 생긴 건가요?

추미애 이성적인 호감보다는 존경이었어요. 우리가 어떤 계급

사다리를 타고 올라가는 공부벌레 취급을 받는 상황에서 새로운 학문적 충만감을 느끼게 해주는 사람을 보니 존경하는 마음이 들었던 거지요. 연애 감정과는 달랐습니다.

김민웅 왜 그런 게 안 생겼을까요?

추미애 그러게요. 하하!

김민웅 제가 아까 흥미진진하다고 한 까닭은 아무래도 작전인 듯 싶어서였습니다. 연애 작전. 서 변호사님이 계획한 고도의 전략이 아니었을까요?

추미애 그럴 리가요.

김민웅 뭘 모르시는 모양인데 서 변호사님께 교차 확인해보겠습니다, 하하.

### 서성환과 만나다

추미애 사실 저도 확인해본 게 있어요. 왜 나에게 대사 한마디 없는 배석판사를 시켰냐고 물어봤습니다. 그러자 그 사람이 당신은 대사가 없어도 판사 역이 잘 어울리고 제 친구는 활발한 성격이라 변호사 배역이 나을 것 같다고 생각해서 그랬다는 거예요. 그 얘기를 들으니 사람에 대한 이해도 잘하고 모든 걸 상당히 종합적으로 보고 있다는 생각이 들었어요. 나중에 그때를 회상해보니 서 변호사가 제 미래를 예견했던 셈이었어요.

김민웅 이후 연애사는 어떻게 전개되나요?

추미애 모의 법정을 하면서 가까워지긴 했는데 그 사람은 몸이 아파서인지 학점에 문제가 없을 정도로만 수업을 받아서 자주 마주치기는 어려웠어요. 그러다 3학년 때 단체 여행을 가게 되었어요. 그 사람은 다리가 아프니까 등산 같은 일정에는 함께하지 못했지만 여행에는 합류하면서 조금 더 가까워졌어요. 모의 법정할 때에는 저나 그 사람이나 여럿 가운데 한 명이었다면, 그땐 비로소 일대일로 조금 더 편하게 대화할 수 있는 관계가 됐습니다. 그리고 그해 겨울 저는 공부하려고 해인사에 들어갔어요.

김민웅 방학 때 고시 공부에 집중하기 위해서였지요?

추미애 네, 그런 거지요. 학교에서 절에 보내 공부를 시켰거든요. 개인 선택이 아니라 학교 방침이었지요. 저는 해인사로 배정받았어요. 그때 그 사람이 저한테 편지를 보냈어요.

김민웅 아, 드디어!

추미애 하하. 그런데 편지에 "나 너 좋아해, 우리 연애하자" 이런 게 아니고 자작시를 한 편 썼더라고요. 대강 떠올려보면 동양화에서 느껴지는 편안한 여백이 좋다는 내용이었어요.

김민웅 시를 써서 보냈다, 그게 바로 연애편지지요. 그걸 받았을 때 느낌이 어떠셨어요?

추미애 그때 생각하니까 가슴이 두근두근하네요.

김민웅 드디어 두근거리기 시작했군요.

추미애 네, 그 시를 받고 한 달쯤 지나니까 절에 그대로 있기가 영 근질근질한 거예요. 나갈 수 있는 핑곗거리를 찾기 시작했습니다.

김민웅 그런 거 하지 말라고 절에 보낸 건데요, 하하.

추미애 김 교수님, 제 이야기 재미있으세요?

김민웅 재미있고 말고요. 그런데 서 변호사님께서는 어쩌다가 사고를 당하신 건가요?

추미애 사실은 서 변호사가 고등학교 때 다리를 다치는 큰 사고를 당했어요. 그때 상황이 광화문 근처에서 버스를 기다리는데 갑자기 브레이크가 고장난 차가 인도로 돌진해 옆에 함께 서 있던 친구를 덮치려는 걸 보고 엉겁결에 자기 몸을 던져 친구를 감쌌대요. 정신을 차려보니 친구는 멀쩡하고 자신은 발목뼈가 으스러지는 큰 부상을 입게 됐다고 했어요. 그 후로 그때 같이 있던 8명의 친구들이 교대로 병실을 지키며 지금까지도 평생지기로 우정을 나누며 지내고 있어요.

김민웅 사고 자체는 마음이 아픈 이야기인데 서 변호사님이 어떤 사람인지 깊이 느낄 수 있습니다. 근데 서 변호사님은 장관님을 언제부터 마음에 두었다고 하시던가요? 그날 갑자기 시를 보냈을 리는 없었을 텐데요.

추미애 나중에 물어봤더니 시골에서 촌닭이 왔는데 괜찮은 애 같다고 남학생들끼리 이야기했던가 봐요. 그때 그 사람이 은근히 자기 친구들한테 제가 마음에 든다고 표현을 해놨더라고요.

김민웅 접근금지령을 내린 거지요.

추미애 그래요?

김민웅 그래서 그 모의 법정도 적극적으로 진행해서 어떻게든 기회를 만들려고 했던 거겠지요. 아무리 생각해도 작전이었네요, 하하. 시를 받고 답장은 안 하셨어요?

추미애 안 했어요. 딱히 할 말이 없었어요. 시평을 할 수도 없고요.

김민웅 내가 싫은가? 편지를 받긴 받았나? 서 변호사님이 얼마나 답답하셨겠어요? 더 애를 태우려고 일부러 안 보내신 거 아니에요? 서 변호사님은 나중에 뭐라 안 하시던가요? 한 달 동안 어떻게 답장도 안 하냐고요. 꽤 용기를 내서 편지 썼을 텐데 말이에요.

추미애 그런가요? 김 교수님께서는 엄청 궁금하신 것 같은데 정작 그 사람은 답장받을 생각도 안 했던 것 같아요. 저는 그냥 시를 받아서 좋았고요.

김민웅 그래서 절에서 탈출은 성공하셨나요?

추미애 한 달 후에 집에 일이 있다 하고 절에서 나와서 제가 먼저 그 사람에게 전화했어요. 그게 편지에 대한 답장인 셈이었지요.

김민웅 아!

추미애 핸드폰이 없던 시절이라 집에 가는 동안에 공중전화만 보이면 전화했어요. 절 아래 마을에서, 버스 타기 전에, 버스에서 내려서, 집 앞에서, 동전 엄청 집어 넣었지요.

김민웅 허허, 공중전화 부스에 용건만 간단히 하라고 써 있었을 텐데. 첫마디를 뭐라고 했는지 기억나세요?

추미애 하하, 그냥 잘 지냈는지 안부 물었지요.

김민웅 그때 서로의 마음을 알게 된 거예요?

추미애 네, 그런 것 같아요.

김민웅 그땐 호남차별이 심했던 시절인데 걱정되지는 않으셨
나요?

추미애 그냥 연애감정이니 앞뒤 안 가리는 거지요, 뭐.

김민웅 그래서 어떻게 됐어요?

추미애 연애를 시작했지요. 그때 시험은 한 달 공부한 걸로 끝낸
거고요.

김민웅 연애는 얼마나 하셨어요?

추미애 한 7년 정도?

김민웅 오! 왜 7년이나 걸리셨어요?

추미애 우선 경제적인 문제가 있었지요.


## 확신에 찬 부부

김민웅 그사이 고시는 어떻게 됐나요?

추미애 저는 1학년 때부터 고시 공부를 했는데 그 사람은 제가
합격하기 반년 전부터 공부를 시작했어요. 그래서 제가 먼저 합격
하고 3년 후에 그 사람이 합격했지요. 경제적 기반도 이후로 하나
씩 마련해갔고요.

김민웅 지역주의나 장애에 대해 집안의 반대는 없었나요?

추미애 있었지요. 도저히 해결이 안됐습니다. 그래서 그냥 강행
했어요.

김민웅 누가 설득이 안됐나요?

추미애 아버지요. 아무래도 딸이니까요. "꼭 그런 사람과 살아야 하느냐?"고 안타까워하시면서 다리 장애를 받아들이기 어려워하셨어요. 호남차별 문제도 있긴 했지만 다행히 아버지가 그쪽으로는 꽉 막히지 않으셨어요.

김민웅 딸의 고집을 못 꺾을 거라 예상하셨을 텐데요?

추미애 어떤 아버지든 자식을 위해 반대하는 데는 이유가 있잖아요. 사랑에 빠졌지만 그건 일시적이고 이 시기만 지나면 정신차릴 거라면서 어떻게든 제 마음을 돌리려 하셨지요. 그래서 제가 모시던 부장판사님께 도와달라고 부탁했어요. 그분이 일할 때는 저와 견해 차이가 있기는 했지만, 조목조목 이야기하면 잘 받아주셨거든요. 신부 입장할 때도 아버지가 안 오시면 같이 입장해주겠다고 하시더라고요.

김민웅 그랬군요. 그런데 서 변호사님으로서는 처가될 집안의 반대가 심하고 자신의 장애도 부담이 될 수 있으니 "괜찮아, 날 떠나도 돼"라는 식으로 말한 적은 없었나요? 자기 때문에 사랑하는 사람이 힘들게 되는 걸 원치 않을 수 있으니까 말이에요.

추미애 한 번도 없었어요. 저부터 그런 건 원치 않았으니까요.

김민웅 정말 치열하게 연애하셨네요. 아버님은 결국 결혼식에 안 오셨나요?

추미애 조금 늦게 오셨어요.

김민웅 오, 좋으셨겠네요. 그럼 화해하신 건가요?

추미애 화해라기보다는 딸이니까 아버지가 그냥 봐주신 거지요. 그런데 그 후에 사위가 정말 잘했어요. 결혼식은 딸이 고집을 피우니 졌다, 자식 이기는 부모 없다더라 하고 마지못해 오셨지만 결혼 후에 사위의 태도를 보고 굉장히 아껴주셨어요.

김민웅  이런 힘든 결혼을 가능하게 한 서로의 매력은 뭔가요?

추미애  아까 말했던 것처럼 저는 그 사람이 삶을 대하는 치열한 태도와 존경스러운 모습에 깊이 끌렸습니다. 제 입으로 말하기는 좀 그렇지만 제가 사람을 편하게 대하려고 애쓰는 편이에요. 아버지께서 늘 역지사지(易地思之), 상대방이 되어 생각하라고 밥상머리 교육을 하셨거든요. 그런데 우리는 그 점이 서로 똑같더라고요. 그 사람도 상대방의 처지를 먼저 생각한 후에 거기서부터 해법을 찾으려는 배려가 있기 때문에 저는 마음이 갈 수밖에 없었어요. 본인이 꼭 그러지 않아도 될 상황에서도 항상 그래왔어요. 그래서 제가 존경한다고 했던 거지요. 그게 그 사람의 인간적인 매력이었어요.

김민웅  젊은 시절 장관님에게 관심을 표한 남자들이 적지 않았을 것 같은데요.

추미애  꽤 있었지요, 하하.

김민웅  역시 그랬군요.

추미애  저는 남편에 대한 제 선택이 가장 현명했다고 믿어요.


**강단 있는 판사 추미애**

김민웅  서 변호사님은 행복한 사람이시네요. 자, 이야기를 조금 바꿔서 판사 시절 이야기를 해볼까요? 몇 년 하셨지요?

추미애 스물여덟 살부터 10년 6개월간 일했습니다.

김민웅 지금 생각해봐도 참 어린 나이에 시작하셨네요. 어떤 자세로 임하셨나요?

추미애 저에게 재판받으러 오거나 제 손을 거쳐간 사람의 운명을 좌우할 수 있는 위치에 있다고 생각했어요. 그래서 늘 조심스러웠습니다.

김민웅 그걸 언제 깨달으셨어요?

추미애 처음부터요.

김민웅 20대였는데도요?

추미애 고시에 합격한 후 아까 말씀드렸던 그 학장님을 찾아갔어요. 그때 학장님은 검사 발령을 기다리는 분과 이야기를 나누고 계셨어요. 잠시 후 고시 합격을 축하한다면서 장래희망을 물으셨습니다. 저는 변호사 아니면 판사를 할 생각이라고 했지요.

김민웅 검사할 생각은 없었어요?

추미애 없었습니다.

김민웅 왜요?

추미애 모르겠어요. 당연히 배제하고 있었던 거라 기억이 잘 안 나요. 어쨌든 찾아오신 그분에게 학장님께서 갑자기 "너는 왜 사람 죽이는 검사를 하려고 해?"라며 언성을 높이시더라고요.

김민웅 이거 검사 지망생들에게는 오해를 불러일으킬 만한 대목이네요.

추미애 모든 검사가 다 그런 건 아닌데, 오해할 만한 이야기이기도 하지요. 그런데 학장님이 말씀하시고 싶었던 건 법을 쥐고 있는 사람이 잘못하면 사람을 죽일 수도 있다는 경고였지요. 시험 합격했다고 성취감에 취해 있지 말고 앞으로의 자세를 확실하게 하라고 일깨워주신다고 생각했어요. 제가 자칫 잘못하면 사람을 죽일 수도 있겠구나 생각하니 조금 겁도 났고요. 그래서 판결과 관련한 종이 쪽지 하나도 소홀히 하지 않게 되었습니다. 저의 잘못된 판단으로 누군가의 인생을 해치게 될까봐 걱정이 됐거든요.

김민웅 판사가 판결할 때 사건 자체만을 놓고 판결한다고 하지만 어떤 사건은 사회적 여론의 영향을 받지 않나요? 판사의 판단과 주변의 판단이 다를 때 곤혹스럽기도 할 거고요. 그때는 어떤 식으로 중심을 잡으셨나요? 오류의 가능성은 양쪽 다 존재할 수 있으니 말이지요.

추미애 당연히 제 판단을 100퍼센트 확신할 수 없지요. 저는 신이 아니니까요. 그러나 제가 선입견에 사로잡히지 않고 사건을 검토하고 또 검토했는데도 여전히 똑같은 결론에 이르면 판단의 축이 서는 것 같아요. 그렇게 되면 주변에서 이 사건은 조금 더 쉽게 가자 해도 아니라고 주장할 수 있는 힘이 생기더라고요.

김민웅 그런 추미애 판사를 사람들은 어떻게 평가하던가요?

추미애 고집이 세다, 하하!

김민웅 그 말 들으면 기분이 어떠셨어요?

추미애 고집 세다는 말이 칭찬은 아니잖아요? 전 '역지사지'하려고 애쓴 것뿐인데, 저를 잘못 이해하고 있는 것 같았어요. 원칙을 세울 때는 분명하지만 아닌 경우에는 언제나 유연했어요. 무엇보다도 제 이득을 위해 뭔가를 해보려고 한 적은 없으니까요.

김민웅 판사 생활이 적성이나 성격에 잘 맞았나요?

추미애 전 제 직업을 사랑했어요. 저의 소명이라 여겼고 다시 태어나도 판사를 하고 싶다고 생각했어요.

김민웅 '판사 추미애'를 대표할 수 있는 사건이 있다면 말씀해 주실 수 있을까요?

추미애 전두환 시절이었어요. 1985년 제 첫 부임지는 춘천지방법원이었고요. 그 이듬해인 1986년 10월 28일 대학생 1,500여 명이 참가한 건국대학교 점거농성 사건이 있었습니다. 구속된 학생만 1,000여 명이었고 그중 400여 명이 국가보안법과 집시법으로 기소되는 상황이 벌어졌어요.

김민웅 대대적인 공안정국이 펼쳐진 거지요.

추미애 이른바 불온서적 압수수색이 전국적으로 일제히 시작되었어요. 판사들이 차례로 당직 근무하면서 영장업무를 맡았어요. 사건 관련 검사가 춘천의 제일 큰 서점인 '청구서점'에 대한 압수수색 영장을 청구했는데, 저는 그 영장청구서를 읽으면서 가슴이 꽉 조여왔습니다.

김민웅 왜요?

추미애 압수수색 목록이 기가 막혔어요. 리영희의 『전환시대의 논리』 『8억인과의 대화』, 김대중의 『옥중서신』, 조세희의 『난장이

가 쏘아올린 작은 공』 등이었는데 왜 이 책을 압수수색하는지 이유를 모르겠더라고요. 국민을 바보로 아는 건가 싶었어요. 영장청구 사유가 경범죄 처벌법상 '유언비어 유포'라고 되어 있었어요. 근거도 없고 법적 정당성도 없었지요. 어떻게 하면 좋을지 고민했어요.

김민웅 영장청구, 기각할 생각이셨나요?

추미애 네, 그렇지요. 어떤 논거로 기각할지 궁리했습니다. 그냥 기각하면 공안정국 분위기로 저를 몰아세울 게 뻔하니 반박하기 어려운 논리를 세워야 했어요. "국민의 알 권리는 헌법상 보장된 기본권이다. 경범죄 처벌법에도 이 법을 남용하여 기본권을 침해해서는 안 된다는 남용 금지 조항이 있다. 영장청구서에는 혐의 사실에 대해 구체적으로 밝히지 않았다. 책을 유언비어라고 볼 근거 자료도 없다." 이것이 제 논리였어요.

김민웅 명쾌했네요. 그런데 이후에 괜찮았나요?

추미애 사실 그다음 일이 경악스러웠어요. 알고 보니 전국 법원에 같은 영장이 접수되었는데 모두 영장이 발부되었더라고요. 저 혼자서만 기각한 거지요.

김민웅 무섭지 않으셨어요?

추미애 두려움보다는 부끄러운 판사로 남지는 않게 되었구나 하고 가슴을 쓸어내렸어요. 그렇게 써놓은 건 그다음 당직 판사가 그걸 참고해서 영장청구 근거로 삼으라는 뜻도 담겨 있었지요.

김민웅 아, 또 다른 영장이 접수되면 기각의 근거로 쓸 수 있는 논리를 남긴 것이기도 하군요.

추미애 네, 그런데 다음 날 당직 판사에게 전화가 걸려왔어요. 기각된 영장이 다시 접수되었다고요. 기각된 영장을 재청구하려면 지적된 사항을 보완해서 재출해야 해요. 그런데 검사가 마치 처음 청구하는 것처럼 만들어 영장을 접수시켰어요.

김민웅 속인 거네요.

추미애 그렇지요. 형사소송법 절차를 무시하고 법원을 속인 겁니다. 이걸 이상하다고 여겨 당직 판사가 확인차 전화를 건 거였는데 결국 그분은 공안정국의 힘에 밀려 영장을 발부할 수밖에 없었다고 해요. 결국 제 뜻대로는 안 되었지만 당시 법원장님은 그 이후로 저를 진지하게 대해주셨어요.

김민웅 그런 게 바로 판사 추미애의 정치입문을 이끈 대목들이라고 할 수 있을 것 같네요.

제4장

# DJ와의 만남

"대중과 멀어지면 안 된다는 걸 항상
강조하시면서 실사구시로 현실에
다가가셨어요. 정치가 힘을 갖기 위해서는
타협도 중요하지만 가야 할 방향은
확고하게 정해야 한다고 하셨습니다."

## 정치로 가는 길

김민웅 천직이라고 생각한 판사 일을 그만두고 정치에 입문하기까지의 이야기가 궁금합니다.

추미애 정치가 오작동되면 억울한 피고인이 만들어져요. 어떤 때에는 사회가 누군가를 범죄자가 되게끔 몰아붙이기도 합니다. 범죄자로 낙인 찍기도 하고요. 제가 한참 판사 생활을 했던 때를 돌아보면 특히 더 그랬습니다. 집시법 위반으로 제 앞에 서 있는 수많은 학생들을 만났어요. 그 나이에 사회정의에 대해서 고민도 하지 말고 분노도 하지 말고 가만히 있으라고 할 수는 없잖아요. 단지 그들이 분노하고 행동했다는 이유로 재갈을 물리고 잡아 가두는 거지요. 법이 통치자의 도구였어요. 법 밖의 현실이 법의 목을 쥐고 있었지요.

김민웅 실정법에 따르면 판사는 그들에게 유죄를 선고해야 하고, 양심에 따르면 그런 법적 판단을 거부해야 하니 고민이 많으셨겠어요. 그런 상황이 정치를 하게 된 계기였을 수도 있겠네요. 스스로 결심을 하셨나요?

추미애 아닙니다. 정치 쪽으로 와서 도와달라는 제의가 왔습니다.

김민웅 추미애 판사의 무엇을 보고 그랬을까요?

추미애 판사 생활하면서 실정법의 모순, 통치자의 도구로서 법이 지닌 한계를 깊이 고민해왔고 저 나름대로는 균형을 잡아가면서 최상의 판결을 내리려고 노력했어요. 그런데도 일부에서는 제가 정치적으로 물들었다고 찍어내리더라고요. 형사 문제로 들어가면 특히 더 그랬는데 그런 모순을 극명하게 느끼고 있던 중에 정치적인 제의가 들어왔어요. 광주고등법원에서 일하고 있을 때 인천에서 같이 근무했던 부장님이 저를 추천하신 거예요.

김민웅 서로 뜻이 통했던 모양이군요.

추미애 네, 맞아요. 서로 잘 통했습니다. 저와 집이 같은 방향이다 보니 인천까지 출근할 때 자가용으로 카풀을 해주셨어요. 거의 날마다 한 시간 반 정도 걸리는 출근 시간에 많은 이야기를 나눴습니다. 그러다 보니 자연스럽게 지난 얘기나 보수적인 법조인 동료끼리는 하지 못했던 속 깊은 얘기를 털어놓게 됐어요. 관점이 분명하다며 저를 잘 이해해주셨고요.

김민웅 소중한 인연이 되었군요. 그런데 정치 입문은 지금껏 살아왔던 방식을 바꾸는 일이고 미래도 불확실한 거잖아요? 판사는 앞길이 안정된 직업이었을 텐데 정치에 두려움이 없었나요?

추미애 남들이 들으면 이해가 안 될 수도 있는데요. 저는 한 번도 '내가 할 수 있을까'라는 질문을 스스로에게 하지 않았던 것 같아요. 그런 질문을 던지면 앞날을 계산하게 되고, 지금 내가 가진 것과 못 가진 것을 놓고 보면 욕심만 커지기 때문입니다. 저에게 소임이 주어진다면 해내야 한다고 생각했어요.

김민웅 해야 한다, 안 한다에 대한 기준이 있나요?

추미애 당연히 가치에 대한 판단이 먼저입니다. 거기에 더해 너밖에 없다 또는 너는 할 수 있을 것 같다는 상대방의 기대인 것 같아요. 그러면 '그래 내가 못 할 것도 없지'라는 생각을 하게 돼요.

김민웅 추 장관님을 끌어들이기는 너무 쉬울 것 같은데요?

추미애 하하, 그럴지도 모르지요. 의미가 있다고 생각하면 무조건 돌진이니까요. 그걸 할 수 있을지를 계산하면 겁이 날 수도 있잖아요. 그래서 저는 할까 말까보다는 어떻게 할까를 더 오래 고민하는 편입니다.

김민웅 음, 귀 기울이게 되는 판단 기준입니다. 판사 추미애가 아닌 정치인 추미애는 스스로 어떤 모습으로 상상이 되던가요?

추미애 그렇게 구체적으로 떠오른 건 아니에요. 1995년이었지요. 그때 사람들이 정치적 전망이 잘 보이지 않아 위축되어 있고 김대중을 거짓말쟁이라고 덧씌우는 상황이었어요. 이 중요한 고비를 못 넘기면 정권교체가 불가능할 것 같다는 걱정이 깊었습니다. 당시는 '김대중 선생님'이라고 불렀지요. 이분이 해외에 계시다가 다시 국내정치로 돌아온 것 자체가 기적 같은 일인데 거짓말쟁이라고 오해받는 상황이 계속되면 정치하기 어렵겠다는 위기감이 들었어요.

김민웅 정치 은퇴선언을 했던 걸 거론하면서 엄청들 비난했지요. 한번 그만둔다고 했으면 그만둬야지, 왜 다시 정치 복귀를 하느냐는 식의 비난이었어요.

추미애 맞습니다. "은퇴선언 번복하지 말고 노벨평화상이나 받으세요"라면서 영광스럽고 아름답게 퇴장하라는 분위기가 대세였어요. 역사에 남으면 될 일이지 왜 세상에 다시 나타나 시끄럽게 하느냐는 거예요. 그렇게 김대중이라는 인물을 밖에 나오지 못하게 가두려는 거였지요.

김민웅 일종의 사회적 연금 상태로 두겠다는 건데, 판사 추미애는 김대중 선생의 정치적 재기를 희망했군요.

추미애 네. 다시는 이런 인물도 없고 이런 기회도 없다고 생각해서 가만히 있기 힘들더라고요. 제 개인의 미래에 대한 불안감은 오래가지 않았어요. 뭐라도 돕고 싶었습니다. 그 부분에 대해 남편이나 저나 의기투합했던 거예요. 부부 중에서 하나라도 정신을 차려서 말려야 하는데, 둘이 똑같았어요.

김민웅 부부가 쌍으로 고생길을 자초하셨군요.

추미애 그러게요, 하하.

김민웅 그래서 이후에 부장판사님의 추천으로 정치에 입문하게 되신 건가요?

추미애 네, 절 좋게 봐주시던 그 부장판사님이 변호사 개업을 하신 이후에 정치 쪽으로 움직이셨어요. 당시 김대중 정치의 새로운 울타리가 될 '새정치국민회의' 창당 발기인에 합류하신 거예요. 그러고는 저를 떠올리셨대요. 절 찾아오시더니 창당 발기인에 함께하자고 제안하셨습니다. 그때 저는 광주고등법원에 있었는데 두꺼운 사건 기록을 읽느라고 정신이 없을 때였어요. 고법에 올라오면 사건기록이 쌓여서 무척 두꺼워지거든요. 머릿속에 판결문에 대한 생각만 가득 찼을 때라 "저는 다시 태어나도 법관의 길을 갈 거예요"라고 한마디로 쿨하게 거절했습니다.

김민웅 그래도 선배님이기도 하고 평소에 잘해주신 분인데 너무 냉정했던 거 아니었나요?

추미애 사실 좀 냉담하게 반응했어요. 그분은 웃으시면서 좀 생각해보라고 여운을 남기셨지요. 그날 저녁 남편한테 얘기하니까 당신은 뭐라고 했냐면서 호기심으로 눈이 반짝반짝하더라고요.

김민웅 오호라! 평소에도 그렇게 아내의 얘기를 잘 들어주곤 하셨나요?

추미애 아뇨. 평소에는 밥만 후다닥 먹고 나가버려요. 담배 한 대 피우려고요. 결혼해도 연애할 때처럼 오순도순 이야기할 줄 알았는데 현실은 아니었어요.

김민웅 하하, 이거 완전 디스네요.

추미애 아유, 시원해라, 하하. 그래서 되게 재미없다고 생각하고 있었는데 그날은 제가 그 말을 하니까 갑자기 관심을 보이는 거예요. 저의 대답을 얘기해줬더니 입맛을 다시더라고요. 남편이 더 구미가 당기는 것 같았어요. 그러더니 "해보면 좋겠다"고 자꾸 저를 설득하는 거예요.

김민웅 뭐라고 설득하던가요?

추미애 좀더 적극적으로 생각해봐라, 정치를 바꾸는 게 더 중요하다는 식의 이야기였습니다. 그 말에 결심이 선 건 아니었어요. 이후에 그 부장판사님이 또 연락해왔을 때도 전 거절했습니다. 속으로는 DJ가 잘됐으면 좋겠다고 생각했지만 선뜻 나설 마음이 생기지는 않았거든요. 며칠 후 남편이 그쪽에서 또 연락이 안 왔냐고 슬쩍 물어보는 거예요. 연락이 왔다고 하니 그날은 더 진지하게 나오더라고요. "도와드려야 된다. 법관은 대단히 보수적이라고 인식되는 직업이니까 현직 판사를 그만두고 DJ를 지지하고 돕는다면 주목하게 되어 있고 그건 큰 힘이 된다. 당신은 잘 해낼 거고 분명 소질이 있다"는 거예요.

김민웅 오, 굉장히 큰 격려였네요.

추미애 "도와드려야 한다, 할 수 있다, 큰 힘이 될 거다"라는 이야기가 마음에 딱 박히더라고요. 사실 일하는 여성은 이중고에 시달립니다. 가정생활이 엉망이기 쉽잖아요. 제때 퇴근해서 저녁을 해줄 수도 없고 아이들을 잘 돌봐줄 수도 없어요. 아이가 아파도 시간 맞춰 병원에 데리고 갈 수도 없고요. 가정을 우위에 둘 수 없기 때문에 가족 전체가 불편하게 살게 되지요. 그러면서도 직장에서 자기 일은 다 소화해내야 하잖아요. 어느 하나도 중요하지 않은 게 없지만 선택을 하라고 하면 가정을 희생시킬 수밖에 없게 돼요. 늘 거기에 대한 미안함이 있고 뭐가 잘못되면 다 제 잘못인 것 같았어요. 그런데 나를 응원해주니까 정말 고마웠어요. 현실을 바꾸고 싶은 마음이 있었지만 판사라는 직업 앞에서 현실과 벽을 쌓아놓았는데 그걸 남편이 확 허물어준 느낌이었습니다.

김민웅 알고 보니 정치인 추미애의 배후세력이 있었군요.

추미애 그러게요, 하하.

## 폭력적인 시대를 뚫고 일어선 DJ

김민웅  장관님은 평소 DJ에 대해서 어떻게 생각하고 있었나요?

추미애  존경했지요.

김민웅  당시 권력과 언론이 DJ를 비난과 혐오의 대상으로 만들어놓았는데 DJ의 어떤 점에 끌리셨나요?

추미애  저를 정치의 장으로 끌어내신 부장판사님과의 대화도 도움이 되었지만, 그분과 함께 경험했던 일이 있어요. DJ가 '보라매 집회'를 했던 날이었어요. 저는 판결문을 쓰고 있었는데 부장판사님이 다 썼냐고 물어보시는 거예요. 거의 다 썼다고 하니까 빨리 쓰고 같이 갈 데가 있다고 하시더라고요. 저는 좋은 음식점에 가서 회나 사주시려나보다 했지요.

김민웅  보라매 집회를 가자는 거였군요.

추미애  네, 그렇지만 판사실에서 보라매 집회에 가자고는 못 하잖아요. 그래서 퇴근 후 저녁 식사하러 가는 것처럼 분위기 잡고 집회로 데려간 거였어요. 부장판사님께서 "정보형사한테 차량번호가 노출되어 있을 테니 전철역 굴다리 밑에 세워놓고 한참 걸어가자"면서 차를 세워놓고 종종걸음으로 걸어가시는 거예요. 그곳에는 엄청 많은 사람이 모여 있었어요. 오래전이라 내용은 다 기억나지 않지만 그야말로 시대에 길이 남을 웅변이었어요. 민주주의에 대한 강렬한 열정이 담긴 연설 내용도 좋았지만 온통 마음을 뜨겁게 하는 기운에 감동이었어요. 저만이 아니라 그곳의 모든 분들이 다 같은 마음이었을 겁니다. 그렇게 DJ의 연설을 듣고 박수도 치고 모금함에 돈도 넣고 그랬어요. 그러고 집에 갔더니 아무도 없더라고요. 조금 지나니까 남편은 배낭이랑 방석 같은 걸 들고 오고 시어머님은 저녁 늦게 들어오셨어요. 각자 연락 없이 같은 장소에 갔다 온 거였지요. 시어머니, 아들, 며느리가 똑같은 장소에 갔는데 아무도 그곳에 간다는 얘기를 안 하고 갔다 온 거예요.

김민웅 하하, 온 가족이 DJ 열성팬이었군요. 존경도 하고 집회에도 갔다 해도 정치에 입문하기 위해서는 확실한 믿음이 필요하지 않았나요? DJ의 어떤 모습에 마음이 움직이셨나요?

추미애 무엇보다도 그분이 시대의 모순을 어떻게 규정하고 무엇을 시대정신으로 삼아 우리가 살고 있는 현실의 한계를 돌파하려 하는지를 주목했습니다. 폭력적인 역사를 겪어오면서 그 고비고비를 넘어온 분의 생생한 육성에 담긴 절절함이 마음에 와 박혔어요. 모두를 위해 위험을 무릅쓰는 모습이 바로 우리에게 필요한 지도자라고 생각했습니다.

김민웅 정말 중요한 말씀이네요. 사람들이 겪고 있는 고통을 자신의 온몸으로 끌어안고 모순을 뚫고 나가려는 헌신, 그런 자세와 철학이 민중의 사랑과 존경을 받게 하는 것 같아요. 그래서 어떻게 결정했나요?

추미애 남편이 다시 저를 열심히 설득하고 거기에다가 김대중이라는 인물에 대한 온 가족의 존경과 애정이 저를 움직였습니다. 하지만 현실적인 문제가 있었습니다. 돈이 없잖아요. 전북 정읍의 시골 변호사였던 남편은 자기 돈 써가며 현장을 다니는 스타일이었어요. 몸은 불편해도 현장 활동력은 남편이 저보다 훨씬 강해요. 변호사 일만 하는 게 아니라 환경운동도 했어요. 정읍은 동학의 역사적 현장이기도 하니까 역사운동도 했지요. 변호사로 큰돈을 벌겠다는 사람이 아니었으니 정치자금을 감당할 처지가 아니었습니다. 변호사 업계의 부패는 전관특혜가 가장 큰 문제이지만 '엠뷸런스 로이어'도 문제라 할 수 있어요. 사건이 많이 생기는 병원이나 경찰서에서 변호사를 소개하고 소개료를 받으면 그게 다 의뢰인의 피해로 돌아가지요. 그런데 서 변호사는 정읍에서 변호사를 하면서 그런 걸 일절 하지 않는 것을 자신의 철칙으로 지켰어요. 나 한 사람 지킨다고 세상이 바뀌나 하면서 다들 안 지키지만 나부터 지키면 언젠가 바뀐다는 믿음이 중요하다고 지금도 저한테 입버릇처럼 말하거든요.

남편은 "교통사고로 장애를 얻긴 했지만 죽지 않고 살았으니 이후의 삶은 거저 얻은 인생"이라며 고향을 위해 봉사하며 살고 싶다고 밥 먹듯 이야기했어요. 그걸 실천했고요. 정읍경실련 창립 멤버이기도 하고, 지역사회 시민운동을 하면서 살았기 때문에 주로 제 월급으로 생활비를 썼는데 제가 직장을 그만두면 생활이 막막했어요. 그런데 배짱은 남편이 더 두둑하더라고요. "돈 가지고 하는 정치는 누구나 할 수 있어요. 당신이니까 하라고 하는 거예요. 돈 없이 정치한다고 해야 바람이 불어요"라는 거예요. 벼락처럼 정신을 차리게 하는 말이었어요.

김민웅  아, 두 분 다 못 말리겠네요.

추미애 네, 평범한 성격은 아니지요, 하하.

## 첫 번째 고비

추미애 하하, 어쨌든 돈이 없는 것은 크게 신경 쓰지 않기로 했어요. 그러니 저도 남편처럼 배짱이 생기는 거예요. 배짱, 이게 중요하더라고요. 그때쯤 부장판사님이 다시 저를 찾아오셨어요. 저는 DJ를 만나게 해달라, 만나고 나서 결론을 내리겠다고 했습니다.

김민웅 야무지기도 하셔라.

추미애 그런가요? 아무튼 약속이 잡혔고, 부부가 같이 가겠다고 했어요. 근데 하필 약속 날짜가 일요일이어서 당황했어요.

김민웅 왜요?

추미애 만나기 전날인 토요일까지 사직서를 써야 했으니까요.

김민웅 잠깐만요, 만나보고 나서 결론을 내리겠다고 하지 않으셨나요?

추미애 네, 부장판사님께는 그렇게 얘기했지만 이미 정치와 연을 맺은 셈이니까 책임을 져야 한다고 생각했어요. 제가 만약 잘못 선택한 것이라면 판사는 그만두고 변호사를 할 각오를 해야 하는 거니까요.

김민웅 결과가 어찌 됐건 그만둔다고 생각하신 거네요?

추미애 네, 그렇지요. DJ를 만나게 해달라고 말한 순간부터 사표를 내고 만나야지 그냥 만나면 안 된다고 생각했어요. 정치적으로 독립되어야 하는 직업의 책임윤리를 지키고 싶었어요.

김민웅  깔끔했네요. 그때 몇 살이셨어요?

추미애  만으로 서른일곱 살이었어요. 사표를 가지고 가니까 법원장님이 놀라시는 거예요. "제가 정치 제의를 받아서 그분을 만나러 갑니다. 우리 사법부에 부담을 줄 것 같아 깔끔하게 정리하기 위해 보고하고 사직서를 드립니다"라고 말씀드렸습니다. 그랬더니 원장님이 "추 판사, 나는 이거 안 받은 걸로 하고 서랍에 넣어놓고 있을 테니까 일단 만나보고 아니다 싶으면 다시 와요. 내가 이거 찢어버릴게. 섣불리 예단하지 말아요." 그래서 제가 "아닙니다, 법원장님. 제가 이렇게 하는 게 맞습니다"라고 말씀드렸지요.

김민웅  드라마네요. 추미애 정치의 싹이 보입니다. 구질구질하지 않게 딱!

추미애  그런 셈인가요? 조금 있으니까 지역 방송사 카메라가 들이닥쳤어요. '아, 당에서 알렸구나. 이게 정치구나' 싶더라고요. 그 순간 제가 원장님께 미리 사표를 내지 않았으면 큰일 날 뻔했다, 너무 잘했다고 생각했어요.

김민웅  그랬네요. 그래서 인터뷰는 하셨나요?

추미애  아니오. 정중하게 거절했습니다. 그리고 다음 날 약속장소로 갔어요. 정대철 부총재 부부, 저희 부부 그리고 DJ 부부가 서교호텔 중식당에서 만났어요. 그런데 DJ께서 앉으실 때 혼자 앉기 어려워하시고, 손에 검버섯도 보이고 글 읽으실 때도 노안으로 불편해하시니까 생각보다 노인이라는 느낌이 드는 거예요. 이분이 보라매 집회에서 포효하던 그분이 맞나 했어요.

김민웅 순간 실망스러운 느낌이 들던가요? 아, 이게 뭐지 하는 후회가 기습하는 듯한.

추미애 가까이서 뵈니 집회에서의 모습과 차이가 나서 당황스럽긴 했지요. '그간 이분이 기가 꺾이셨구나. 아! 큰일 났다. 나는 이제 변호사 해야 하나?' 짧은 순간 오만 가지 생각이 스쳤습니다.

김민웅 어찌 보면 첫 고비였네요.

추미애 네, 그렇게 머리가 복잡한데 DJ께서 당신 인생 이야기를 시작하시더라고요. 중식당 특징이 음식이 한 접시씩 코스로 나오잖아요. 당신의 삶을 잔잔히 이야기하시다가 가끔 저에게 질문을 던지셨어요. 제가 쭈뼛쭈뼛 대답하는 동안 밀린 접시를 다 드시더라고요. 청년처럼 식욕이 좋으셨던 거예요. 저희는 긴장해서 제대로 못 먹고 있는데 말이죠. 그렇게 한두 시간이 지났어요. 중앙정보부가 저지른 도쿄 납치사건에 대해 말씀해주셨어요. 목숨이 왔다 갔다 하는 순간에 예수님을 보셨다는 거예요. 바닷물에 빠지기 직전에요. 누군가 자신을 마대에 넣어서 묶고 돌을 매다는 것까지 묘사하시면서, "그때 간절하게 기도했는데 예수님이 나타나시더니 이어서 '타타타타' 하고 헬리콥터 소리가 들렸다"며 아주 상세하게 말씀하셨어요.

김민웅 DJ의 말씀을 들으면서 어떤 생각이 들던가요?

추미애 그 고난을 다 이겨낸 대단한 분이라고 생각했어요. 박정희 군부세력이 중앙정보부를 시켜 자동차를 전복시키는 테러로 다리가 불편하게 된 사연을 들으면서 정말 마음이 아팠어요. 얼핏 알고는 있었지만 직접 들으니까 마치 제가 그 현장에 있는 것 같았거든요. 사실, 저는 그 자리에 가기 전까지는 DJ가 민주주의의 구심점이 되겠다는 확신만 주면 좋겠다고 생각했어요. "나를 믿어주세요"라는 한마디만 말씀하셔도 될 텐데 이렇게 자세하게 이야기를 해주셔서 놀랐어요. 당신이 어떤 사람인지 이야기를 해주면서 저와 신의를 갖고 싶어 하시는 마음을 읽고 그 정성과 성의에 마음이 크게 움직였습니다. 솔직히 그 자리에 와 있다는 것만으로도 반은 넘어간 건데 저를 설득하기 위해 진지하게 말씀하신다는 생각이 들었습니다. 이야기를 끝낸 DJ가 "이제 어떻게 할 생각입니까"라고 물으시기에 "네, 도와드리겠습니다"라고 보탤 것도 뺄 것도 없이 말씀드렸어요.

김민웅 사람에 대한 정성, 제게도 크게 배움이 되는 이야기입니다. 포효하는 호랑이처럼 카리스마 넘치는 모습과 달리 식당에서 봤을 때의 노쇠함, 그러나 정성을 다해 설명하는 열정에 걱정이 사라지던가요?

추미애 네, 완전히 사라졌어요. 처음에는 허약해 보였는데, 왕성한 식욕에 놀랐고 목소리를 높여 당신 이야기를 하실 때 단호한 결기를 확인했습니다. 엄청난 시련을 오히려 담담하게 말씀하시니 더 진심이 느껴졌어요. 말씀을 들으면서 이분은 여전히 실존하는 우리 역사다, 이걸 듣고 도와드리지 않겠다고 한다면 내가 배우고 살아온 삶이 모두 헛것이 되는 것이라는 생각을 하게 되었습니다. 이제 마흔도 안 된 젊은 판사를 설득하려고 자신이 겪은 일들을 그렇게 절절하게 말씀하시는데 어떻게 외면할 수 있겠어요? 도와드리겠다고 했더니 그럼 어떻게 하고 싶냐고 물으시는 게 아니라 바로 비서를 불러 뭘 가지고 오라고 하셨어요. 뭔가 봤더니 입당원서예요. 빨리 쓰라고, 하하.

김민웅 마음 바뀌기 전에 도장 쾅!이군요, 하하.

## 지역구에 내민 도전장

추미애 네, 그래서 입당원서를 썼어요. 그걸 드리니까 너무 즐거워하시는 거예요. 그러면서 "정 부총재, 어떻게 생각해요? 추 판사 어떻게 키워보면 좋을 것 같아요?"라고 물으시더라고요. 저도 그 자리에서 뭔가 '물건'처럼 보여야 할 것 같아서 호기롭게 "저 지역구 한번 나가보고 싶습니다"라고 했어요. DJ가 놀라면서도 좋아하시더라고요.

김민웅 이런, 정말 '물건'이었네요!

추미애 남편이 가족들 앞에서 말했어요. "경상도 출신 젊은 여성 법관이니, 당신은 이미 새로운 바람을 일으킬 자격이 충분해요. 그러니 지역구 나가도 될 거예요. 다른 사람은 못 해도 당신은 할 수 있어요. 그게 역사가 될 겁니다. 한국사의 한 획이 될 거예요. 그게 바로 기회의 평등입니다"라고요. 저의 출마는 여성을 위하고, 딸들을 위하고, 지역을 위한다는 의미가 있다는 거예요.

김민웅 서 변호사님과 어느 지역구 이야기해보자, 그런 식으로 미리 논의가 되었던 건가요?

추미애 사실 잘 알지도 못하면서 서울은 감히 생각도 못하고 "부평은 어떨까?"라고 이야기했었어요. 그래서 DJ께도 "저 경기도에서 한번 이렇게" 주섬주섬 말을 꺼냈는데 DJ가 탁 막으시더니 "아닙니다. 바람을 일으키려면 서울이어야 합니다! 정 부총재가 알아봐요!" 하시는 거예요. 그 말씀에 남편은 옆에서 감탄사를 터뜨리더라고요. 저도 똑같이 "와!" 하고 탄성을 질렀지요. 분위기가 완전히 웃음꽃이 피어났어요. 돌아오는 길에 남편이 "역시 DJ는 다르시다"고 하더군요.

김민웅 그 당시 광진구 을에 도전장을 낸 판사 출신 추미애가 생생하게 기억나네요. 그게 그렇게 된 거였군요. 그런데 선거에는 돈대신 뭘 들고 나갔나요? 추미애는 이거다! 하는 메시지가 있었을텐데요.

추미애 정치적으로 요약하면 전문성과 참신성이었고 지역구 주민들께는 "세탁소집 둘째 딸이 정치판을 세탁하겠습니다. 부패정치, 싹 씻어내겠습니다"라고 했어요. 김영삼 정부 말기에 부패정치가 상당히 지탄받을 때였어요. 후원회 제도가 제대로 정착되기 전에 현장에서 실천하고 그걸 선거 구호로 내세워서 돌파한 첫 사례로 평가받았어요.

김민웅 예상대로 바람이 일었군요. 그때 DJ가 새롭게 정치적으로 수혈한 몇몇 사람들이 있었지요?

추미애 정세균·신기남·정동영·천정배·김민석 등이 그때 바람의 주역들이었어요. DJ 정치의 새로운 브랜드였던 셈이지요.

김민웅 당시로는 새로운 정치세대의 등장이라고 할 수 있었습니다. 자, 그렇게 정치 일선에 들어가서 실제로 맞닥뜨려보니까 제일 어려운 점이 뭐였나요?

추미애 선거운동 과정에서 사람을 설득하는 일이 어려웠어요. 지금은 그렇지 않지만 그때는 30대 중반의 여성이 나타나서 지역의 국회의원이 되겠다 하니까 사람들이 받아들이지 못했어요. 문화적 충격이라고 할 수 있지요. 그 고정관념을 깨나가는 과정이 엄청 힘들었어요.

김민웅 추미애만의 방식이 있었나요?

추미애 여러 번 부딪힐 수밖에 없다고 생각했어요. 그래서 『추미애를 말한다』라는 책을 만들었어요. 어떻게 살아왔고 법관으로서 사람을 대하는 나름의 관점과 각오 등을 담아 정치를 하면서도 정의감을 변치 않고 실천해낼 수 있다는 저의 진심을 사람들에게 전했어요.

김민웅 여성 정치인으로서 롤모델은 있었나요?

추미애 제가 딱히 모델 삼을 만한 분은 없었어요. 그런 시절이 아니었으니까요.

김민웅 예상치 못한 좌절의 순간은 없었나요?

추미애 많았습니다. 국회의원 사무실을 차렸더니 선거를 돕겠다며 축구공을 사달라, 사적인 민원을 해결해달라는 등 아침 저녁으로 이런저런 걸 계속 요구하는 거예요. 그분들을 뭐라 할 수 없는 게 이전 정치인들이 그렇게 해왔으니까요. 정치가 그렇게 돌아가면 결국 정치인을 부패하게 만드는 것이니 이해해달라고 말했어요.

돕겠다고 나서는 지역의 정치유지들을 감당하는 일도 쉽진 않았어요. 이분들은 내가 어느 집 숟가락 숫자도 다 안다, 누구 누구 안다, 이러면서 자신들의 영향력을 과시했는데 제가 자신들 기대대로 뭔가를 주지 않을 듯하면 중요한 순간에 움직이지 않으세요. 선거운동이 자꾸 멈추게 되는 것이지요. 이런 것도 그간에 관행처럼 이어져오던 거라 그분들을 마냥 원망할 수는 없었습니다. 저는 그렇게 할 수는 없다고 그분들을 계속 설득하고 순수한 도움을 요청드렸어요. 어떤 의미에서는 지역구가 정치학습장이 된 거지요. 결국 변화를 이끌어냈고요. 그 자체가 기적이었어요.

김민웅 선거과정 자체가 정치개혁이었군요. 현장에서 체감한 정치는 생각보다 힘들었을 것 같은데 그런 체험을 가지고 가까이에서 본 DJ에 대한 불만 같은 건 없었나요?

추미애 흔히들 DJ를 제왕적 총재라고 했어요. 공천과정에서 생긴 이미지이기도 하고 총재라는 말이 주는 느낌이기도 하고요. 하지만 사실은 그렇지 않았어요. "국민보다 반 발자국 앞에서"라고 하셨듯이 당내에서도 여러 세력이 함께 돕지 않으면 우리가 승리할 수 없다고 생각하셨어요. 그러니 당내 세력을 하나로 아우를 때에도 당신의 지분을 나눠주고 양보하는 식이었지요. 타협이 필요한 곳에서는 언제든 타협하셨고 여러 세력이 공존하는 당내 화합을 원하셨습니다. 대중과 멀어지면 안 된다는 걸 항상 강조하시면서 실사구시로 현실에 다가가셨어요. 정치가 힘을 갖기 위해선 타협할 곳에서는 양보하고 또 배려도 해야겠지만 가야 할 방향은 확고하게 정해놓아야 한다고 하셨습니다.

김민웅 '원칙 있는 타협'이네요.

제5장

# 촛불의 명령

"저와 문재인 대통령은
촛불에 대한 동반책임자라고도
할 수 있어요. 저는 촛불개혁을 약속한
제1야당 대표였고, 문재인 대통령은
촛불정부의 대통령이니까요."

## 추 다르크의 탄생

김민웅  DJ의 정당에서 추미애식 정치의 독특한 개성이 어떻게 만들어지게 되는지 궁금해집니다. 1997년 대선은 어떻게 헤쳐나 가셨나요?

추미애  당시 총선에서 야권이 분열되어 79석밖에 얻지 못했어요. 김대중 총재는 이걸로는 발판을 마련하기 어렵겠다고 생각하셨어요. 그렇다고 그대로 주저앉지는 않으셨지요.

김민웅  시작도 하기 전에 전망이 좀 어두웠던 셈인데, 사실 그 대선이 역사상 처음 정권교체를 성공시키는 선거가 되었지요.

추미애  네, 그래서 마음속에 언제나 깊이 남아 있는 선거예요. DJ는 "전투에서는 질 수도 있다. 전쟁에서 이기면 된다. 심기일전 하자"라고 하셨어요. 이렇게 스스로 용기백배해서 다시 구심점이 되어 중심을 잡으시더라고요. 그때 저는 이분을 꼭 대통령으로 만들어드리는 데 역할을 해야겠다고 생각했어요.

김민웅  뜻은 좋지만 현실적으로 뭔가 방법이 보이긴 했나요?

추미애  사실 막막했어요. 하지만 할 수 있는 건 무엇이든 다 해보자고 생각했어요. 제가 불교신자라 새정치국민회의 연등회를 만들었어요. 본격적으로 대선이 시작됐을 때 남편과 상의해서 아이들을 시부모님께 맡기고 짐을 쌌어요. DJ께는 "선거가 끝나는 날까지 대구에 가서 영남권을 상대로 유세를 하고 오겠습니다"라고 말씀드렸습니다.

김민웅  대견하게 생각하셨을 것 같네요. 막상 대구 현장에 가보니 어떻던가요?

추미애 내려가자마자 청년조직과 대구지부 분들이 제게 어려움을 토로하셨어요. 돌을 던지고 유리창이 깨지고 타이어가 구멍나는 상황이었어요. 반DJ 정서가 가장 강했던 지역이니까요. 개의치 않고 돌아다니는 제게 "여기서는 그렇게 겁 없이 움직이시면 안 됩니다"라면서 저를 말리셨어요. 괜히 봉변당할까봐 걱정하신 거지요. 그러나 제가 도리어 그분들을 위로해드리고 용기도 북돋우면서 "괜찮습니다. 대구가 제 고향인데 설마 험한 일 생기겠어요? 저를 믿고 일단 유세차량을 준비해주세요. 유세 일정과 연설문은 제가 만들어보겠습니다. 너무 어려워하지 말고 저를 믿어주세요"라고 말했어요. 막상 유세를 하니까 생각 외로 반응이 좋았어요. 물론 서울에서처럼 뜨거운 반응은 아니었지만 저에 대한 호기심 때문인지 시작 전보다 분위기가 점차 나아져 가는 걸 느낄 수 있었어요.

김민웅 연설에서 어떤 걸 강조했나요?

추미애 "지역주의라는 게 애초부터 우리 대구에 있었던 게 아닙니다. 심지어 1971년 대통령 선거에서 DJ와 박정희가 붙었을 때 여기서 DJ 표가 많이 나왔습니다"라고 연설했어요. "대구 사람들도 수성 천변에서 DJ 연설에 환호했습니다"라고도 강조했고요. 이 이야기는 아버지한테 들었거든요. 서 변호사가 자기 정읍사무실 문을 닫고 와서 열심히 도와줘서 그것도 큰 힘이 되었어요.

김민웅 기대한 대로 반응이 나오던가요?

추미애  시간이 지나니까 스님도 찬조연설을 해주시고, 옥수수 박사 김순권 선생도 와서 도와주셨어요. 그때 김순권 선생이 한참 인기가 높을 때였어요. 북한에서 옥수수 개량종자를 키울 수 있도록 여러 노력을 기울이셨지요. 물고기를 주는 것보다 물고기 잡는 법을 알려줘야 한다는 DJ의 평소 지론과도 맞아서 좋았어요. 그 시절 북한은 기아로 엄청난 고통을 겪고 있을 때였거든요. 이렇게 다양한 분들의 도움이 늘어나니까 유세장이 재미있어졌어요. 여러 곳을 돌아야 해서 한곳에서 5분 정도밖에 연설을 못했을 거예요. 하루에 스무 군데나 뛰었어요. 동에 번쩍 서에 번쩍, 번개유세를 했지요. 그러니까 돌 던지는 사람도 없고 유리창 깨는 사람도 없었어요. 청년조직 동지들도 신이 나기 시작했어요.

김민웅  끝까지 그런 분위기로 갔나요?

추미애  막판이 되니까 상대 당에서 DJ 건강 이상설을 들고 나왔어요. 나이가 많아 국상을 치른다는 소문을 퍼뜨리는 거예요. 그러니까 분위기가 조금 식었어요. 음해라는 게 뭔지 그때 절감했어요. 지금처럼 SNS가 있었으면 다양한 방법으로 대응했을 텐데 많이 안타까웠지요. 그래도 유세는 정말 재미있게 했어요.

김민웅  그때 유세단 이름이 바로 그 유명한 '잔 다르크 유세단'이었던 건가요?

추미애  네. 그런데 그건 제가 지은 게 아니라 서 변호사의 아이디어였어요. 그 이름을 걸고 유세하는 중에 서울에서 기자가 동행 취재를 온 거예요. 제가 유세 초반에 "저는 우리 대구를 지역감정의 악령에서 구하겠습니다. 지역감정을 깨는 잔 다르크가 되려고 여기 왔습니다"라고 연설하니까 그걸 듣고 '지역감정을 깨는 추 다르크'라고 이름 붙였고, 그게 지금까지 불리게 된 겁니다.

김민웅 아! 추 다르크가 그렇게 탄생된 거군요. 재밌네요. 그런 데 그 애칭이 마음에 들던가요?

추미애 마음에 들고 안 들고보다는 그것도 시대적 과제에 진력하다 보니까 붙은 애칭이라 의미가 있다고 생각해요. 그런데 아이들은 왜 투사적인 이름을 쓰냐고 불만이 많았어요. "엄마, 좀더 우아한 애칭을 쓰면 안 될까요?"라며 반대했어요. 그러나 저는 잔 다르크에게서 두 가지를 주목했어요. 첫째는 하늘의 뜻에 자신을 아무 계산 없이 던졌다는 것, 둘째는 의를 위해 싸우다가 마녀로 몰릴 수도 있지만, 결국 역사는 바르게 판단한다는 거지요. 앞으로 또 다른 애칭이 생길지 모르지만 무엇이든 감사하게 받아들일 것입니다.

김민웅 강단 있는 정치인 '추 다르크'라는 찬사도 있지만 다른 한편으로는 추미애가 대선 나가면 '비호감 1위'라는 여론조사도 나왔었지요. 일종의 '마녀사냥'을 겪은 결과라고 봅니다. '추·윤 갈등'이라는 프레임으로 '정치적 화형'도 겪은 셈이고요. 상처가 될 수도 있었을 것 같은데 어떠신가요?

추미애 민주개혁진형의 지도자들은 다 비호감으로 몰렸던 것 같아요. 저 또한 단련의 과정이라 생각합니다. 김대중 대통령도 독재와 분단에 맞서다가 권력이 조작한 여론으로 비호감 1위로 평생을 시달리셨어요. 그러나 그걸 이겨내셨고 역사가 맡긴 역할을 수행하셨지요. 또한 노무현 대통령도 특권과 반칙에 맞서다가 비호감이 높았지요. 그러나 지금 가장 존경받는 역대 대통령이시지요.

## 제주 4·3, 녹슨 빗장을 열다

김민웅 결국 대선에서 승리해 김대중 정부가 들어섰습니다. 안정된 삶을 보장해줄 판사직을 내놓고 인생까지 걸면서 드디어 소망하던 정권교체를 이루었는데, 무슨 생각부터 들던가요?

추미애 당연히 감격스러웠지요. 그런데 시간이 지나면서 정권이 바뀌었다고 구태정치가 단숨에 혁파되지는 않는다는 걸 깨달았어요. 여당이 되면서 야당 시절에 가졌던 개혁의 정신이 빛바랠 수도 있겠다고 생각하게 된 거예요. 그래서 저는 제가 당의 자극제가 되어야겠다고 다짐했습니다. 대통령을 위해서도 그게 옳다고 생각했습니다. DJ라면 나를 인정해줄 것 같다, 나에게 잘했다고 할 것 같다, 야당에서 여당이 되었다고 신조도 바꾸라 하지 않을 것 같다고 생각했어요.

김민웅 음, 말이 그렇지 초짜 정치인인데 그런 자세가 기존 정치인들에게 잘 먹히던가요?

추미애 그때 저에게 온 게 '제주 4·3'이에요. 여당 일각에서 이 주제는 정권 초반에 하기엔 너무 뜨거운 감자다, 그렇지 않아도 사상시비를 계속 걸어왔는데 이걸 주안점으로 삼으면 곤란해질 수 있다는 분위기였어요. 미뤄라, 목소리를 낮춰라, 이런 주문들이 계속 들어왔지요.

김민웅 어디선가 많이 들어본 이야기 같습니다.

추미애 그렇기도 하네요, 하하. 그런데 DJ가 저를 정치에 들어오게 하셨을 때는 어물쩡하지 말고 진짜 제대로 해보라고 하신 건데 내가 왜 주저하나 하는 생각이 자꾸 드는 거예요. 그래서 물러서지 않기로 했습니다. 제주 4·3에 대한 진상을 밝히기 위해서는 공신력 있고 분명한 증거를 확보해야겠구나 했어요. 그래서 정부기록보존소(현 국가기록원)를 샅샅이 뒤지기 시작했습니다.

김민웅 그런 압박을 견디면서 제주 4·3을 용기 있게 다루었다는 게 놀랍군요. 쉽지 않았을 텐데 말입니다. 20여 년 전 정치상황에서 제주 4·3을 말한다는 것 자체만으로 정치적 불리함을 감수해야 했을 텐데요. 그전에도 제주 4·3이 국회에서 논의된 적이 있었나요?

추미애 네, 4·19 혁명 이후 희생자 유족들이 이 사안을 꺼내 들고 나왔어요. 그러나 박정희의 5·16 쿠데타로 다시 침묵을 강요당했지요. 그런 상황에서 DJ가 제주 4·3의 역사적 복권을 중요시 여겼던 것입니다.

김민웅 그러고 보니 방금 말씀하신 것처럼 한국전쟁 민간인 희생자 가족, 제주 4·3 유족들, 보도연맹 학살 사건 유족들은 그간 목소리를 내지 못했다가 4·19 혁명 이후 탄원하기 시작했습니다. 그러다가 박정희 군사 쿠데타 세력이 이들 유족회를 모두 탄압해버렸지요. 김대중 정부가 들어서자 다시 기회가 생긴 것이었습니다. 제주 4·3이 1948년에 일어났으니 무려 50년 만에 다시 국회에서 조명받게 된 셈이네요.

추미애 네, 당시 민간인 희생자 유족회는 없었고 군경 중심의 유족회와 반공 유족회가 있었어요. 『제주일보』가 4·3에 대한 이야기를 연재하다가 중단된 상태였고 제주도의회에서는 피해자 신고를 받았지만 제대로 진행되지 않았지요. 『제민일보』도 희생자 가족들의 인터뷰를 실었는데 당사자들의 진심을 말하기는 어려웠던 때였습니다. 이런 상황에서 DJ의 지침에 따라 위원회를 구성했는데 전북 부안 출신 김진배 의원이 위원장이고 제가 부위원장이었어요. 제주 4·3을 말하는데 어쩜 지금과 상황이 똑같게 느껴지지요? 그때도 민생이냐 개혁이냐를 놓고 갈등했어요. IMF라는 경제 위기 상황에서 민생에 집중해야지 왜 역사를 들춰내서 치유한다고 나서냐며 엉뚱한 일을 벌이지 말라는 식이었어요. 도와주는 사람이 별로 없는 상태였지요.

김민웅 오랫동안 금기처럼 되어온 제주 4·3을 다룬다는 게 정치적 부담이 만만치 않고 당장 민생이 급한 상황인데 뭐냐 하는 식이었을 테니 누가 앞에 나서기는 쉽지 않았겠지요.

추미애 그러나 다짐했어요. 개혁은 때가 있는 것이고, 때를 놓치면 영원히 할 수 없으니 이번에는 반드시 해내겠다고요. 역사의 고통을 계속 미루기만 하면 언제 해결하나 싶었어요. 제주 4·3 유족들의 이야기를 듣는 내내 가슴이 너무 먹먹했습니다.

지금은 고인이 되신 이도영 박사가 어느 날 저를 찾아오셨어요.

미국에서 활동하던 분이셨지요. 이분이 미국 워싱턴에 있는 국립 문서기록관리청을 뒤져 당시 기록을 복사본으로 가져오셨어요. 나중에 알고 보니 이도영 박사 가족 중에도 빨갱이라고 누명 쓰고 이른바 예비검속으로 죽임을 당한 분들이 계시더라고요.

김민웅 1948년 제주 4·3에 이어 다음 해인 1949년, 이승만 정부는 과거 좌익 전력이 있는 사람들에게 자진신고하면 살려주겠다면서 '보도연맹'을 만들었잖아요. 그런데 여기에 소속된 이들을 한국전쟁 때 무차별 학살했었지요. 제주 4·3은 이후 전두환 등에 의한 5·18 광주학살까지 이어지는 비극의 역사입니다. 사실 제주 4·3은 아주 오랫동안 누구도 쉽게 입을 뗄 수 없는 사안이었는데, 어디서부터 실마리를 풀어가셨나요?

## 결정적 증거를 찾다

추미애 증거지요. 1999년도에 제가 제주 4·3에 대한 정부 공식 기록문서인 '제주 4·3 수형인 명부'를 찾아냈습니다. 그걸 찾아내기까지는 많은 사연이 있었어요. 그전 해인 1998년에 이도영 박사가 가져온 서류뭉치를 보고 처음에는 확신이 서지 않았어요. 그것만 가지고 판단할 수는 없었으니까요. 이후 『제민일보』 쪽에서 탐사 내용을 기록한 책을 대여섯 권 가지고 왔어요. 김종민 기자를 통해 받은 『4·3을 말한다』를 함께 챙겨보면서 좀더 분명한 사실을 알게 되었습니다. 서귀포의 어떤 마을은 마을 전체가 제삿날이 거의 똑같아요. 시신을 수습하지 못한 유족들이 영혼이라도 편히

쉴 수 있기를 바라며 만든 헛묘도 보았고요. 경찰이 기록한 정보보고서도 있었어요. 민간인 사찰문건인데, 어느 집에 피해자가 있고, 유족이 누구고, 어느 대학에 다니고, 가족들이 무엇을 하는지 모두 기록해놓은 것이었어요.

김민웅 깊이 들어가기 시작한 거군요.

추미애 네, 경찰의 기록을 당시 당국이 연좌제 자료로 썼던 거예요. 그러니 자세할 수밖에 없었던 거고요. 그런 게 증거가 되었으니 그야말로 역사의 아이러니지요. 이런 기록과 『제민일보』의 제주 4·3 관련 문건을 대조하고 연구하면서 일치된 지점을 발견하게 되었어요. 그 후로는 여기저기 수소문하면서 공식문건이 있는지 뒤지고 다녔어요. 그러다 수형인 명부를 찾아낸 거지요. 수형인 명부에는 재판절차 없이 형을 매기고, 육지 형무소로 보내졌던 교사·농부·학생 등 사상범이라고 추정할 수 없는 2,530명이 기록되어 있었어요. 그 명부의 발굴로 제주 4·3의 진상을 공식화할 수 있게 되었습니다.

김민웅 아, 수형인 명부를 발굴한 게 큰 의미가 있었네요.

추미애 네, 수형인 명부가 세상에 나온 이후 몇 가지 큰 역할을 했는데요. 첫째는 정부가 제주 4·3을 인정하고 유족들이 진상규명을 공식 요청할 수 있는 근거가 되었습니다. 둘째는 법적으로 재심 재판을 열 수 있는 근거가 되었지요. 이걸 근거로 22년이 지난 2021년 3월, 행방불명으로 처리되었던 333명의 희생자에게 재심 재판을 통해 무죄가 선고되었습니다. 제주 4·3 발발로부터 73년 만에 희생되신 영령들을 자유롭게 해드릴 수 있었습니다. 민간인 학살의 역사적 사건에 대해 법적으로 명예를 회복시킨 첫 사례였으니 대단한 역사인 것입니다.

김민웅 들으면서 가슴이 아리기도 하고 감사하기도 하고 감격스럽기도 합니다.

추미애 저도 그랬어요. 다들 반대하거나 반기지 않을 때 소신을 가지고 역사적 과제를 해결한 거니까요. 문재인 대통령께서도 지난 2020년 '72주년 제주 4·3 추념식'에서 "이 자리에 참석한 추미애 법무부장관이 국회의원 시절 국가기록원에서 발굴한 수형인 명부가 제주 4·3 수형인들의 무죄를 밝혀주었습니다"라고 언급해주셨어요. 정말 감사했어요. 초선의원 시절 제주 4·3의 문제를 제기했고, 20여 년이 지난 뒤 법무부장관이 되어 매듭지을 수 있어서 저 또한 제 정치 인생의 큰 영광으로 여기고 있습니다.

김민웅 사실 추미애와 제주 4·3의 관계를 젊은 분들은 잘 모르고 계세요. 그런 측면에서 2021년 3월 제주 4·3 희생자 유족회와 4·3 평화재단 등 관련 단체에서 '4·3 해결의 은인' 감사패를 받은 것은 큰 의미가 있었겠네요.

추미애 네, 그렇습니다. 그동안 제주 4·3의 비극은 대한민국 안에서 전 국민의 공유 대상이 아니었으니 당사자들의 통한이 얼마나 깊으셨겠어요. 저보다는 제주도민과 『제민일보』 등의 역할이 컸습니다. 그래서 역사가 진보할 수 있었습니다. 그러나 숙제가 남아 있어요. 수형자 명부에 기록되지 못한 분들의 한을 풀어드리고 우리 교육에서 제주 4·3을 제대로 알리고 가르치는 일이 남아 있지요.

김민웅 제주 4·3과 추미애는 그런 차원에서 매우 중요한 의미가 있다는 것을 기억하고 싶습니다. 앞으로도 국가 차원에서 후속 작업을 계속 이어가야겠습니다. 제주 4·3은 그 이름조차 아직 없어서 그냥 제주 4·3인 상태입니다. 제주 4·3에 대한 해결방식은 어떤 특징을 가졌다고 자평할 수 있나요?

추미애 자평이라고 말하기는 죄송스럽고 신중해지네요. 제주 4·3은 현대사의 비극을 가장 민주적으로 풀어낸 모범사례라고 할 수 있습니다. 민주적 입법과 사법적 해결, 국가 차원의 배상과 보상을 이끌어낸 '역진불가'(逆進不可)의 예이기도 합니다. 정부의 사과와 사법부의 무죄 선고, 국가의 책임까지 연결하는 작업은 세계사에서도 유례가 없는 경우라고 합니다.

## 제주 4·3이 남긴 것

김민웅 제주 4·3은 추미애에게 어떤 역사의식을 심어주었을까요?

추미애 앞서 제가 남편을 존경한다고 했는데 저도 책을 좋아하지만 남편은 독서광이에요. 심지어 아이들하고 휴가를 가는데도 책을 잔뜩 들고 가서 다 읽고 돌아옵니다. 제가 왜 여기까지 와서 책만 읽냐고 잔소리하면 "배운 사람의 의무"라고 하더라고요. 더 배우고 더 깨어 있어야 올바로 판단할 수 있다는 겁니다. 그래야 정의를 향한 방향성을 잃지 않을 수 있다는 것이지요. 그런 자세가 저에게도 큰 영향을 미쳤어요. 제주 4·3을 해결하는 과정에서 희생자의 명예를 복권하는 일이 얼마나 소중한지 절실히 느꼈고 역사 앞에 겸손해야 한다는 것을 다시 한번 깨달았어요.

김민웅 제주 4·3을 정치현장에서 풀어가는 건 또 다른 차원인데 어떻게 밀고나갔나요?

추미애 자꾸 남편 이야기를 해서 죄송한데, 제주 4·3 문제만큼은 남편과 상의를 많이 했어요. 남편은 사랑한다는 말은 자주 안 하면서도 제가 국회의원으로서 일을 하는 것을 계속 체크하는 것으로 애정을 표현했죠. 1999년, 저도 새로운 세기로 넘어가기 전에 꼭 제주 4·3의 한을 풀고 싶었어요. 그해 대정부질문에서 저에게 주어진 20분을 제주 4·3에만 전부 할애했어요. "인권유린의 20세기를 정리해야 한다"라고 군부 출신의 김종필 총리를 앞에 두고 말했어요. 그 바람에 사회적 파장이 만만치 않았지요. "제주 4·3은 군경토벌대의 양민학살이었다. 현재 정부에 직접적 책임이 있는 것은 아니지만 국가적 차원의 공식적 사과가 필요하다. 관련법 제정도 시급하다"라고 말했습니다. 그러자 김종필 총리는 고개를 끄덕이며 "그렇게 생각한다"고 답변했어요. 기대 이상으로 의미 있는 답변을 받아낸 것이었지요. DJP 연합정권의 한계도 있었지만 그래서 가능했던 대목도 있었습니다. 분위기가 고조된 것 같아 법안 발의를 해야겠다고 결심했어요.

김민웅 국회에서의 그 영상, 저도 기억이 납니다. "양민을 상대로 한 초토화 작전의 결과가 얼마나 처참했는지"라고 한 대목에서 울분을 참고 말을 이어나가던 모습이 선합니다. 집단몰살시키는 장면을 하나하나 짚어나갔지요. 법안 발의는 어떻게 진행되었나요?

추미애 아, 보셨군요. 제주도민들의 한이 얼마나 깊었겠어요. 이제 여기까지 왔으니 뭔가 제도적 절차를 만들어야겠다고 생각했습니다. 정권이 후반을 넘어가면 동력이 떨어질 수도 있으니 때를 놓치지 말고 서두르자 했어요. 제주도민들은 20여 개의 조문(條文)을 들고 왔어요. 진상규명도 하고 명예회복도 하고, 재심도 하고 배상과 보상도 받아야 한다면서 이걸 한꺼번에 해결해주길 원하셨어요. 당연한 요구였지요. 제주도 분들이 이걸 한꺼번에 풀려고 하는데 이렇게 하면 법안 통과가 안 될 것 같다고 남편에게 의견을 물었어요. 남편이 "정부가 진상규명을 먼저 하는 게 좋을 것 같다. 나머지는 진상규명 이후에 할 수밖에 없다"라고 해서 제가 무릎을 쳤지요. 맞다, 진상규명을 위한 절차법으로 먼저 가야겠다고 결심한 거예요. 그게 그다음 단계로 나아가는 확실한 연결 다리가 될 테니까요. 그 대화에서 제가 힌트를 얻어 돌파할 수 있었어요.

김민웅 뭘 돌파한다는 거지요?

추미애 희생자 위주로 접근하는 것에 대해 반발하는 분들이 계셨어요. 군경 유가족들의 처지는 다르잖아요. '정부의 명을 따랐을 뿐'이라는 지점을 돌파할 필요가 있었어요. 그걸 넘어서지 못

하면 대립구도만 부각되고 한 걸음도 나아갈 수 없거든요. 모든 걸 한꺼번에 해결해주기를 요구하는 입장에서는 부족했겠지만, 결국 이해해주셨어요. 결과적으로 시간이 지나면서 그때의 요구가 현실화되었고요.

김민웅 진상규명에 대한 절차법이 열쇠가 되었군요. 일단 진상을 규명하고 그다음 해결책을 모색해보자고 판단하신 것은 현명한 선택이라고 생각합니다. 진상 자체에 대한 접근이 봉쇄되어 있었으니까요.

추미애 네, 맞아요. 그게 정말 '신의 한 수'였어요. 진상규명활동에 제약이 사라진 거니까요. 그런데 몇 년 뒤 그게 위헌입법이라고 극우세력에게 여러 차례 제소를 당하기도 했어요. 다행히 헌법재판소가 각하했지요. 이것은 진상규명을 하기 위한 절차법이지, 제주 4·3의 성격을 규정한 건 아니라는 것이 각하 결정의 근거였어요. 위헌 시비를 차단해버린 절차법의 위력을 실감했어요.

김민웅 돌아보면 '초선 추미애'에게 가장 중요한 성취라고 느껴지는데요? 역사의식을 갖춘 정치인 추미애로 성장하면서 당대의 금기를 뚫고 나간 거니까요.

추미애 그렇습니다. 사실 광주 5·18에 대한 백서가 아직 없어요. 정부의 공적 권위로 광주 5·18에 대한 진상규명을 하지 못했기 때문에 청문회 백서만 있을 뿐이에요. 그러나 제주 4·3은 정부가 진상조사단을 만듦으로써 움직일 수 없는 역사적 사실을 공인받게 했어요.

김민웅 이후 제주 4·3에 대한 학문적 접근에 족쇄가 풀리게 되었습니다. 대단히 중요한 성취였습니다. 정치가 당장의 현실적 요구 못지않게 역사와 만나 풀어야 할 바를 푸는 것도 너무나 중대한 책무라고 봅니다.

추미애 우리가 놓친 사실과 가치들을 하나씩 꺼내서 발굴해야 할 것들이 있었던 거지요.

김민웅 그러면서 제주 분들과도 새롭게 만나게 된 거지요?

추미애 네, 제주도 분들의 의식이 깨어 있다는 걸 느꼈습니다. 제주도는 변방의 서러움을 겪기도 했지만 무역항로이기도 하고 군사기지이기도 합니다. 일본과 가까워 우리 근대사의 과정에서 지적 통로가 도리어 육지보다 앞섰어요. 상대적으로 진취적인 곳이었지요. 요즘도 제주도에 갈 때마다 다른 내면을 보게 됩니다. 그런 모습들이 자연스럽게 광주 5·18과도 이어졌어요.

김민웅 하나의 역사의식으로 관통되기 때문이지요.

추미애 광주 5·18 때는 제가 사법시험을 준비하느라 사건을 제대로 알 수 없었어요. 그런데 나중에 판사가 돼서 『죽음을 넘어 시대의 어둠을 넘어』라는 책이 금서로 지정되기 직전에 제 손에 들어왔어요. 그걸 밤새 읽고 마음이 아파 며칠을 앓았습니다. 그때 광주 분들께 너무나 미안했어요. 이런 엄청난 일을 내가 몇 년이 지나도록 까맣게 몰랐다는 것과 동시대에 살면서 난 무엇을 했나라는 죄책감으로 한동안 힘들었습니다. 할 말이 없더라고요. 국회의원이 된 뒤 제주 4·3을 통해 광주 5·18 민주화 운동을 다시 보게 되었고 거꾸로 광주 5·18 민주화 운동을 통해 제주 4·3을 되돌아보게 된 거지요. 그냥 묻고 지나가면 잘못된 역사가 반복될 뿐입니다. 부끄러운 일이에요. 역사의 진실을 밝히는 것은 앞으로의 잘못을 예방하는 일이기도 하고 정의를 바로 세우는 기본작업이기도 합니다.

김민웅 '추미애, 역사 앞에 서다'네요. 2000년에는 남북정상회담이 있었지요. DJ 정치의 절정이었습니다. 평생 한반도 평화를 위해 사셨던 분이니까요. 제주 4·3도 사실 분단체제에 대한 저항에서 비롯된 것이지요. 제가 알기로는 장관님도 몇 년 후 낙선하고 미국에 가서 한반도 평화에 대한 나름의 국제정치적 견해를 정리하고 돌아온 것으로 압니다. 추미애 정치의 확장이자 진화의 과정을 통과한 게 아닌가 싶습니다.

추미애 맞습니다. 제주 4·3 진상규명은 DJ 정치철학의 표현이기도 했어요. 그랬기에 DJ를 통해 미래를 내다보고 인내하는 역사관을 배웠어요. 초지일관하면서도 때로는 격랑에 대처하는 지혜 말이지요. 당장 결과가 나타나지 않아도 조급해하지 않는 깊이 있는 자세 말입니다.


**노무현의 위기, 추미애의 선택**

김민웅 DJ 다음으로 노무현 대통령이 당선되셨는데 그분과도 인연이 깊으시지요? 노무현 후보 등장 당시 처음부터 지지하셨나요?

추미애  네, 그랬습니다.

김민웅  사실 노무현 후보가 당내 기반이 약하지 않았습니까? 그런데도 지지를 표한다는 건 쉽지 않았을 텐데요.

추미애  2002년 4월에 노무현 후보는 국민경선에서 이인제 대세론을 꺾고 민주당 대통령 후보가 되었습니다. 그러나 그해 6월 민주당이 지방선거에서 참패하자 친(親)이인제 성향 의원들과 비(非)노무현계 의원들은 일제히 후보 사퇴를 주장하지요. '노무현 흔들기'가 시작된 거예요. 그 후 2002년 월드컵 바람을 타고 정몽준 후보가 인기를 얻자 "노무현으로 집토끼를 잡을 수는 있어도 산토끼를 잡을 수는 없다"는 논리를 펴요. 정몽준 후보를 염두에 두고 "누가 중도성향 표를 끌어올 수 있는지 당 밖에 있는 후보도 적극 검토하자"라는 뜻이었지요.

김민웅  기억이 생생합니다. 그래도 당 차원에서는 지지율에 안심이 안 되니까 그런 말도 나온 게 아닌가요? 정당하다, 아니다를 떠나서 말이지요.

추미애  어떤 경우든 민주정당에서 있을 수 없는 일이지요. 국민들에게 공당의 후보를 뽑아달라고 요청해놓고 그걸 스스로 흔든다면 그런 당을 국민들이 신뢰할 수 있겠어요? 어떻게든 지지세를 안정적으로 확보하는 노력을 기울이는 게 맞지요. 그때까지 노무현 후보의 지지율이 계속 떨어지자 민주당 의원들은 점점 노 후보를 멀리하기 시작했습니다. 노 후보를 경선 초기부터 공개적으로 지지한 사람은 천정배 의원 한 명뿐이었어요.

김민웅 지지율 하락이 이어지면서 노무현 후보가 최대 위기를 맞이했습니다.

추미애 네, 지방선거 패배와 노무현 흔들기가 계속되었지요. 하루는 노무현 후보가 예고도 없이 제 방으로 불쑥 찾아오셨어요. "추 최고, 나 좀 도와주소!" 약간 멋쩍어하면서 던지는 말에 저는 순간 좀 당황했어요.

김민웅 노무현 대통령 특유의 말투가 떠오릅니다.

추미애 "추 최고와는 따로 밥 한 그릇도 먹은 적 없는 사이인데 내가 이렇게 부탁 먼저 해서 미안해요…" 이러시는 거예요.

김민웅 노무현 대통령께서 낯을 많이 가리셨나요?

추미애 당시에 다른 국회의원들이 "노무현은 스킨십이 없다. 연락도 잘 안 하고 밥도 한번 사지 않는다"라고 냉담할 때였기에 저도 그런가 싶었지요. 나중에 보니 전혀 그렇지 않으셨어요. 그럴 기회가 따로 없었던 것뿐이었지요. 아무튼 그때 제가 이렇게 말씀드렸어요. "선배님, 분명히 약속 드릴게요. 어떤 경우라도 저는 우리 당이 뽑은 후보를 적극 도울 겁니다. 그건 노무현이기 때문이기도 하지만 민주당의 후보이기 때문입니다. 이렇게 어렵게 부탁 안하셔도 됩니다. 그건 제 당연한 도리입니다"라고요.

김민웅 노무현 후보로서는 고립무원의 처지였을 테니 큰 격려가 되었겠어요.

추미애 아마 그러셨지 않을까 싶어요. 저는 민주적 절차가 생명인 민주당이 국민경선으로 후보를 뽑아 놓고서 단순히 여론 지지율이 낮아졌다는 이유만으로 제대로 선거전도 해보지 않고 후보를 바꾼다는 것은 민주주의 원칙에 어긋난다고 생각했기에 그렇게 말씀드린 거였어요. 너무나 당연한 얘기였지요.

김민웅 말씀대로 너무나 당연한 얘기인데, 현실 정치에서는 수도 없이 상식과 원칙이 정치공학으로 훼손되니 그런 자세가 소중한 거지요. 이후 어떻게 하셨습니까?

추미애 10월에 접어들어서 후보 흔들기가 더욱 거세졌어요. 당내 원로들이 이른바 '후보단일화추진협의회'를 만들어 공개적으로 후보 교체론을 주장했어요. 명분은 단일화였지만 정몽준 후보를 공개적으로 지지하면서 정몽준 후보의 당인 '국민통합21'로 갈 궁리만 하고 있었던 거지요. 그러면서 노무현으로 후보 단일화가 되더라도 노무현으로는 대선승리 가망이 희박해서 도저히 함께할 수 없다는 거예요.

김민웅 말을 바꿔 타자? 당내 갈등이 걷잡을 수 없이 커졌겠네요.

추미애 최고위에서도 논쟁이 벌어졌어요. 언젠가 제가 노무현 후보를 지켜야 한다는 주제로 열띤 논쟁을 두 시간 넘게 벌였어요. 저보다 선배격인 다른 최고위원들에게 "후보 교체론은 우리 민주당을 부정하는 행위이고 국민 앞에 낯부끄러운 행위다"라고 항변했지요. 그랬더니 "뭐 저런 건방진 게!"라는 고성이 돌아왔어요.

김민웅 그런 말 듣는 것도 기분이 좀 그랬겠지만 지지율 떨어지고 있는 후보를 방어한다는 게 편치는 않았을 것 같습니다.

추미애 그래도 저는 "잠깐 불리해도 원칙을 꾸준히 밀고 나갈 때 국민의 신뢰를 얻어 승리할 수 있다. 우리에게 국민이 뽑은 후보를 바꿀 권리는 없다. 이렇게 후보를 쉽게 바꾼다면 앞으로 민주당은 국민경선을 할 수도 없고, 해서도 안 된다"라고 제 주장을 굽히지 않았어요

## 희망돼지를 분양하다

김민웅 안팎으로 힘든 선거였지요?

추미애 네, 그랬지요. 선거운동을 시작해야 하는데 정작 더 큰 문제가 생겼어요.

김민웅 뭐지요?

추미애 후보 흔들기에 더해서 후보에게 선거운동 준비에 필요한 선거비도 지급하지 않았어요. 당에 돈이 없다는 이유였지요.

김민웅 최악의 상황이었네요. 돌파할 방법이 찾아지던가요?

추미애 노 후보가 저를 보자고 하시더니 "돈이 없어도 내게 좋은 방법이 있어요. 돼지저금통 들고 국민께 도와달라고 합시다"라고 하시는 거예요. 돼지저금통 들고 국민에게 호소한다는 것이 상징적으로는 좋은 아이디어 같지만 실제 전국 규모의 대선을 그런 방식으로 치러낼 수 있을지 걱정이 앞섰어요. 국회의원 선거도 그렇게는 안 하는데 말이에요.

김민웅 우리 정치사상 처음으로 소액 다수 후원의 전형이 탄생하는 순간이었어요.

추미애 그랬던 거지요. 하지만 처음에는 제 자신도 얼른 납득이 안 되었어요. 제가 풀이 죽어 있으니까 노 후보는 선거운동 과정을 정치개혁과 연결시킬 수 있는 좋은 방법이라며 다시 한번 저를 설득하셨어요. "그렇게 열심히 해보다가 안 된다면 어쩔 수 없겠지만 그래도 해봅시다." 그래서 저도 재벌에게 돈 받지 않고 국민이 기부한 돈을 한 푼 두 푼 모아 선거를 치르면 돈에서 자유로운 선거운동과 정치개혁으로 이어질 수 있겠다는 생각이 들어 말씀하신 뜻을 받아들이게 되었어요.

김민웅 돼지저금통은 선거운동의 한 획을 그은 일대 사건이었지요. 시민이 직접 참여하는 참여 민주주의의 적극적인 형태가 된 셈이었습니다. 그래서 국민참여운동본부가 만들어졌지요?

추미애 네, 민주당과 별도로 국민참여운동본부를 만들었지요. 노 후보가 제게 본부장을 맡아달라고 해서 정동영 의원과 공동본부장을 맡게 되었어요. 그때 전국을 돌며 '희망돼지'라고 이름 붙인 돼지저금통 100만 개를 분양해서 20만 개를 거뒀어요. 총 모금액은 57억이었습니다.

김민웅 '분양'이라는 표현이 참 재미있네요.

추미애 말하고 보니 그러네요, 하하.

김민웅 정직하고 투명한 정치를 바라는 국민의 희망이었던 것이지요. 또 기억에 남는 일화가 있나요?

추미애 순간순간이 모두 기억에 남지요. 선거비 없이 대통령 선거를 한다는 말을 듣고 격려해주신 시민분들, 꼬깃꼬깃하게 접어

아껴두었던 만 원짜리를 돼지저금통에 넣어주시던 실직자, 점심값 아낀 돈이라며 받아달라는 직장인, 다급히 저를 불러 지갑에 있던 현금 4만 3,000원을 모두 털어주시던 환경미화원까지 정말 다양하고 많은 분들이 참여해주셨어요. 정치를 하면서 그때처럼 국민에게 크게 빚진다는 생각을 한 적이 없었지요.

## 노무현의 왼쪽에는

**김민웅** 노무현 후보가 "추미애가 차기 주자다"라고 했던 게 유세 마지막 날 종로에서였나요?

**추미애** 네, 맞습니다.

**김민웅** 차기 대통령 후보감이 오른쪽에는 정동영, 왼쪽에는 추미애가 있다고 하셨던 걸로 기억이 납니다.

**추미애** 맞아요. 그런데 그날 정몽준 후보가 단일화 합의를 깨버렸지요. 정말 마른 하늘에 날벼락 같은 사건이었어요. 제16대 대통령 선거일 바로 전날이었는데, 밤 10시 30분경 정몽준 후보가 지지 철회를 발표하는 사태가 벌어졌어요.

**김민웅** 모두가 경악했지요. 정몽준 후보는 단일화에 합의했으니 차기 주자는 본인이라고 생각하지 않았을까요? 권력이 어떤 물건처럼 쉽게 양도되는 것은 아니니 다음에는 내 거야 하는 것도 말이 되지 않지만 모두가 민감할 수밖에 없었을 테니까요.

**추미애** 사실은 그날 노무현 후보가 연단에 올라 유세를 시작하려고 하는데 정몽준 후보 지지자들이 "다음 대통령 정몽준"이라는 피켓을 들고 연호하는 바람에 도무지 연설을 할 수 없는 상황이었어요. 마지막 연설인데.

김민웅 아, 그런 상황이 먼저 있었군요.

추미애 그래서 노 후보가 한참을 기다리다가 잠시 여유를 두고 미소를 지으며 "속도위반하지 마세요"라고 부드럽게 말씀하시더라고요. 그러고 나서 "여러분, 추미애 최고위원을 잊어버리시면 안 됩니다. 다음에는 여성시대가 온다는 거 아닙니까? 대찬 여자 추미애 의원이 여기 있습니다. 제가 새로운 정치 안 하고 어물어물하면 멱살을 잡아 흔들 우리의 여성 지도자가 바로 추미애입니다. 또 국민경선을 끝까지 지켜주고 제 등을 받쳐준 정동영 최고위원도 있습니다"라고 말씀하셨어요.

김민웅 아이쿠, 아슬아슬했네요. 짐작해보자면 노 후보는 "단일화가 권력을 나눠 먹는 식의 거래는 아니다. 그다음은 그 시대의 요구 앞에 서라" 이런 생각이 있으셨던 게 아닌가 싶습니다. 아무튼 지금 돌아봐도 상황이 아찔했네요.

추미애 아니나 다를까, 밤 10시가 조금 넘어서 정몽준 대표 측에서 노 후보의 연설을 문제 삼으며 긴급 대책회의를 하고 있다는 거예요. 그러더니 잠시 후 지지철회를 발표했습니다. 아무리 그래도 그렇게까지 나올 줄은 아무도 예상 못했지요.

김민웅 비상사태가 발생했는데, 선거대책본부에서는 어떤 대책을 세웠나요?

추미애 난감했어요. 선거운동 종료 1시간 30분 전에 생긴 비상

사태를 무슨 수로 수습하겠어요? 노 후보가 정 대표의 평창동 자택으로 한밤중에 찾아갔어요. 그러나 정 대표가 잠자리에 들어 만날 수 없다고 만남 자체를 거절하는 바람에 문 앞에서 발길을 돌렸지요. 그리고 투표 당일 아침 신문에는 정 대표의 지지철회 뉴스가 대문짝만하게 쏟아졌어요.

김민웅 당시 지지자들은 모두가 큰일 났다 했지요. 다들 어찌나 놀랐는지, 기도하는 마음으로 하루를 보냈고 자신이 동원할 수 있는 모든 방법으로 주변의 투표참여를 독려했습니다.

추미애 네, 아무도 예측하지 못한 역전의 기적을 바로 깨어 있는 시민이 만들어냈습니다. 하루 종일 손에 땀을 쥐고 투표 참여율에 신경 쓰다 투표시간이 마감되었어요. 긴장하며 개표 상황을 지켜보고 있는데 밤 10시 무렵 승리의 윤곽이 보이는 거예요. 그때 후보 내외분이 당사에 도착하셨어요. 우리는 서로 부둥켜 안고 감격의 눈물을 흘렸지요.

김민웅 당시 추미애 최고위원은 의도치 않게 정몽준 대표의 지지철회 원인제공자의 한 사람이 된 셈인데 나중에 노 후보가 뭐라고 하시던가요?

추미애 선거대책위원회 해단식에서 정동영 최고위원과 제가 당선자를 모시고 연단 쪽으로 이동할 때였어요. 당선자께서 싱긋 웃으시며 "내가 추 최고에게 큰 선물 준 거 맞지요?" 하시는 거예요.

김민웅 당선이 되었기에 망정이지 그렇지 않았다면 큰일 날 뻔했습니다. 선물의 의미가 뭐라고 새겨지던가요?

추미애 공개적으로 저를 격려해주신 것이니, 감사할 따름이지요.

김민웅 노무현 대통령에게 추미애는 대단히 각별한 셈이었군요.

추미애 1988년 노무현 의원을 정치스타덤에 올린 광주 5·18 청문회는 당시 정치권 밖에 있었던 제게도 큰 감동이었습니다. 저에게 노무현 대통령은 존경하는 선배 정치인으로서 아주 특별합니다.

## 브레이크가 파열된 노무현 탄핵 열차

김민웅 그렇다면 이제 대답이 조금 부담스러우실 수 있는 질문을 드리겠습니다. 그렇게 각별하고 존경하는 정치 선배를 대통령으로 만들어놓고 왜 노무현 대통령 탄핵의 대열에 섰던 것인가요?

추미애 드디어 그 질문이 나왔네요. 네, 제 정치 인생에서 가장 후회스러운 실수였고, 잘못이었어요. 그때 당이 새천년민주당과 열린우리당으로 쪼개졌고 화풀이로 노무현 대통령을 탄핵하자는 원로들이 있었지요. 열심히 말렸지만 역부족이었고 결국 저도 당 지도부의 한 사람으로서 탄핵에 동참하는 신세가 되었습니다. 노무현 대통령이 노사모(노무현을 사랑하는 사람들의 모임) 행사를 격려하면서 했던 발언 하나가 꼬투리가 되어 선거개입 논란이 벌어지고 탄핵사태까지 간 거지요. 그 과정을 말로 변명할 수 없어 사죄의 삼보일배(三步一拜)를 했지만, 아직도 그 일로 저를 미워하고 섭섭해하시는 분들이 있는 게 사실입니다.

김민웅 요즘 젊은 세대는 잘 모르겠지만 그때 '추미애의 삼보일배'는 상당한 충격이었어요. 그게 바로 당시 탄핵 사태와 관련되었던 거지요.

추미애 네, 그렇습니다.

김민웅 그런데 그때 장관님이 탄핵을 말리셨다고요? 그런 사실은 잘 알려져 있지 않은 것 같은데요?

추미애 저는 당시 수석최고위원으로서 탄핵을 반대했어요. 그것도 매우 끈질기게요. 당시 새천년민주당 대표는 조순형 의원이셨어요. '미스터 쓴소리'라는 별칭의 원조라고 불릴 만큼 뚫고 들어갈 틈이 없는 분이셨지요. 이분과 독대한 자리에서 여론조사 결과를 분석해가며 기본적으로 탄핵 자체의 정당성에 문제가 있다고 말씀드렸어요. 탄핵을 강행하면 다음 선거에서 한 석도 못 건지게 될 것 같다고 탄핵 불가론을 조목조목 설명드렸어요. 조순형 대표가 끝까지 들으시더니 "그 말이 다 맞다 해도 탄핵은 해야 합니다"라고 결론을 내시는 거예요. 그러고 나서 3월 초순, 비공개 의총이 있었어요. 저는 의원들 앞에서 '탄핵 3불가론'을 주장했어요. "첫째, 탄핵은 정치적 결정이니 헌법재판소가 손을 들어주지 않을 것이다. 둘째, 열린우리당은 탄핵을 막고자 더욱 똘똘 뭉치게 될 것이다. 셋째, 총선 구도에서 우리 새천년민주당에게 불리하게 작용할 것이다"라고 말했어요.

김민웅 결국 그 말 그대로 된 거지요?

추미애  네. 그건 나중 일이었고 당시에는 선배들에게 무척 야단 맞았어요. 당 지도부가 신념을 갖고 추진해야 지지율이 높아지는데 그렇게 안 하니까 여론이 안 좋은 거라고 말이지요. 그런데 그때 정치자금법 위반으로 구속된 새천년민주당 소속 정치인 세 명까지 탄핵 발의자에 포함시켜 가결수를 맞추자는 거예요. 이걸 보고 국민들이 뭐라 하겠어요? 그래서 저는 이건 윤리성에 금이 가니 빼야 한다고 강하게 이야기했어요. 그러자 탄핵 찬성 서명도 안 하면서 그런 이야기 할 자격이 있냐고 저를 공격하시더라고요. 고민 끝에 당이 탄핵하기로 정했다니 어쩔 수 없이 따르겠지만 이 세 명은 빼야 한다. 그러면 제가 서명하겠다고 했어요. 그런데 먼저 자리를 뜬 사람이 앞뒤 맥락 자르고 추미애 수석최고위원이 탄핵에 찬성했다고 언론에 이야기한 거예요. 이후 기자가 저에게 탄핵 발의 찬성하셨냐고 묻기에 고개를 끄덕끄덕한 장면이 사진으로 찍히는 바람에 탄핵 주도자처럼 되어버렸어요.

김민웅  미안하지만 이거 변명은 아니시지요?

추미애  그렇게 들리시나요?

김민웅  듣는 사람에 따라서는 그렇게 들릴 수도 있을 것 같습니다. 그때 일 후회되시나요?

추미애  엄청 후회되지요. 나 자신을 속인 거니까요. 아까 변명처럼 들릴 수도 있다고 하신 말씀이 가슴 아프네요. 그러나 제가 말씀드린 건 모두 사실 그대로예요. 물론 오해가 있다 해도 감수해야지요. 당시 사정을 따져보면 억울한 마음이 들지 않는 건 아니지만 의도나 상황이 어떻든 탄핵 찬성에 이름을 올린 건 사실이니까요. 두고두고 사죄하면서 정치했어요. 관련된 분들이 살아 계신 경우도 있어서 새삼 이런 이야기를 꺼내는 게 조심스럽기도 합니다. 그런데 결국 구속된 세 명도 발의자에 넣었더라고요. 얼마나 기가 막히던지요. 그 후에는 카메라가 계속 따라왔어요. 저도 당의 입장을 설명해야 할 위치였던지라 불가피하게 발언을 강하게 할 수밖에 없었어요. 탄핵을 어떻게든 저지하려 했던 건 다 날아가 버리고 이후 정치적으로 큰 타격을 입었지요.

김민웅 두고두고 힘드셨겠습니다.

추미애 엄청요.

김민웅 그 경험이 무얼 주던가요?

추미애 당이 쪼개질 때 아버지가 많이 아프셨어요. 위암으로 투병 중이셨는데 어쩌다 병문안을 가면 매우 좋아하셨어요. 어머니가 자주 오라고 하시면서, 당이 쪼개져서 어떡하니, 당을 지키자니 친구들이 떠나가고, 당을 떠나자니 신의를 저버리는 꼴이라 마음이 복잡하겠다고 위로해주시더군요. 이런 의도는 저런 결과를 낳고, 저런 의도는 이런 결과를 낳는 종잡을 수 없는 난국이었어요. 정치적 소신과 조직인으로서의 책임이 충돌할 때 어떻게 해야 하는지는 누구도 쉽게 풀 수 없는 숙제인 것 같아요. 그렇지만 역시 소신이 가장 중요하지 않을까 싶어요. 정치인의 자기 정체성은 그렇게 나타나는 거니까요.

## 삼보일배로 5·18 묘역까지

김민웅  오래전 일인데 지금도 마음 아파하시는 게 느껴집니다. 끝없이 위기에 몰리는 상황에서 바로 '추미애의 삼보일배'가 시작되지요. 세 걸음 걷고 한 번 엎드려 절하면서 목적지까지 가는 방식이었습니다. 어느 정도 길이었지요?

추미애  15킬로미터 정도 되었을 거예요.

김민웅  노무현 대통령이 차기 대선주자의 한 사람으로 꼽을 정도였는데, 탄핵을 주도한 사람처럼 되어버렸습니다. 정치적 추락이네요.

추미애  네, 추락이지요. 예견했던 대로 탄핵 후폭풍은 굉장히 거셌고, 당의 지지율은 한 자리 수까지 떨어져요. 도저히 선거를 치를 수 없게 되었습니다. 아까 말했던 탄핵 3불가론이 현실로 되어버린 거예요. 예상은 했지만 내상이 너무 심해서 쓰러져 누웠어요. 그때 이름만 대면 누구나 알 만한 사람이 찾아와서 선거 지휘 책임을 맡아달라고 했어요. 의도가 뻔하지요. 조정은 자기들이 할 테니 저에게는 꼭두각시가 되라는 거지요. 저는 더 이상 믿을 수 없어 안 하겠다고 했어요. 개혁하자 했더니 안 하고 탄핵하지 말자 했더니 해버리니 내가 어떻게 당신들 이야기를 믿고 움직일 수 있겠냐고 물었습니다. 그런데도 저를 계속 불러내는 거예요. 합의서를 내밀며 저를 거듭 설득했어요.

김민웅  합의서라고요? 어떤 내용을 담고 있었나요?

추미애  간단히 정리하면 탄핵에 관해서는 사과하지 마라, 대신 공천권을 주겠다, 그런데 공천하기 전에 상의해달라 하는 내용이 었어요. 저는 공천권을 가지고 개혁공천을 하면 당을 살릴 수도 있을 것 같았어요. 사과하지 말라니까 말로하지 말고 보디랭귀지로 하면 되겠다고 생각하며 합의서 내용을 받아들였어요. 그런데 합의서에 그쪽 도장을 받지 않았어요. 제가 경험이 짧았던 것이지요. 나중에 뒤통수 맞을 줄은 몰랐던 거예요. 서로 신의를 저버리지 않고, 믿는 상황에서 서명이나 도장까지 받을 필요는 없다는 생각에 안 받은 겁니다.

김민웅 순진하셨군요. 정말 판사 출신 맞아요?

추미애 그러게요. 그때는 엎질러진 물이라도 쓸어 담아보자는 마지막 심정이었습니다. 남편도 서로 기분 상하지 않게 잘했다고 말하더라고요. 공천심사위를 만들어서 정말 좋은 분들을 모셔 비례대표로 삼고 공천해야겠다고 각오를 다졌지요. 그래서 덕망 있은 외부 인사들을 모시고 와서 밤새 논의했어요. 그런데 갑자기 저희 총무국장에게 다급하게 전화가 왔어요. 조순형 대표실에서 대표직인을 내놓으라고 다그친다는 거예요. 따로 만든 공천장에 대표직인을 찍으려는 의도라고 순간 직감했지요. 총무국장은 제 지시가 있을 때까지 일단 대표직인을 가지고 잠적해 있겠다고 하더군요. 하도 압박이 심하니까요. 저는 아직 심사 중이니까 조금만 더 기다려달라고 안심시켰어요. 심사를 끝내고 직인을 찍어 선관위에 신고하려는 참에 선관위에서 먼저 연락이 왔어요. 새천년민주당대표 직인 분실신고가 들어왔다는 거예요. 알고 보니 선관위에서 저에게 수차례 연락했는데 심사 중이라 연락을 못 받았던 것이지요. 그때는 스마트폰이 없을 때였으니까요. 여하튼 분실신고가 되었으니 기존의 대표직인은 효력이 없게 된 거예요. 정신이 번쩍 들었습니다. 공천권은 제가 갖고 있는데 다른 쪽의 공천이 법적 정당성을 얻게 되면 안 되잖아요. 그런데 선관위 공무원은 자기가 직인 주인의 분실신고를 막지는 못한다며 어떻게 할 수 없다는 거예요. 맞는 말이지요. 그렇게 끝난 거예요. 저로서는 공천권을 입증할 합의서에 도장을 안 받아두었으니 증명할 수단이 없고, 직인 분실신고를 막을 방법이 없으니 아주 보기 좋게 뒤통수 맞았지요. 바보같이.

김민웅  개혁공천마저 좌절된 거로군요.

추미애  네, 결국 자기들끼리 새로 등록한 직인을 가지고 마음대로 공천권을 행사했어요. 그뿐 아니라 임진각에 가서 평화통일을 기원하며 풍선을 날리고 공천자 대회를 시작하는데 힘센 당직자들이 와서 폭력을 휘두르는 바람에 결국 대회가 무산되었어요.

김민웅  구태에 찌든 정치 맛을 톡톡히 보셨군요.

추미애  네. 당시 당 지도부가 끝내 쇄신을 막았던 거지요. 아무튼 결국 제가 쓰러졌어요. 국회 의무실에 가서 링거 맞고 누워 있다가 이렇게 구태스러운 모습으로는 한 석도 건질 수 없겠다는 생각에 사과할 방법을 모색했어요. 잘못은 저 어르신들이 했지만, 그렇다고 당이 없어지면 DJ한테 너무 죄송하겠더라고요. 그건 있을 수 없는 일이라고 생각했어요.

김민웅 그 답이 삼보일배가 되었군요.

추미애 참모 중에 누군가 "삼보일배 하시지요!"라고 제안했어요. 말한 사람도 제가 받아들일 거라고 생각한 것은 아니에요. 아이디어 차원에서 꺼낸 거지요. 그런데 남편이 그 사람을 원망하는 거예요. 제가 어릴 적에 다리가 아팠던 일을 알기 때문이지요. 초등학교 때, 중학교 때 아파서 장기결석을 몇 달씩 하기도 했어요. 그래서 남편의 고통을 조금이나마 이해하기에 애정이 각별하기도 한 거고요. 남편은 안 된다고 반대했어요. 미국에 있는 남동생도 국제전화로 당과 참모들을 원망하며 "누가 우리 누나한테 그런 가혹한 일을 시키느냐, 잘못은 자기들이 하고 뒤집어씌우느냐"며 흥분하는 거예요.

김민웅 가족들로서는 여러 가지로 걱정이 되고, 이러다가 멀쩡한 사람 잡겠다 싶었겠지요.

추미애 다들 그렇게 나오니까 고민이 되었지요. 그렇지만 문 닫게 된 당의 상황을 어떻게든 해결해야 한다는 생각이 강했어요. 미운 마음이 왜 없었겠어요. 제가 공천한 것도 아니고, 그것도 자기들 마음대로 직인까지 새로 파서 한 공천이잖아요. 그래서 삼보일배를 결심했어요. 제주에서 열린 4·3 추모식 행사에 참석한 후 곧장 광주로 갔어요. 그곳 도청 앞에서 맨땅에 엎드려 사죄의 절을 하기 시작했지요.

김민웅 바로 그때 많은 사람이 추미애의 강단을 보았습니다. 그런데 왜 하필 광주였나요?

추미애 김대중 대통령을 지켜주었던 곳으로 그분의 역사와 정치를 이해하는 곳이었으니까요. 새천년민주당의 산실이기도 하고요. 무엇보다 민주세력이 영원히 신세진 곳이지 않습니까. 그러기에 분열을 막아내지 못한 데 대해 광주에서 사죄해야겠다고 생각했습니다.

김민웅 삼보일배는 며칠간 하셨나요?

추미애 2박 3일이었습니다

김민웅 어떤 반응이 나오던가요?

추미애 처음에는 또 쇼 한다는 오해와 지탄이 쏟아졌어요.

김민웅 모멸감을 느끼지는 않으셨나요?

추미애 모멸감에 수치심까지 더해져 아주 비통했지요.

김민웅 어떻게 견뎌 나갔나요?

추미애 이걸 하다가 죽을 수도 있겠다 싶었는데, 그렇다고 제가 살자고 중간에 그만두면 정말 쇼로 끝나잖아요. 그런 생각에 이를 악물고 했지요.

김민웅 죽을 수도 있겠다는 생각이 들었다고요?

추미애 문자 그대로 사즉생(死卽生)의 마음이었어요. 첫날 밤 당장 다리에 근육경직이 오더라고요. 뒤따라 하는 사람도 있었는데 얼마 못 하겠더래요. 그런데 저는 쇼 한다는 비판을 받지 않으려고 굉장히 정직하게, 정성껏 또박또박 일보 일보 걸음을 옮기고 깊숙이 엎드려 절했어요. 이튿날에는 도중에 혈압이 뚝 떨어졌어요. 이후로는 앰뷸런스가 따라붙게 되었지요. 혈압이 50 밑으로 떨어지고 몇 번이나 아득하게 정신을 잃었습니다. 의사는 멈춰야 한다고 했지만 혈압 내려가서 안 했다는 게 변명이 되겠어요? 몸도 그렇지만 정치적으로도 죽고 말 것 같더라고요. 정치인이 정치적으로 죽으면 살아 있어도 무슨 의미가 있나, 하는 생각이 드는 거예요.

김민웅  아무리 그래도 육체적으로 한계를 느끼는 지점이 있잖아요?

추미애  있었지요. 그런데 그 한계를 상당 기간 느끼다가 어떤 시점 이후로는 사라지더라고요. 이튿날 오후쯤 되었나? 광주에 사는 대학교 선배가 우황청심환을 주셨어요. 기력이 무너지면 큰일 나겠다 싶었던 거지요. "어떻게든 끝까지 가자" 했어요. 그러다가 어느 순간부터 아무런 고통도 느껴지지 않았습니다. 주변의 어떤 소리도 들리지 않고 몸도 약간 붕 떠 있는 느낌이었어요. 아, 어떤 분들은 구도의 방편으로 오체투지를 한다는데, 그 경지가 이렇게 오나 보다 하고, 저도 모르게 그런 생각이 떠올랐지요.

김민웅  또 어떤 생각을 하셨나요?

추미애  사실 아무 생각이 없었어요. 처음에는 사람들 소리가 웅성웅성 들렸어요. 누구는 위로하고 누구는 힘내라 격려하고 또 누구는 비아냥거리고, 별소리가 다 들렸어요. 구경 나온 사람들도 많았어요. 처음에는 주변과 분리되어 혼자라는 고독감이 강했어요. 그러면서 모멸감이 깊어지다가 원망도 했고요.

김민웅  원망이라고요?

추미애  제 동생이 했던 말처럼 잘못은 자기들이 했는데, 왜 내가 바보같이 이리 비참한 짓을 해야 하냐는 원망이 끊임없이 생기는 것이었습니다. 그런데 그 단계를 지나자 아무 소리도 안 들리고 몸도 점차 가벼워지고 근육통도 없어졌어요. 자세한 설명은 불가능한데 제 자신이 그 과정에서 구원받는 느낌이었어요. 마음에 고요함이 밀려오고 청량감 같은 게 느껴졌습니다.

김민웅  모멸감과 비통함에서 구원받는 느낌이라니 그건 반전이네요. 그러면서 5·18 묘역까지 가신 거군요. 묘역에서는 어떤 감정이 들었나요?

추미애  제 속에 갇혀 있던 생각들이 저도 모르게 참회의 말로 우러나왔어요. 일보 일보 일배 일배 하며 길에 떨어져 있던 못과 깨진 유리 조각들을 미처 보지 못하고 무릎으로 누르면서 왔는데 그 유리 조각처럼 산산조각 나 분열된 것을 다 모아 붙인다 한들 온전해질 수 있겠는가. 민주주의를 지켜주신 이 영령들에게 너무 할 말 없고 죄송하다, 뉘우친다, 참회한다는 감정이 솟구쳤습니다.

김민웅  울었나요?

추미애  네. 저절로 눈물이 나더군요.

김민웅  몸은 어떠셨어요?

추미애  병원으로 실려갔지요. 완전히 탈진 상태였으니까요. 전남대병원에 가서 치료를 받았어요. 의사 선생님과 간호사들이 안쓰럽다는 눈으로 보시더라고요.

김민웅  삼보일배는 추미애에게 무엇을 남겼을까요? 스스로는 자신을 어떻게 생각하게 되었나요?

추미애  개인적으로는 정치의 시시비비에 초탈하는 마음이 생겼습니다. 이런저런 말과 상처에 별로 연연해하지 않게 되는 거지요.

김민웅  그전에는 그러기도 하셨군요?

추미애  누가 저를 자극하는 만큼 반응을 했지요. 그런데 이후에는 많이 차분해지게 되었다고 할까요. 자기정화의 과정을 겪은 기분이었어요.


## 그리운 노무현 대통령

김민웅  노무현 대통령 탄핵과 관련된 일이었으니 이에 대한 소회도 있었을 텐데요.

추미애  그 죄송한 마음은 말로 다 할 수 없지요. 그러나 제가 탄핵을 주도한 건 아니지만 탄핵에 서명할 수밖에 없었던 상황을 대통령께서는 이해하실 거라는 믿음도 있었습니다. 제가 미국에 있을 때 사람을 보내서서 입각 제의도 하셨으니까요. 그런데 분당(分黨)에 대한 분노를 삭이지 못했던 새천년민주당 분들은 마음의 상처가 좀 남아 있었어요. 그래서 입각 제의가 있었을 때 이분들이 우리 추미애를 왜 빼가냐고 생각할 수 있어서 "제가 안 들어가는 게 도와드리는 겁니다"라고 말씀드렸어요. 그 진심도 전해졌다고 믿어요. 하지만 그 얘기를 이렇게 만나서 했더라면 웃기도 하고 위로도 받고 죄송하다 말했을 텐데 그럴 기회도 없이 돌아가셨기 때문에 한탄스럽습니다. 해마다 추모식에 가더라도 그때 이후로는 시간이 멈춘 것 같다는 느낌이 들어요. 언젠가 권양숙 여사님께도 이런 제 마음을 말씀드린 적이 있었어요. 그랬더니 대통령님과 여사님도 제가 삼보일배할 때 뉴스로 보셨다고 하시더라고요. 그때 대통령께서 "나 같아도 저렇게 했을 거야" 하시면서 그 심정을 헤아린다는 말씀을 하셨다고 전해주셨어요.

김민웅 그 말씀을 들으니 기분이 어떠셨나요?

추미애 감사하면서도 죄송하고 마음이 아팠지요. 삼보일배 후 대통령님 생전에 행정중심 복합도시 기공식 초청장이 와서 참석한 적이 있어요. 대통령이 입장하실 때 저와는 꽤 거리가 있었는데도 눈이 마주쳤어요. 그 순간 저에게 웃어주시더라고요. 그 미소가 지금도 가끔 생각이 납니다.

김민웅 아픔과 열정이 모두 담긴 순간들이었습니다. 자, 한마디로 말하면 김대중 대통령과 노무현 대통령은 추미애에게 어떤 존재인가요?

추미애 저에게 김대중 대통령은 "교실 벽에 걸린 교훈" 같은 존재이고, 노무현 대통령은 "가슴속에 있는 존재"라고 말씀드릴 수 있습니다.

## 이명박 정권의 사법 살인

김민웅 경륜이 깊은 김대중 정치 속에서의 추미애, 거친 들판에서 나온 노무현 정치와의 만남과 삼보일배까지 살펴보았습니다. 이후 대한민국은 이명박·박근혜 정부를 지나게 됩니다.

이명박·박근혜 정부에서는 민주정부의 연속성이 깨진 시기였지요. 그때 우리는 김대중·노무현 정부를 거치며 민주주의의 힘을 길러왔기 때문에 정권교체가 되었다고 해서 민주주의의 기초가 쉽게 허물어지지 않을 것이라고 생각했었습니다. 하지만 실제 겪어보니 아니었던 거지요. 우리의 민주주의 기반은 생각보다 취약했고 많은 성취가 속절없이 무너지는 것을 경험했습니다.

추미애 이명박의 집권은 돈이 우리의 모든 것을 해결할 수 있다는 자본주의의 천박한 욕망과 맞물려 돌아갔지요. 자본이 모든 영역의 전면에 등장하면서 '정의'는 관심 밖으로 내몰렸습니다. 이명박 집권 초기에 광우병 시위가 있었잖아요. 식품안전에 대해 민감한 엄마들이 유모차를 끌고 시위에 참여했습니다. 그걸 진압하는 과정에서 폭력적인 상황을 경험하게 됩니다. 이른바 '명박산성'이라는 걸 쌓아올려 막았지요. 그렇게 결집한 힘에 대해서 이명박 정부가 매우 놀랐다고 했었지요.

그 뒤에는 원세훈 국정원장의 정보정치·공작정치가 규모가 커지면서 기독교 우파세력과 결합했어요. 여기에 기술과 돈이 들어가요. 이런 것들이 버젓이 양성화되어 버립니다. 대놓고 하는 겁니다. 국정원의 세뇌공작과 교육의 왜곡이 심해지고 진보좌파와 종북을 하나로 묶어서 혐오와 공격의 대상으로 만들어버립니다. 이런 상황에서 민주세력이 폐족 취급을 받고 민주적 가치와 자부심을 모두 털어 휴지통에 넣어버렸어요. 자발적 무장해제도 있었지만 경제능력이 우위인 세상에서 민주세력을 무가치하고 세상물정 모르는 무능력자처럼 매도해버렸어요. 진보는 무능력하다는 선전을 해댄 거지요.

김민웅 민주진영 전체가 큰 타격을 받기 시작합니다. 우리 사회는 그런 세뇌에 녹아들어갔고요.

추미애 거기서 깨어나게 해준 것은 역설적이게도 이명박 정부의 사법살인이라고 할 정도의 핍박이었습니다. 노무현 대통령이 그 과정에서 희생되셨고요. 그들은 노무현 대통령을 모욕하기 위해 수사과정을 수시로 중계방송하고 허위사실도 흘리고 '논두렁 시계' 같은 말로 사태를 오도해간 거지요. 극장형 수사였습니다. 그런데 이 과정에서 민주당 스스로 자기성찰을 하면서 벗어나기보다는 대통령의 비극적인 죽음에 편승해서 폐족 신세를 벗어버린 감이 있어요. 그러다 보니 그때 우리가 민주화를 하는 과정에서 어떤 시행착오를 겪었는지 점검과 성찰이 부족했던 것 같아요. 이건 물론 제 자신에게도 해당되는 이야기입니다.

안타깝게도 노무현 대통령의 죽음으로 민주세력이 구원을 받은 격이었어요. 그런 결과 우리가 무엇을 잘못했고 보완해야 할 점은 무엇인지, 이 민족과 나라의 평화통일을 위해서 어떻게 전진해야 하는지 고민하고 발전할 수 있는 기회를 놓쳤다고나 할까요. 돌아가신 노무현 대통령께 우리는 빚을 진 겁니다. 다행스러웠던 것은 그러면서 민주세력의 새로운 통합이 가능해졌어요. 그 힘이 점차 자라기 시작했던 거지요. 촛불에 이르기까지 말입니다.

김민웅 매우 중요한 대목입니다.

추미애 한명숙 총리가 서울시장 후보로 나왔다가 정치검찰로 인해서 곤경에 처했어요. 그때 우리는 노무현 대통령과 한명숙 총리를 거치면서 정치검찰의 폭거를 생생하게 목격했습니다. 이들은 너무나 당당하게 현재의 권력에 결탁하고 카르텔을 형성해서 자기 조직을 키웠어요. 어떤 정권과는 편의적인 공생관계를 유지하면서 정권의 힘이 되어주기도 하고 보호도 하고 자기 출세도 보장받는 구조가 됩니다.

2012년 대선에서 이런 구조를 잘 살피고 대응했어야 했는데 그러지 못했어요. 당시 새누리당 대선후보 경선에서 이명박 후보의 적은 박근혜 후보였고, 박근혜 후보의 적은 이명박 후보였어요. 경선 과정에서 그들의 치부가 드러났지요. 최순실(최서원)의 관계도 그때 일부 알려졌고 그들의 치명적인 약점도 모두 드러났는데 선거에서 패배한 건 이쪽의 역사적인 실책이고 과오라는 생각이 들었어요. 누구를 비난하자는 게 아니라 우리 민주당이 그랬습니다. 많이 부족했어요.

김민웅 지금의 상황에서도 대단히 중요한 교훈이 된다고 봅니다.

### 이명박·박근혜, 민주주의 퇴행의 10년

추미애 당도 총력을 기울이지 않았고, 당연히 이긴다고만 생각했어요. 선거 캠프도 분산되어 힘을 전략적으로 모으지 못했고요. 자만했던 거지요. 문재인 후보만 열심히 뛴 격이었어요. 설마 독재자의 딸이 당선되겠냐고 방심한 거지요. 국민에게 다가가서 적극적으로 공약을 내걸고 선거운동을 하지 않았어요. 우리를 안 찍어 주면 국민이 잘못 판단한다는 식이었지요. 자기들이 마치 심판자 처럼 들이대는 선거였습니다.

김민웅 장관님도 포함해서 지금 자기 비판하시는 거지요?

추미애 네, 저 스스로도 많이 반성하게 된 시기였어요. 노무현 대통령의 죽음을 대가로 다시 힘을 얻었으면 거기에 대해 더 깊 은 성찰을 했어야 합니다. 그 후 10년 동안 민주주의의 후퇴는 대 단히 심각했어요. 이명박·박근혜 정부 탓만이 아니라 우리 잘못 도 적지 않다는 자아 성찰 없이는 또다시 그런 세상이 올 수 있다 는 걸 깨달아야 했습니다. 그런데 안타깝게도 그때 선거에서 지니 까 당의 책임을 맡게 된 김한길·안철수 의원은 친노 후보 문재인 이 등장해서 심판받은 거라고 주장했던 거예요. 친노가 아닌 쪽이 '새정치'를 내세운 거지요. 또 다른 형태의 증오와 분열의 프레임 이었습니다. "새정치"가 무엇인지 내용도 없이 그저 반노를 새정 치라고 우긴 것이었으니까요.

김민웅 민주정치의 동력 자체가 계승되는 게 매우 중요했는데 그걸 끊고 가야 한다는 식이었습니다. 역사의식이 없거나 빈곤한 정치인의 자기선전일 뿐이었지요.

추미애 맞아요. 정치인에게는 역사의식이 정말로 중요하다는 것 을 날이 갈수록 절감하게 됩니다. 민주화를 지킨 호남을 오히려 지 역주의의 거점이라고 공격하는 움직임이 내부에서 일어나기도 했 어요. 호남만은 아니겠지만 호남이야말로 깨어 있는 시민의 근거지 아닌가요? 당이 역사의식에서 혼란을 겪는 시기였던 것 같습니다.

김민웅 유사한 패턴이 되풀이될 수도 있지 않나요?

추미애 개혁이 곧 민생이라는 점을 망각하면 그럴 가능성이 농후하다고 봅니다. 대선 패배와 이명박·박근혜 정부로 이어지면서 크게 깨달은 게 있었어요. 정당 간의 권력교체가 민주주의의 당연한 모습이라고 생각했는데 아니었습니다. 민주세력이 역사적 책임감을 가지고 개혁정치의 연속성을 확보하는 것이 민주주의라는 걸 알게 되었어요. 그런 기반이 충분히 마련되지 못하면 민주주의는 언제든 반민주 세력에게 권력이 넘어가는 정권교체로 타격을 입을 수 있다는 것을 깨달은 거지요.

김민웅 네, 너무나 중요한 이야기입니다. 바로 그렇게 개혁정치의 연속성이 확보되었을 때 진정한 진보정치의 틀도 만들어질 수 있을 것이라고 봅니다.

추미애 그러기 위해서는 더불어민주당 내에도 역사의식 없이 정치공학에만 능한 세력이 있다는 것을 분명하게 인식해야 할 것 같아요. 이들이 국민을 실망시키는 일을 하고 있고 더불어민주당의 집권에 검은 구름을 드리우기도 한다는 통렬한 자기 비판과 성찰을 해야 한다고 봅니다.

김민웅 이렇게 말해도 괜찮을까요? 장관님이 속한 당을 스스로 비난한다는 이야기를 듣지 않을까요? 의미 있는 비판이라 여기지 않고 말입니다.

추미애 그럴 수도 있겠지요. 하지만 정당은 자신을 위한 것이 아니라 국민에게 책임을 지는 존재라는 점에서 끊임없이 자기쇄신을 해야 합니다. 그렇지 못하면 용기를 가지고 나서야 할 때 비겁해지거나 정치공학적으로 비열해지게 됩니다. 바로 그런 점 때문에 국민이 정치에 넌더리를 내는 것이고요. 그와 같은 태도가 조금이라도 남아 있다면 단호하게 버려야 하는 자세라고 생각합니다.

**김민웅** 이 격동의 시기에 먼저 나서서 싸운 것은 시민이었습니다. 이명박·박근혜 정부 10년 동안 시민은 치열하게 싸웠고 당시 야당이었던 더불어민주당의 전투력은 그것에 비해 상당히 떨어져 있었습니다.

**추미애** 부끄럽습니다.

**김민웅** 시민과의 결합지점을 스스로 없앤 부분도 있어요. 워낙 치열해서 그 과정에 희생도 많았고요. 물대포를 맞고 돌아가신 백남기 농민 같은 분이 계시지요. 용산 참사도 있었습니다. 시민들은 역사를 교정하기 위해 끊임없이 노력했습니다. 그걸 받아 안는 게 정치의 책임인데 미흡했어요. 박근혜 정부의 국정농단이 밝혀지면서 더불어민주당이 시민과 만나는 정치를 할 것이냐 말 것이냐의 기로에 서게 되었지요.

**추미애** 2016년 총선 이후에 분열주의와 패배주의, 낡은 정치와 결별하고 정권교체로 가기 위해서 제가 당대표에 도전해 압도적 승리를 거뒀습니다. 54퍼센트를 얻어 경쟁후보와 20여 퍼센트 정도의 격차를 보였어요. 그게 2016년 8월 27일이었고 그해 9월 국감준비 기간부터 최순실(최서원) 게이트가 조금씩 나오기 시작했지요. 최순실 이야기가 나오니까 당시 새누리당으로 이름을 바꾼 상대 당 이정현 대표가 국감을 보이콧하는 거예요. 그때 이정현 대표는 각광받는 호남 출신의 초선이었어요. 호남에서 이변이 일어났다면서 언론이 상당히 키웠지요. 더불어민주당도 위기의식을 느꼈습니다. 더불어민주당이 계속 선거에 패배하다가 박근혜 태블릿 PC 사건이 터지면서 정세가 급격하게 바뀌어가기 시작했습니다.

### "퇴진하세요, 민심입니다"

김민웅 촛불시위가 시작되었지요.

추미애 그렇습니다. 1차 촛불시위가 10월 29일에 일어났고, 3만여 명이 모였어요. 촛불은 계속 번져나갔습니다. 시위에서는 초반부터 "박근혜 퇴진!" 구호가 터져나왔습니다. 시민들의 의지는 확고했습니다. 박근혜 대통령은 태블릿 PC 사건이 터진 그날 오전에 갑자기 개헌 카드를 꺼냈어요. 일주일 후에는 친노로 알려진 김병준 교수를 총리후보로 지명합니다. 'DJ맨'이라고 불렸던 한광옥 위원장을 비서실장에 임명하고 이정현 대표는 거국내각 이야기를 꺼내 듭니다. 정치권이 여기에 빨려 들어가기 시작했어요. 시민들의 박근혜 퇴진 요구와는 상당히 거리가 먼 태도였지요.

김민웅 대통령이 퇴진하면 헌정중단이 온다고 분위기를 띄우기도 했지요. 그걸 누가 감당할 수 있느냐면서 선결적으로 해결할 문제를 하나하나 풀어가자는 일종의 타협론이 나오기도 했어요. 그러나 촛불시민들은 "그게 무슨 소리냐? 헌정중단이 아니라 헌정

개혁이다. 박근혜가 그 자리에 있는 게 도리어 헌정중단이 지속되는 거다" 이렇게 치고 나갔습니다.

추미애 그러면서 촛불시위는 점차 규모가 커집니다. 참여자들이 급격하게 늘어나요. 1차와 2차 사이에 열 배가 불어납니다. 거국내각이건 거국중립내각이건 꼼수를 부려 판단에 혼란을 야기해서 결국은 물러나지 않겠다는 뜻을 시민들이 알아차린 것입니다. 저 역시 당대표로서 중심을 잘 잡아야겠다고 다짐했어요. 정치권의 계산과 민심은 180도 달랐으니까요. 그래서 제가 대표로서 대응방향을 밝혔습니다. 거국중립내각은 논쟁하지 말자고 당에 제동을 걸었어요. 그런데 잘 안 먹혔어요. 당에 계파가 있고 이해타산이 있었던 거지요. 거국 중립내각을 이끌 총리를 국회가 전원회의를 열어 정하자는 등, 논란으로 당대표가 제대로 힘을 쓰기 어려운 상태였습니다.

김민웅 그 당시 상황이 하루하루 긴박하게 돌아갔습니다. 촛불시민들의 판단 속도는 빨랐지만 정치권은 우왕좌왕했고요.

추미애 그때 제가 주요 당직자들과 실시간 돌아가는 상황을 긴밀하게 논의할 때였어요. 촛불시위의 규모는 날로 확대되고 당과 민심의 괴리는 점점 커지는 상황이었어요. 당직자들 사이에서 긴급 영수회담을 제안해보자는 이야기가 나왔어요. 일단 제의를 해보자는 거지요.

김민웅 자칫하면 밀실타협을 했다는 오해를 살 수 있는 제의였네요.

추미애 그걸 염려하지 않은 것은 아니지만 광장의 민심에 대해 측근들이 박근혜 대통령의 귀를 막고 있을 수 있으니, 민심을 알려주고 하야를 촉구하자는 의도였습니다. 자칫 불행한 사태가 벌어지면 안 되니까요. 다들 박근혜 대통령이 오판하면 시민이 희생될 수 있다는 점을 걱정했습니다. 그래서 일단 제안해보자 했어요. 한밤중이었지만 한광옥 비서실장에게 바로 연락했어요. 그날이 일요일이었는데 한광옥 실장이 화요일에 만나자는 거예요. 월요일이 아닌 화요일이라는 말에 좀 의아했어요. 월요일에 최고위 회의를 하는데 그 일로 시끄러웠습니다. 청와대에서 흘린 거지요. 청와대 대변인이 추 대표가 화요일 3시에 영수회담을 제의했다고 발표하는 걸 보고 비밀회동을 제안한 저로서는 정말 황당했습니다.

김민웅 궁지에 몰리지 않았나요? 비밀 영수회담 제안도 위험 요소가 적지 않았을 것 같아요. 박근혜 대통령 쪽의 발표가 조작될 가능성도 있고 교란 작전에 들어갈 수도 있고 말이지요.

추미애 그러나 박근혜 대통령 쪽의 오판으로 인한 시민의 희생을 막아야 한다는 생각이 워낙 강해서 영수회담을 제안한 것인데, 아까 말씀드렸다시피 그런 걸 염두에 두기는 했지만 대응이 쉽지는 않았어요. 우리 쪽을 분열시키는 방향으로 수를 놓은 것이었고 그런 걸 하나하나 경험하게 된 시간이었어요. 그래서 최고위 회의 석상에서 여러분이 원하지 않으면 영수회담을 하지 않겠다, 대신 퇴진을 당론으로 정하자 했어요. 그래야 저도 할 말이 생기는 거니까요. 영수회담 때 "퇴진하세요, 민심입니다" 하려 했는데 이렇게 당론을 정하면 강력하게 전할 수 있으니까요. 그렇게 해서 오히려 전격적으로 퇴진을 당론으로 결정할 수 있었어요. 그러니까 거국내각이나 총리직 제안으로 어수선했던 분위기를 퇴진 카드를 꺼내 돌파해버린 것이지요. 그리고 연달아 일주일 뒤에는 당론을 탄핵으로 정했고요.

김민웅  전화위복이었네요. 물론 저절로 된 것은 아니고 강수를 놓는 모험을 했으니까 된 거지요.

추미애  네, 그렇지요. 도리어 당의 의견이 확고해졌어요. 저쪽은 우리를 분열시키고 시간을 벌려고 했는데 자기들 계산에도 없던 퇴진과 탄핵이 세게 던져진 거예요.


## 촛불시민과 함께

김민웅  그때까지는 촛불과 함께하기 전이지요?

추미애  촛불광장에 바로 갔던 게 아니라, 당은 따로 청계천에서 집회를 하다가 합류했어요. 시민이 주체가 되어 있는데 당이 관여하면 안 되니까요. 그래서 먼저 퇴진운동본부를 만들어서 청계광장에서 발대식을 하고 그다음 개별적으로 합류했습니다. 당론이 탄핵으로 정해진 뒤에 강력하게 결합하기 시작했어요.

김민웅  촛불시민들과의 결합에 당의 어떤 원칙 같은 것이 있었나요?

추미애  당은 촛불시민들의 자발성에 끼어들면 안 된다는 의견이었어요. 우리는 당 차원에서 별도로 집회를 하고 끝나면 시민의

한 사람으로서 광화문 광장에 합류했어요.

김민웅 말로는 촛불시민들의 자발성을 존중한다고 했지만 사실은 박근혜 퇴진과 탄핵을 강하게 주장하는 시민들의 촛불시위가 부담스러웠던 건 아닌가요?

추미애 전혀 그렇지 않았어요. 당이 적극적으로 참여를 독려했고 그 과정에서 대선후보들이 움직이기 시작했어요. 문재인·이재명·안희정 후보가 나서면서 당도 참여의 활력이 생기기 시작했지요. 하야와 퇴진은 같은 이야기 같지만 하야 같은 경우엔 박근혜 대통령과 그 세력들의 자체적인 움직임이 있어야 하잖아요. 퇴진을 시키기 위한 강제적인 압박은 유일하게 탄핵이었어요.

김민웅 탄핵의 현실적 절차가 논의되었나요?

추미애 네, 현실적인 점검과 이론적인 점검을 같이했어요. 이론적인 점검은 교수 공청회를 열어서 어떤 사유로 탄핵할 수 있는지를 살펴보았고 거기서 '행상책임'이 가능하다는 의견이 나왔어요. 행상책임은 헌법에 대한 태도책임을 물을 수 있다는 법 논리예요. 그리고 실질적으로는 국회를 설득해야 하는데 야3당 공조가 중요하니까 회동을 계속했지요. 거기까지가 탄핵 준비과정이었어요.

김민웅 새누리당은 어떻게 움직일 수 있었나요?

추미애 어려운 문제였지요. 우선 더불어민주당은 탄핵을 당론으로 정하고 곧바로 이론적 근거하에 탄핵소추안을 미리 써놓고 표 계산을 했어요. 새누리당 비박계 움직임을 알기 위해 김무성 의원과 비밀리에 양자회동을 추진했는데 이 역시도 밖으로 알려지고 말았습니다. 김무성 의원 쪽에서 알렸던 것 같아요. 그래서 약속장소를 바꾸어 다른 식당을 잡아서 만났습니다. 그런데 의외로 쉽게 얘기를 꺼내더라고요. 이미 청와대에서는 4월 말 퇴진, 6월 대선을 하는 것으로 이야기가 됐고, 김무성 의원도 그게 좋겠다는 의견이었습니다. 그는 "대통령이 이미 물러나기로 결심했는데 굳이 탄핵할 필요가 있느냐. 찬반을 예측하기 어렵기 때문에 실제 탄핵 심판이 될지 알 수 없다. 생각보다 오래갈 수도 있다"라고 세 가지 이유를 들었습니다.

김민웅  백 가지 이유를 댄다고 해도 그 말에 속으면 안 되는 거잖아요.

추미애  그렇지요. 그래서 청와대의 요구대로 갈 경우에 우리로서는 믿을 근거가 없다고 했어요. 왜냐하면 첫째, 김무성 의원과 청와대 사이에 신뢰가 있다고 보기 어렵기 때문에 그 제안을 신뢰할 수 없다. 둘째, 이것은 형사책임이 아니고 행상책임이라고 이론을 설명했어요. 그러니까 김무성 의원은 '형사 X ,행상 O'라고 메모하더라고요. 헌법재판에서도 길게 가봐야 국민만 지친다는 걸 알기 때문에 지금의 상황을 중요하게 볼 것이고 길게 가면 불상사가 난다는 이야기도 했어요. 어차피 헌법재판소는 헌정 질서복구를 위해 있는 곳인데 이 상황을 그냥 방치하겠느냐고 말하니 조용히 듣고 계시더라고요. 그리고 제가 먼저 나왔어요.

김민웅  그런데 바로 그 '형사 X, 행상 O'가 사진에 찍혀 논란이 되었지요?

추미애 네. 김무성 의원이 그걸 적은 수첩을 들고 한마디도 하지 않은 채 일부러 기자들에게 노출시켰던 거예요. 그 일로 제 이름이 하루 종일 언론에 오르게 돼요. 야합했다는 식의 내용이었습니다. '형사 X'를 형사책임을 묻지 않기로 했다는 것으로 자기들끼리 멋대로 해석하고 제가 그렇게 언질을 준 것처럼 만들어버린 거지요. '행상 O'는 행상책임을 말하는 것이었는데, 당시엔 언론이 그게 무슨 말인지 알아듣기 쉽진 않았을 거예요. '행상책임'은 말이 좀 어렵기는 하지만 아까도 말씀드린 대로 헌법에 대한 태도가 불성실하면 그것이 탄핵의 논거가 된다는 거예요. 지금까지 헌법을 대하는 태도가 앞으로도 헌법을 제대로 보위한다는 성실한 태도로 보이지 않으면 기대할 것이 없다는 거지요. 그걸 말하니 김무성 의원도 이해하는 걸로 보였어요. 그리고 본인도 대통령이 그냥 물러나지 않는다는 걸 알기 때문에 일부러 수첩을 공개해버린 거 아니겠어요? 말로 터놓고 할 수는 없으니까요.

김민웅 그렇게 정치적 논의가 전개되는 한편 촛불시민의 힘이 탄핵국면으로 전체 상황을 전환시킨 거지요. 그게 국회 내 탄핵 찬성표에 영향을 미쳤고요.

추미애 촛불시민의 힘이 없었으면 결코 이룰 수 없는 논의였고 결정이었지요. 그런데 언론이 제가 형사책임을 묻지 않기로 야합했다고 난리치고 뉴스를 키우는 바람에 모두 제 입을 주목하게 되었어요. 제가 그게 아니라 '행상책임'으로 탄핵 논거를 충분히 갖추고 있다고 제대로 설명하고 이를 알리게 되었지요. 헌법재판소에도 탄핵 근거에 대한 신호를 보낸 셈이었고요. 그러니 촛불시민이 이번에는 헌법재판소를 압박하기 시작하는 거예요. 참 절묘했어요.

김민웅 지금은 그때의 과정이 아주 논리적으로 이어지지만, 당시로서는 뭐 하나도 확실하게 예상할 수 없는 상황이었어요.

추미애 그렇지요. 지금은 결과만 남아서 당연히 그런 과정을 밟아서 되었다는 식의 서사가 생겼지만 그때는 아니었어요. 그 당시저는 잠을 잔 적이 거의 없었어요. 사람이 이렇게 안 자도 죽지 않는다는 것을 처음 알았어요. 참모들도 똑같았고요. 새벽 한두 시에전화해도 벨 한 번 울리면 바로 받았어요. 다들 안 자고 있었던 거지요. 눈물이 흐르는 시간이었어요. 정권을 놓친 죄가 크다, 선거결과에 따라 정권을 주고받는 게 민주주의라고 가볍게 생각한 죄가 너무 무겁다면서 할 말이 없었던 거예요.

## 직접 민주주의의 힘

김민웅 그런데 얼마 전 최장집 교수가 촛불은 혁명이 아니라면서 도리어 민주주의를 위기에 몰아넣었다고 말했어요. 정당 간의정권교체가 민주주의인데 어느 정당이 오래 집권하려는 것도 문제라고 말이지요.

추미애 촛불에 대한 모욕입니다. 정당이 제 역할을 하지 못할 때직접 민주주의의 힘이 일어나는 것이고 그게 정당정치의 수준을한껏 높여준다는 것을 못 보시는 겁니다. 촛불은 혁명이고 그 힘은계속 진화하면서 미래를 위한 근거가 되고 있어요. 촛불혁명이 우리 민주주의를 구하고 있는 거지요. 이걸 망각하는 순간, 어떤 정당 어떤 정권도 존립 근거를 잃게 됩니다. 특권세력, 적폐세력은 촛불혁명을 끊임없이 왜소화시키고 악담을 퍼붓고 그 역사적 가치를 없애려 하지만 자기들이 도리어 그 힘에 의해 패배하게 될 겁니다.

김민웅 게다가 민주세력이 파시스트 세력에 의해 정권교체를 당하는 것은 도리어 민주주의에 파국적 위기를 가져오지요. 직접 민주주의의 동력과 연결되지 못한 정당은 정치적 생명력이 고갈되기도 하고 자기들끼리의 귀족주의적 과두정치에 몰두하게 됩니다. 타락하는 거지요. 촛불혁명과 만나는 정치, 그게 시대정신이고 우리의 미래 과제를 풀어나가는 출발점이라고 봐요. 자, 그럼 이제 계엄발동과 쿠데타 이야기를 해볼까요?

추미애 어느 날 다급한 전화가 왔어요. 모처에서 듣게 된 정보라며 계엄령을 발동할 것 같다는 거예요. 보좌진에게 확인하게 하고 여러 이야기를 종합해보니 상당히 신빙성이 있었어요. 온몸에 소름이 돋더라고요. 어떻게든 막아야 한다, 다른 사람에게 이야기해봐야 유언비어라고 공격받을 테고 당대표로서 공식적인 위치에 있으니 내가 나설 수밖에 없다, 그런데 이건 어느 정도 반격을 감수해야 한다, 마음 단단히 먹고 하지 않으면 위험하겠다는 생각이 들었어요. 왜냐하면 촛불광장에 모인 시민은 그 숫자가 점점 늘어나 3만여 명이 30만여 명이 되고 100만여 명이 되었으니 실제로 군대가 진압하러 나온다면 일이 어떻게 전개될지 뻔하지 않겠어요? 그래서 최고위에서 큰 용기를 내어 상황을 공개했어요. 아니나 다룰까 보수여당 쪽에서는 유언비어라면서 난리가 났지요. 거세게 반응하는 걸 보니 사실이었다고 직감했습니다. 세월이 지나 이제는 계엄령 실행계획에 대한 문건이 나왔고 김무성 의원의 계엄령 검토 증언까지 나왔잖아요. 돌아보면 저도 모르게 정말 기민하게 움직인 셈이었어요. 하나하나 숨차게 돌아갔던 시간이었습니다.

김민웅 그야말로 절체절명의 순간이었습니다. 이명박·박근혜 정부의 10년 세월 속에서 민주주의가 후퇴하고 있다고 여겼지만, 밑바닥에서는 도리어 민주주의에 대한 욕구가 힘차게 자라고 있었다는 걸 보게 된 겁니다. 2008년 광우병 반대 시위는 촛불혁명의 리허설 같은 상황이었고 그 후 민주주의가 파괴되는 현실과 끊임없이 마주하면서 2016년 촛불혁명이 이루어졌습니다. 그야말로 평화로운 혁명이고 세계사에서 빛나는 역사의 순간이었습니다.

추미애 그렇지요. 그 역사적 의미를 두고두고 새길 필요가 있다고 봐요. 정치권의 욕심이 과할 때 혁명은 실패하거나 손상당해요. 그런데 촛불혁명은 아름다운 시민혁명이 성공할 수 있도록 정치권을 자제시키고 관리했어요. 정치권의 욕망을 꽉 붙잡고 있었던 거지요. 정치권이 자기 욕망에 빠지면 촛불민심에게 혼난다는 사실이 증명된 거예요. 마지막에 정치권은 탄핵 관련 일정을 두고 티격태격하다가 촛불시민에게 혼났지요. 그렇게 국민들이 승리했습니다.

김민웅 이 과정을 겪으면서 정치인 추미애는 어떻게 변해갔나요?

추미애 역사를 마주한 민심을 받드는 정치가 최선이라는 걸 다시 한번 깨달았습니다. 촛불혁명이 성공하지 못했다면 끔찍한 상황이 벌어지지 않았겠어요? 군사독재로 성장한 세력과 그 후예들에게 촛불시민은 단지 진압대상이었습니다. 수백만이 나와 있으니 겉으로는 강하게 보여도 총칼 앞에는 연약하다고 본 거지요. 역사에서는 저항이 승리로 이어지지 못했을 때가 많았어요. 졌다면 거기에 몰아칠 광풍은 상상을 초월했을 겁니다. 촛불혁명은 그가 누구든 어떤 정치인의 이해타산의 대상이거나 거래와 타협의 대상이 아니에요. 그 정신을 도용하는 것도 용납할 수 없고요. 시민사회와 종교단체에서 저를 찾아와 응원도 해주시고 촛불민심을 배신하면 안 된다고 혼도 내셨어요. "사심 없이 하겠습니다, 죽을 각오로 하겠습니다, 믿어주세요"라고 거듭거듭 말했어요. 말로는 뭘 못하겠어요. 행동이 중요하지요. 촛불시민은 그렇게 행동했잖아요. 촛불혁명은 21세기 우리 정치사의 깃발입니다.

김민웅 정치인 추미애는 그렇게 역사의 광장에서 촛불혁명과 만나게 됩니다. 추미애의 미래정치는 그 정신으로 새롭게 다져지고 진화하게 되는 것 같습니다.

추미애 그렇게 말씀해주시니 힘이 나네요. 아직도 부끄럽습니다. 촛불혁명의 정신을 정말 제 몸에 온통 체화시켜 정치를 하는지 돌아보게 돼요.

김민웅 역사에 대한 책임과 의리는 매우 중요합니다.

추미애 네, 촛불의 역사적 소명을 시대정신으로 삼고자 했습니다.

김민웅  우리 역사는 불의한 현실을 만나면 민중이 뭉쳐서 저항함으로써 민중 스스로가 민중을 지키는 민주주의 정치를 일찍이 역사 속에서 실천하며 경험해왔습니다. 그것이 오늘날 시민 민주주의의 토대가 된 것이고요.

추미애  동학운동이 그러했고 그 거대한 역사적 줄기 속에 촛불이 있었던 것입니다. 민주주의의 위기는 곧 민생의 위기이고 민주주의 투쟁은 곧 민생을 지키는 투쟁이었습니다. 우리 국민은 외세와 정치군인도 물리쳤고, 권력자들의 부정부패와 비리에도 단호히 맞서왔지요. 민주주의를 지키려고 일어선 것은 결국 온전한 민생을 지켜내기 위한 투쟁이었다고 볼 수 있어요. 여기에는 단순히 내 삶, 내 가족의 삶뿐만 아니라 우리 공동체, 우리나라에 대한 절절한 걱정과 연대의식이 있었기에 가능한 것이었지요.

김민웅  맞습니다. 그런 흐름에서 촛불의 명령을 이은 문재인 정부는 일찌감치 권력기관 개혁을 진행해왔습니다. 민주주의 투쟁을 통해서 더 이상 정치군인이 발붙일 수 없게 되었고, 국정원이나 경찰도 과거의 독점적인 권한을 내려놓게 되었습니다. 남아 있는 문제는 결국 검찰이었습니다. 검찰은 촛불개혁 과정에서는 일시적으로 국민의 뜻에 따르는 것처럼 보였지만, 민주주의와 기본권을 억압해온 조직의 체질을 여전히 버리지 못하고 있습니다. 그래서 검찰개혁은 문재인 정부 내내 최대의 화두로 떠오르게 됩니다.

추미애  촛불시민이 만들어낸 문재인 정부로서는 반드시 해결해야 될 과제인 거지요.

김민웅  문재인 대통령과의 인연이 궁금합니다.

## 문재인과 추미애의 인연

추미애  문재인 대통령은 2012년 대선후보 경선과정에서 만나게
되었습니다. 그때 제가 '민주통합당 대선후보 경선준비 기획단장'
이었는데 경선 규칙을 정하려고 후보들 의견을 듣기 위해 한 분씩
만나게 돼요. 손학규·문재인·정세균 세 후보 중에 문재인 후보를
가장 마지막에 만났어요. 문재인 후보는 선하고 지성이 넘치는 온
화한 풍모셨지요. 수고 많다고 덕담을 먼저 건네시더라고요. 그러
면서 본인은 어떤 규칙이라도 상관없다, 당이 하나로 모였으면 좋
겠다고 하시면서 경선 과정에서 서로 상처되는 말을 주고받게 되
면 응어리지지 않을까 염려를 많이 하셨어요.

김민웅  어떤 규칙이라도 좋다고 말씀하셨다고요?

추미애  네, "반민주 세력에게 또다시 정권을 내준다면 불행한
일 아닙니까"라고 결의에 차서 말씀하셨어요. 내부 논란과 분열을
걱정하시면서 "당내 경선이 자칫 네거티브로 흐르면 본선보다 힘
들어집니다. 오히려 본선에서는 국민들도 이명박 정권을 끝내야
한다고 생각할 것이기 때문에 단합이 될 수 있어요. 잡음 없이 당
내 경선을 치르는 것이 매우 중요합니다. 그러니 경선 규칙에 대해
서는 당에 모두 일임하겠습니다"라고 말씀하셨어요. 통 크고 대범
한 모습을 보여주셨지요.

김민웅  2012년 대선 당시 역할은 무엇이었나요?

추미애 국민통합위원장이었습니다. 당시에 캠프가 여러 갈래로 나뉘어져 있었는데 그러다 보니 국민 통합이 대단히 중요한 사안이었고 문재인 후보가 직접 국민통합위원장에 윤여준 전 장관 등 보수 쪽에서 건너오신 분들도 공동으로 참여시키자고 했습니다. 저는 유세 일정을 짜서 전국 유세를 다녔습니다.

김민웅 그렇지만 2012년 대선이 안타깝게 패배로 끝나지요.

추미애 선거운동 마지막 날까지 밤늦게 유세를 마치고 기진맥진해서 서울로 올라왔는데, 결국 패배결과를 보고 실망이 컸지요. 그때 우리 쪽 패착이 뭐냐 하면 선거를 지휘해야 할 당의 중심이 흔들린 거예요. 마지막에 당 안팎에서 문재인·안철수 후보단일화를 위해 지도부 총사퇴를 해달라고 했어요. 그 당시 이해찬 대표와 제가 최고위원이었는데, 지도부 전원 사퇴를 하게 되니까 당이 선거지원을 제대로 못 하는 거예요. 제가 국민통합위원장이 되어 전국을 다녀보니 공조직은 대부분 팔짱만 끼고 있더라고요. 매우 안타까웠습니다. 선거에서는 당 중심으로 당원과 지지자가 후보를 알리고, 일사분란하게 움직이는 것이 절대적으로 중요하다는 것을 절감한 거지요. 2018년에 문재인 대통령께서 이해찬 대표가 중간에 사퇴해서 2012년 선거에 패배했다고 말씀하시기도 했어요. 그만큼 당의 중심을 바로 세우는 것이 매우 중요했던 것입니다.

김민웅 2017년도 대선에서 당 중심 선거를 치러낸 이유가 그런 뼈아픈 경험에서 우러나온 것이군요.

추미애 2012년의 경험이 큰 교훈이 되었지요. 박근혜 대통령 탄핵으로 조기대선을 치르게 되어 선거 준비기간이 짧았던 상황에 차질 없이 정권교체를 완수해야 하는 막중한 입장이었습니다. 그럼에도 처음부터 끝까지 당 중심 선거를 실현해냈어요.

김민웅 2012년과 2017년 대선 사이인 2015년에는 전당대회가 있었습니다. 그때 문재인 후보와 박지원 후보의 대결이 첨예했지요. 그 선거가 끝나고 지명직 최고위원이 누가 되는지 모두 궁금해했는데, 당대표로 선출된 문재인 대표가 뜻밖에 추미애 의원을 지명직 최고위원으로 임명하셨어요.

추미애 사실 처음에는 더 좋은 분을 모셨으면 좋겠다고 사양했습니다. 나중에 들어보니 누군가 문재인 대표에게 저를 강력히 추천했다고 해요. "정치를 몇 선을 하는 동안 처음과 같은 자세로 변하지 않는 유일한 사람이 추미애다. 지명직 최고위원을 시키면 상징적인 의미가 클 것 같다. 여성으로서 통합과 개혁의 이미지가 있고, 여러 세력을 하나로 아우를 수 있는 상징성을 갖고 있다"는 이유였다고 들었어요. 과분한 추천이었습니다. 그래서 저도 선거에서 진 후 생겨난 패배주의를 극복하고 당의 분열을 막기 위해, 반드시 문 대표를 도와서 다음 대선에서 이기겠다는 각오를 세우고 최고위원 지명을 따르게 되었습니다.


## 온라인으로 대거 입당한 시민들

김민웅 당시 상황을 돌이켜보면 문재인 대표 시절 최고위가 참 만만치 않았어요. 문재인·안철수의 대결 구도가 최고위에 녹아들어서 갈등이 표면화되었고 대립했던 광경이 생각납니다. 문재인 대표가 참 힘들었던 시간이었습니다.

추미애 2015년 2월 문재인 대표 체제가 출범한 지 두 달 만에 전국 네 곳에서 국회의원 보궐선거가 있었어요. 결과는 모두 완패였지요. 그러자 반당권파가 대표에게 물러나라고 흔들기 시작했어요. 어찌 보면 민주당에선 늘 반복되던 풍경이었어요. 재보궐선거에서 패배하면 당 지도부가 물러나고 비대위가 구성되고 당은 분열되거나 오합지졸이 되곤 했지요. 선거 패배 직후 비상최고위원회를 열었어요. 선거 패배에 대한 대국민 사과와 수습을 논의하는 자리였지요. 그 자리에서 지도체제를 와해하는 방식이 아니라 현 지도부가 책임지고 당을 혁신하고 쇄신하자는 방향으로 의견을 모았어요. 심기일전하자며 결의를 다지고 다음 날 아침 회의에 갔더니 원내대표는 나오지도 않았고, 수석최고위원은 공개적으로 대표 사퇴를 주장하는 황당한 장면이 연출되었지요.

김민웅 당시 정청래 최고위원이 대표사퇴 주장을 반박하고 주승용 최고위원이 회의장을 박차고 나갔어요. 난리도 아니었지요. 특히 당 혁신 문제를 두고 안철수 의원 쪽에서 문재인 대표 사퇴를 더욱 거세게 요구하고, 갈등이 최고조로 달하던 시점이었습니다. 아마도 김종인 비대위원장이 오기 직전까지였던가요?

추미애 당원과 국민이 민주적인 절차를 거쳐 당대표를 뽑았다고 하더라도 정치적인 이해관계가 일치하지 않으면 인정하지 않으려는 태도의 극치였던 것 같아요. 그런 태도가 더불어민주당을 패배에 익숙한 만년 야당으로 만들어버리는 쪽으로 가게 한 거지요. 두 번이나 대선에서 졌고, 국민은 당내 갈등에 염증을 내던 시기였습니다. 그런데 그때 나타난 것이 온라인 당원이었어요.

김민웅 당원 중심으로 돌아가는 당의 시작이었던 것으로 기억합니다.

추미애 네, 온라인으로 당원 가입이 가능해지자 수십만 명의 당원이 일거에 입당하는 일이 벌어진 거예요. 우리 정당사에 유례가 없는 일이었어요. 이렇게 들어온 당원들은 당원과 국민이 정당한 절차를 거쳐 선출한 당대표를 왜 자꾸 흔드느냐, 유력한 대선주자이기도 한 당대표를 무슨 이유로 흔드는 것이냐며 강력하게 항의했습니다. 이런 분위기에서 문재인 대표께서도 당 안팎의 사퇴 요구에 대해 당 혁신으로 돌파구를 찾았어요. 민주적이고 통합적인 당 운영을 위해 계파를 청산하고 갈등을 줄여나가는 쇄신책을 전면에 내걸었지요. 김상곤·조국 등 외부 인사가 주축이 되고 온라인 당원은 물론이고 당원권의 획기적인 확대, 권역별 최고위원제 등이 혁신안의 골자였어요.

김민웅 계파에 휘둘리는 당 최고 결정기구가 더는 정당 민주주의를 훼손하지 못하게 하는 방식을 강구한 방향 전환이었습니다.

추미애 그렇습니다. 그러나 당 쇄신안을 발표한 후에도 반대파들은 당대표 퇴진을 계속 요구했지요. 김한길·안철수 의원 쪽에서 지속적으로요. 그래서 문 대표가 그 과정에서 김종인 전 의원을 비대위원장으로 모시고 오겠다며 최고위원들에게 양해를 구했어요. 저는 문 대표를 언제나 엄호해왔지만 그 사안에 대해서는 반대했어요.

김민웅 왜요?

추미애 노무현 대통령 탄핵 당시 김종인 전 의원이 더불어민주당에 와서 당 지도부에게 대통령 탄핵 논리를 제공했어요. 이건 법률적으로 탄핵이 가능하고 헌재에서 이길 수 있다는 확신을 심어준 사람이라는 걸 알고 있었기 때문이었죠.

김민웅 아, 그랬군요. 당이 시끄러우니까 문재인 대통령이 메기 한 마리를 풀어놓으신 거 아니었을까요? 어항에 갇혀 시들시들하던 물고기들이 메기 한 마리 나타나면 갑자기 살길 찾아 바빠지게 되니까요.

추미애 하하, 그럴 수도 있었겠네요. 아무튼 이미 문재인 대표는 결심이 선 상태였기 때문에 제가 반대 의사를 표한다 해서 철회하실 것 같지 않았어요. 결국 김종인 전 의원이 과거에 탄핵 논리를 제공했더라도 추천세력이 더 많았기 때문에 비대위원장을 맡게 된 거지요.

## 5선 여성 정치인의 당대표 도전

김민웅 김종인 전 의원은 일종의 정치기술자로 영입된 셈이었다고 봅니다. 고장난 곳을 잠시 수리하고 떠나가는 거지요. 그 이상의 힘을 발휘하려 들면 당에 파괴적인 영향을 미쳤을 거라고 봅니다. 그런 상황을 겪으면서 장관님은 2016년 총선에서 당선해 여성 최초로 지역구 5선 국회의원이 되셨지요.

추미애 저는 2016년 총선에서 제 나름의 결심이 있었어요. 5선 국회의원이 되는 동안 정치를 하면서 중단 없는 개혁을 외치고, 거기서 내가 흐트러진 적이 없는데 아직도 우리는 집권을 하지 못하고 있는 상황이다. 그러니 나는 당대표에 도전해야겠다고 결심하고 총선에 매진했습니다.

김민웅 총선 때 이미 그런 생각을 하고 선거에 임했던 거군요. 김종인 위원장 문제로 문재인 후보와 이후 껄끄러워지지는 않았나요?

추미애 아니오, 그렇지 않았어요. 제가 5선 국회의원으로 당선되고 난 후에 문 후보께서 축하 전화를 주셨어요. 그때 제가 "이제 5선이 되었고 무엇보다 정권교체와 당을 위해 헌신하고 싶습니다"라고 뜻을 밝혔지요. 여러 이야기를 나누다가 제가 "우리가 이기는 대선을 만들기 위해 당대표에 출마하고 싶습니다"라고 심중을 내비쳤습니다.

김민웅 당대표 선거에서 문재인 후보의 지지를 요청한 건가요?

추미애 그걸 직접적으로 말씀드리지는 못했지요. 대선 승리의 의지만 밝힌 거고요. 그런데 나중에 들으니 전국을 다니시면서 제 이야기를 해주셨다는 걸 알게 되었어요. 지방에 어느 누구를 만나면 "누가 당대표로서 바람직한지 우리 당의 미래를 한번 생각해보십시오"라고 말씀해주셨다는 걸 전해 듣고 정말 감사했어요.

김민웅 그런 인연들이 계속 쌓여 2017년 대선에서 당 지휘부를 맡아 임했고 문재인 정부가 탄생하고, 이후 법무부장관에 임명되신 거네요.

추미애  제가 법무부장관으로 지명될 때도 참 많은 고민을 했습니다. 그때 들었던 생각은 검찰개혁은 촛불시민의 명령이었고, 문재인 정부가 반드시 해내야 할 숙제이니 누군가 해야 한다면 맡아야겠다고 마음먹었습니다. 저와 문재인 대통령은 촛불에 대한 동반책임자라고도 할 수 있어요. 저는 촛불개혁을 약속한 제1야당 대표였고, 문재인 대통령은 촛불정부의 대통령이니까요.

김민웅  촛불혁명의 명령에 따르는 것, 그게 추미애 정치의 일관된 핵심이다, 그런 거지요?

추미애  네, 그렇습니다. 촛불개혁은 이번 정부뿐만 아니라 다음 정부에서도 이어져야 한다고 생각합니다. 21대 국회에서 국민께서 압도적인 의석수로 더불어민주당을 밀어주신 것은 지치지 말고 개혁하라는 국민의 뜻이라고 봅니다. 이번 정부와 다음 정부를 잇는 개혁의 가교를 마련해주신 거지요. 더불어민주당은 이런 국민의 뜻을 오인하거나 폄하하면 안 될 것입니다.

김민웅  개혁전선의 집결, 이게 더불어민주당이 내놓아야 할 답일 것입니다.

# 제6장
# 정치검찰과의 전쟁

"언론과 정치권은 승부에 내기를 걸었지만
그것은 제 관심 밖이었습니다.
저는 누구를 상대로 이기고 지는 것에
저를 걸지 않습니다. 초지일관 무엇이 옳고
그르냐의 문제에 저의 소신을 분명히 하고
책임을 다할 뿐입니다."

## 거부할 수 없었던 법무부장관직

**김민웅** 문재인 정부는 검찰개혁을 국정의 우선순위로 삼았습니다. 가장 중요한 과제라고 할 수 있습니다. 조국 전 장관이 검찰개혁에 시동을 걸었으나 윤석열 검찰의 공격으로 중도 하차했습니다. 파란이 일었지요. 그다음을 누가 맡느냐는 논란이 분분했습니다. 그 일이 나에게 올 수도 있겠다는 직감이 들지 않으셨나요?

**추미애** 왜 들지 않았겠어요? 문 대통령이 과거 당내 분열이 극심할 때 지명직 최고위원으로 일해달라 하시자 응했던 것처럼 거부하지 못할 것 같다는 생각이 들었어요. 저에게 주어진 사명이라는 생각도 했고요.

**김민웅** 조국 전 장관이 혹독하게 당하는 걸 보셨잖아요. 두렵지 않던가요?

**추미애** 그러지는 않았어요. 조국 전 장관은 정치적 검증의 판에 처음 올랐지만, 저는 정치를 꽤 오래 했고 웬만한 건 이미 다 노출되었으니까요. 특별한 게 뭐 있겠나 싶었어요. 신상은 걱정할 게 없었고, 청와대에 수락 의사를 밝히면 사전 확인 절차가 있으니 그리 큰 걱정은 하지 않았어요. 설사 문제를 제기한다고 해도 충분히 이해시킬 수 있다고 봤지요.

**김민웅** 당대표까지 했는데 총리도 아니고 법무부장관이라니, 혹시 정치적 위상이나 자존심이 걸리지 않던가요?

**추미애** 그런 마음은 없었어요. 그런데 제안하는 쪽에서는 그런 생각을 한 것 같습니다. 그래서 청와대에서 직접 제안하지 못하고 이해찬 대표를 통해 장관을 맡아달라는 제안이 왔어요. 저는 어떤 역할이든 제대로 할 수 있는지가 더 중요했지요. 어떤 제도를 뿌리 내리기까지는 10년 넘게 걸릴 수도 있다고 생각했어요. '재조산하'(再造山河, 나라를 다시 만들다)라는 말처럼 개혁정치가 그냥 쉽게 되는 게 아니잖아요. 시행착오를 겪더라도 연속성을 만들어내는 것이 너무나 중요하다고 봤어요. 과거처럼 누가 흔든다고 사람들이 분열하거나 불안해하지 않도록 말이지요. 문재인 정부의 성공은 그런 점에서 굉장히 중요한데, 조국 전 장관 이후 누가 법무부장관을 맡아야 할지, 그 대안이 잘 보이지 않는 상황이었어요. 조국 전 장관에 대한 검찰의 태도와 이후 심각해지는 상황을 보며 이건 개혁에 대한 저항이라고 판단했어요. 이해찬 대표도 저와 생각이 같았습니다.

김민웅 그렇게 시작되었군요. 제안을 수락하며 내가 최선을 다할 테니, 대신 이렇게 저렇게 해줬으면 좋겠다는 이야기가 오갔나요?

추미애 그런 조건은 없었어요. 아까 말씀하신 것처럼 다들 같은 마음이었어요. 걱정이 컸지요. 지인부터 가족까지 온갖 비난과 음해의 대상이 될 수 있다는 것이 제일 큰 우려였어요. 제가 검증받은 정치인이라고 해도 검찰은 일단 무엇이든 꼬투리를 잡아 문제를 터뜨려놓고 몰아붙이니까요. 하루는 아이들이 "검찰과 언론이 조국 장관님에게 하는 것을 봐도 알 수 있잖아요. 엄마가 아무리 당당하고 떳떳하다 하지만 결국 괴롭힘당하는 건 우리예요"라고 항변하더라고요. "우리는 엄마와 달리 정치하는 사람이 아니잖아요. 엄마는 이겨낼 수 있다 할지 모르지만 우리는 사람들 입에 이름 석 자가 오르내리고 우리 존재가 드러나는 것 자체가 싫어요"라고 했어요.

김민웅 마음이 약해지던가요?

추미애 힘들었습니다.

김민웅 청문회 과정을 살펴볼까요? 많이 준비하셨을 텐데, 기분이 어떠셨나요?

추미애 긴장이 좀 되었지요. 공기 자체가 적대적이었어요. 싸한 공기를 느꼈습니다.

김민웅 살살 해주지 않을 기세였군요. 아무래도 검찰개혁을 책임질 법무부장관이니 말이지요.

추미애 그렇지요. 법사위 자체가 최전선 같았어요. 1년 내내 공수처법을 통과시키고, 검경수사권 조정을 위한 형사소송법 개정안을 내놓아 협의체를 만들고, 패스트트랙을 지정해 통과시켰던 격전의 현장이었지요.

### '의혹'이라는 이름의 인권유린

김민웅 청문회 과정에서 아들 병역 문제가 불거졌어요. 예상하셨나요?

추미애 전혀 예상하지 못했어요. 병역문제의 경우 대체로 병역이행 여부를 따졌으니까요. 병역기피 사실이 없으니 생각하지도 않았지요. 예상 질문에도 없었고요.

김민웅 어떻게 대응했나요?

추미애 청문회 당일에 관련 질문이 나왔을 때 대수롭지 않게 생각했어요. 준비한 자료 중에 진단서 등 증명할 수 있는 것들이 충분해서 덤덤하게 사실 그대로를 말했지요.

김민웅 그런데 문제가 커졌잖아요. 언론이 대서특필하면서 판이 달라졌어요.

추미애 언론의 테러였어요. 교수님과 대담하는 이 순간에도『문화일보』는 '오후여담'이라는 칼럼(2021. 5. 6)에서 '공인 의식 파탄자들'이라는 제목으로 문재인 정부의 인사정책을 공격하며 "추 장관 아들 탈영의혹"이라고 썼어요. 만기제대한 아들에게 탈영이라 하니 어처구니가 없죠. '의혹'만 붙이면 빠져나갈 수 있다고 생각하나 봐요. 이건 언론이 아니지요. 테러 그 자체예요.

김민웅 언론이 그야말로 공개처형장이 되어버렸어요. 무허가 재판을 벌이고 낙인찍어 죄인으로 만들어버리는 겁니다. 인권유린도 이런 인권유린이 없습니다. 조국 전 장관의 경우에는 입시 문제, 추미애 장관의 경우에는 군대 문제를 꺼내, 대한민국에서 보통 사람들이 가장 민감하게 느끼는 덫을 놓은 셈이었어요. 병역기피 사실은 없으니까 군대에서 특권을 누렸다는 식으로 부각했지요.

추미애 처음에는 대응할 가치를 못 느꼈어요. 진실이 너무 확실하니까 저러다 말겠지 생각했어요. 문젯거리가 없으니까요. 그런데 언론은 사실에 관심이 없는 거예요. '의혹'이라고 빠져나갈 단어를 붙인 다음 일방적으로 매도하더군요. 공인은 그런 근거 없는 의심도 문제제기 차원에서 받아들여야 한다는 식이었어요.

김민웅 언론이 아니라 정치공작이라고 할 수 있지요. 방향과 목적을 정해놓고 그걸 이루기 위해 모든 수단을 동원하는 겁니다. 이런 식의 언론은 저널리즘의 본령과 완전히 배치됩니다. 언론이 이렇게 타락하고 부패해버린 현실에 대해 깨어 있는 시민들은 분노를 금치 못하고 있어요.

추미애 그 과정에서 누군가는 엄청난 고통을 겪게 되는 거지요. 가장 기본적인 인권이 무너져요. 방어권을 박탈해버리는 건데, 우리 언론의 현실은 그런 점에서 너무나 처참한 지경입니다.

김민웅 그런 적대적 환경을 뚫고 나아가야 했던 거지요. 그런 과정을 거치면서, 미처 예상하지 못했지만 확실히 보게 된 것들이 있다면 무엇일까요?

추미애 언론개혁의 필요성을 뼈저리게 느꼈지요. 언론이 하도 크게 부풀려서 아들 병역 문제를 청문회에서 중요하게 다뤘다고 생각하는 분이 많겠지만, 정작 아들 문제는 청문회 현장에서 큰 문제가 아니었어요. 그보다는 제가 낙선한 후 남은 정치자금을 어떻게 처리했느냐, 횡령한 것 아니냐는 문제가 제기되었어요.

김민웅 그 문제는 어떻게 처리되었나요?

추미애 하도 오래된 일이라 횡령이 아니라고 입증하는 증거를 확보하는 데 애먹었어요. 15~16년 전 일인 데다가 액수가 1억 원이나 되었어요. 하지만 결국 입증해냈습니다. 한국백혈병어린이

재단과 한국심장병재단에 각각 5,000만 원씩 기부했는데 그 증빙 자료를 찾았습니다. 해당 단체에 가서 기부금 영수증을 받아오니까 저를 어떻게 해보려 한 이들이 뻘쭘해졌지요.

김민웅  그런 일은 언론이 보도를 안 해요. 일단 목소리를 크게 해서 상당히 문제가 있는 것처럼 만들어버리는 거지요. 그렇다면 아들 병역 논란은 어떻게 점점 커졌나요?

추미애  청문회 때 그 문제가 본격적으로 제기되었으면 진단서 등으로 다 해명했을 거예요. 그런데 해명할 기회를 안 주는 거지요. 처음에는 그냥 지나가나 보다 했어요. 그런데 청문회가 끝나고 나니까 법사위 간사인 김도읍 의원이 주도하여 자유한국당(현 국민의힘) 이름으로 고발했어요.

김민웅  황당하셨겠어요.

추미애  다 해명된 사안을 고발하니까요. 청문회 때 아들 병역 문제는 가벼운 질문 정도로 나와서 제가 충분히 답변했거든요. 아들이 원래 다리가 아팠고, 군 복무 중에 수술이 필요해서 절차를 밟아 병가를 얻어 치료를 받았다, 그런데 추가치료가 필요한 상황에서 병가 연장이 안 된다고 하니, 방법을 찾아보다가 개인 휴가를 쓰면 된다고 해서 절차대로 추가 치료를 받고 복귀한 뒤 만기 전역했다고 설명하는 것으로 끝났어요. 그날 본회의에서 공수처법이 통과됩니다. 그러니까 청문회가 진행되는 저녁 무렵에 공수처법이 통과되고, 별다른 심각한 질문 없이 서로 웃으면서 잘 끝났어요. 그런데 그다음 날 바로 고발 조치를 취한 겁니다.

김민웅 해명이 다 되었는데, 저쪽은 전혀 다른 생각을 하고 있었던 거잖아요.

추미애 고성이 오가지도 않고 큰 한 방 자체도 없었어요. 그때 김도읍 의원이 야당 간사로서 제 검찰개혁 의지를 여러 차례 확인했고, 어차피 자기들이 반대한다고 임명을 막을 수 있는 것도 아니니 그렇게 나온 게 아닌가 싶었어요. 이후의 이야기지만, 법무부장관 재임 때인 2020년 4월에 채널A 사건이 터지면서 검찰이 엄청나게 흔들렸고, 제가 윤석열 검찰총장에 대한 수사지휘권을 발동하자 엄청난 반발이 있었죠. 바로 그런 상황에서 뜬금없이 아들 병역 문제가 재점화된 거예요. 병역 문제의 불씨가 꺼질까봐 계속 들쑤신 거지요.

## 인사혁신과 윤석열의 저항

김민웅 채널A 사건이 터지기 전의 상황도 사실 윤석열 검찰총장의 입장에서는 상당히 불편했던 거 아닌가요?

추미애 그랬을 거예요. 1월에 대검 검사급, 검사장 32명의 인사를 단행했고요. 그때 이른바 '윤석열 사단'이 해체됩니다. 제 개혁조치 가운데 첫 번째가 '검찰 인사 비정상의 정상화'였어요. 김영삼 대통령이 신군부 세력의 중심인 하나회를 척결한 일에 비교할 수 있겠네요. 2019년 여름, 윤석열은 검찰총장이 되자마자 박상기 법무부장관을 제치고 법무부 윤대진 검찰국장과 청와대 비서관을 시켜 기수를 무시하고 자기 쪽 사람들을 초고속 승진시켰습니다. 이른바 특수통 중심으로 검찰을 장악한 인사 전횡을 저지른 것인데, 그 여파로 70여 명이 검찰을 떠났어요. 그래서 '윤석열 사단'이라는 말이 떠돌았던 것입니다. 인사 정상화를 통해 이런 검찰 내 세도정치를 일차적으로 혁파한 거예요. 연달아 2월에는 중간 간부 인사까지 마무리지었어요.

　김민웅　윤석열 총장이 가만 있었을 리 없잖아요.

　추미애　윤 총장은 추 장관이 법무부 인사 내용을 제대로 알 리 없다며 청와대를 직접 겨누지요. 윤 총장 측은 추미애는 꼭두각시이고 청와대가 배후 조정자라고 판단한 것이 한동훈 검사장의 녹취록에도 드러나지요. 인사발표 며칠 후인 1월 10일 검찰은 청와대를 압수수색해요. 청와대의 울산시장 선거개입 의혹수사를 한다며 대통령이 집무를 보는 청와대 여민관의 자치발권 비서관실에 영장집행을 시도했다가 8시간 만에 철수하는 수사활극을 벌였지요. 얼마나 기가 막힌 일인가요. 저는 인사 정상화를 위해 사전에 치밀하게 조사하고 연구해서 인사 조처했어요. 윤 총장은 청와대 압수수색 이후 곧바로 제 아들 병역 문제를 수사하기 시작했다고 언론에 흘립니다. 그런데 수사할 게 없거든요. 수사에 착수했으면 진단서를 보자고 하는 등의 조사과정이 있게 마련인데, 검찰이 실제로 진단서를 본 때가 8월이에요. 인사에 불만을 품은 윤석열 총장이 저를 겁박하고 여론을 조작하느라 언론 플레이를 했다고 밖에는 볼 수 없지요.

　김민웅　인사는 어떻게 한 겁니까?

추미애 검사장급 인사가 제일 중요하고, 그다음 고검 검사급 인사를 하지요. 평검사 인사는 법적으로 일정이 정해져 있어요. 2월 첫째 주 월요일에 부임할 수 있도록 해야 하고, 그 10일 전에 인사안을 발표해야 합니다.

김민웅 검찰개혁을 바라는 이들은 검찰의 지휘체계가 정상화될 것이라고 기대했지요. 하지만 청와대 압수수색, 추 장관 아들 병역 문제가 재점화되는 등 개혁에 저항하는 반격이 이어졌습니다.

추미애 2월에 청와대가 관련되어 있다면서 울산시장 선거개입 의혹사건을 만들고, 이어 유시민 노무현재단 이사장이 연루되어 있다면서 2020년 4·15 총선을 앞두고 신라젠 사건을 터뜨립니다. 한마디로 검찰이 정치공작을 했던 겁니다. 그에 더해 라임 사건을 수사하면서도 청와대 고위직과 여권 정치인들을 엮으려고 했던 것이 한참 후에 김봉현 전 스타모빌리티 회장의 진술로 다 드러나지요. 검찰이 수용자를 압박하고 회유해 사건을 어떻게 조작했는지 말입니다. 검사 술접대 사건이 폭로되었지만 연루된 검사들을 아무 문제 없는 것처럼 처리한 것과는 상반되지요. 『뉴스타파』의 심인보·김경래 기자가 쓴 『죄수와 검사』를 읽어보면 검사들이 사건을 어떻게 조작하는지 자세히 나와요. 당하는 쪽에서는 지옥이지요.

김민웅 그때 검찰이 누구를 특정해서 겨냥했던 건가요?

추미애 라임 사건에서는 강기정 수석을 겨냥했고, 옵티머스사건에서는 임종석 실장을 겨냥했지요.

김민웅 정리하면 법무부장관으로 취임해 인사를 통해 검찰의 지휘체계를 정상화하자 반격이 계속되었던 상황이네요. 지휘체계의 정상화는 결국 인사에서 나오니까요. 조국 전 장관 때도 윤석열 검찰총장이 지휘체계를 교란해 장관을 흔들고 정치검찰의 결속을 다졌지요. 이른바 '검찰의 난' '검란' '검찰 쿠데타'라고 할 수 있는 움직임이 있었습니다. 군대의 쿠데타와는 달리 법과 제도의 영역 안에서 이뤄지기 때문에 일상에서 잘 감지되지 않아 '조용한 쿠데타'(Silent Coup)라고 불리기도 하는데, 국가권력의 핵심을 자신들이 장악하겠다는 거지요. 심지어 대통령까지 제압하는 방식을 취합니다. 이를 민주적으로 통제하는 지휘체계를 확립해나가는 것이 검찰개혁의 핵심과제라고 봅니다. 윤석열 총장의 대선 등판은 검찰의 쿠데타를 정치적으로 완결하겠다는 수순으로 판단됩니다. 이를 한국 사회의 지배 카르텔이 합심해 밀고 있고요. 법무부장관 임명 직후부터 이런 엄중한 현실을 인식하셨다고 알고 있는데, 주변 사람들의 판단은 어떠했나요? 간극이 있지는 않았나요?

## 비정상의 정상화

추미애 주변에서는 다들 그리 심각하게 생각하지 않았던 것 같아요. 검경수사권 조정안과 공수처법이 통과되었고 입법부가 후속 조치도 거의 해결했기 때문에 검찰개혁은 물 흐르듯이 진행될 것이라고 편하게 생각한 것 같아요.

김민웅 상당히 안이한 판단이었지요.

추미애 그랬어요. 제가 취임하고 보니까 국민이 바라는 수준의 개혁에 동의하는 검사가 법무부 안에 다섯 명 정도 될까 싶더라고요. 검사마다 현실인식의 차이도 있고, 무엇보다 사건을 처리하느라 바쁘니까 이런 문제를 깊이 생각해볼 마음의 여유가 없었던 거예요. 늘 해오던 대로 해왔고 특별히 잘못한 것도 없는데 왜 수사권을 경찰에 넘기라는 건지 이해를 못 하더군요. 정치적으로 합의했다니까 불만이 있더라도 그래야 되는구나 하는 정도였다고 할까요. 특수통 라인의 윤석열 사단이 요직을 독점하고 있었기 때문에 나머지 검사들은 검찰의 역할을 깊이 성찰하기가 어려웠던 거예요.

김민웅 검찰개혁이라는 무거운 과제를 개혁에 동참하는 검사 몇몇과 함께 밀고 나갈 수밖에 없었던 내부사정이 있었군요.

추미애 검찰권 남용에 대한 국민의 불만이 굉장히 높은 상황에서 국회가 법을 제정하기까지 했는데, 정작 개혁 주체가 되어야 할 검찰은 뭘 잘못했는지, 앞으로 어떻게 해야 하는지 등에 대한 문제의식이 없었던 거지요. 위에서 정해지면 그냥 따라가는 식이니까요. 검찰조직의 특성상 또 그럴 수밖에 없고요. 조국 전 장관 사건과 법무부장관 사퇴에 관한 왜곡도 심각했어요. 조국 전 장관이 당시 상황에 몰려 아무것도 못하고 나간 게 아니라 개혁에 관한 중요한 몇몇 지점은 분명하게 혁파했단 말이에요. 그런 과정에 화살받이가 된 사람들이 5명 있었어요. 윤 사단은 이들을 '검찰 배신

오적'이라고 조롱하며 여러모로 힘들게 했어요.

김민웅  그런 조직을 지휘한다는 게 쉽지 않았을 것 같습니다.

추미애  그럼요. 게다가 법무부차관은 고검장급 중에서 가장 말석이 해왔어요.

김민웅  그래요? 몰랐습니다. 고검장급 중에서 제일 높은 위치가 차관이라고 알고 있었네요. 그러면 대검 쪽에서 차관 정도는 우습게 보았겠네요.

추미애  그러니 법무부차관이 장관의 뜻을 전해도 말발이 먹히지 않아요. 법무부차관 정도는 국회에 가서 검찰 조직의 이해를 대변해주는 역할 정도로 생각한 겁니다.

김민웅  심각한 상황이었군요.

추미애  그렇습니다. 그런데다 법무부장관도 검찰 출신이 아니니 더더욱 저항하는 거지요.

김민웅  장관 바로 아래 차관을 바라보는 시선 자체가 그랬군요. 검찰 쪽은 수도 많으니 애초부터 판이 기울어져 있었던 거네요. 윤석열 총장이 "총장은 법무부장관의 부하가 아니다"라고 말한 데에는 그런 사정이 깔려 있었던 거군요.

추미애  맞아요. 제가 그런 자리에 들어간 거예요. 어떤 의미에서는 호랑이 굴에 들어간 겁니다. 조국 전 장관 사퇴 후 장관대행을 했던 김오수 차관(현 검찰총장)을 처음 만났을 때 보니 입술이 부르터 있었어요. 온갖 압박을 받아오면서 시달린 탓이지요. 제가 열흘 정도 진두지휘하니까 좀 나아지더라고요. 얼마나 힘들었을지 알겠더군요. 최전방에서 지휘관으로 노출되어 화살받이가 된 걸 온몸으로 증명한 겁니다. 나중에 제가 눈치채고, "김오수 차관님, 이제는 얼굴이 좋아보이십니다. 저한테 다 맡겨두시니 좀 편해지신 모양이에요" 하니까 겸연쩍어하시더라고요.

김민웅 김오수 차관에게는 검찰이 친정인데 그에 반하는 개혁임무를 맡았지요. 그런데 검사들이 자신의 지시는 따르지 않고 사방에서 난리를 쳤을 테니 오죽했겠습니까. 그런 상황에서 인사조처를 취하니까 SNS에서 시민들은 '추풍낙열'(추풍낙엽+윤석열의 '열'의 합성어)이라 했고 언론은 '윤 죽이기'라고 비난했던 것 같습니다.

추미애 윤 사단을 겨냥한 인사라거나 '윤 죽이기'라는 건 어폐가 있는 프레임이죠. 특수부가 주요보직을 독식하던 구조를 형사부와 균형을 맞추겠다는 원칙을 반영한 결과 윤 사단이 차지했던 영역을 나누게 되니 그렇게 보인 것이죠. 그만큼 그들이 요직을 독식해왔다는 방증입니다.

김민웅 나름대로 인사 원칙이 있었을 것 아닙니까?

추미애 '비정상의 정상화'였습니다. 구체적으로는 특수부 중심에서 벗어나 형사공판부 우대정책을 펴겠다고 밝혔어요. 인사의 기조를 새롭게 정립하겠다고 천명한 것이지요. 실제로 어떤 검사는 자신은 아무 끈이 없는데도 승진이 되었다고 의아해했다고 해요. 이처럼 평가의 객관성을 최대한 확보하려 했습니다. 이를 위해 복무평가를 뒤집어도 보고 똑바로도 보는 등 여러 측면에서 검토

했어요. 그러다 보면 원칙적이고 소신 있다는 평가를 받은 사람이 다른 한편으로는 융통성 없고 화합 안 되고 소통 안 된다는 평가를 받기도 합니다. 보기에 따라 전혀 다르게 판단할 수 있는 거지요. 공안사건을 다루더라도 분위기에 휩쓸리지 않았다는 자료가 있는 사람에게는 길을 열어줘야지요.

김민웅  그러한 인사조정을 통해 지휘체계를 정돈했다고 생각했는데, 도리어 반격당한 상황이 펼쳐졌잖아요? 어떤 생각이 들던가요? 인사조처에 미약했던 부분이 있었던 건가요? 아니면 검찰 자체가 가지고 있던 총체적이고 근본적인 문제가 드러난 건가요?

추미애  한 번에 도려내기에는 검찰 적폐의 뿌리가 너무 깊었습니다. 문재인 대통령이 윤석열을 검찰총장으로 임명하면서 "살아 있는 권력도 수사하라"고 했잖아요. 윤 총장은 그 프레임을 최대한 이용해서 정치검찰의 기득권을 방어하고 도리어 정부를 공격했습니다. 정부는 선출권력이기에 선거에 따라 교체되기도 하지만, 검찰은 선출권력이 아니니 정작 '살아 있는 권력'은 검찰 자신이었던 거지요. 검찰권력을 개혁하고 공정한 수사를 하라고 했더니 칼을 거꾸로 겨눈 겁니다. 대통령도 수사하고 감옥에 보낼 만한 힘을 가진 조직이니 그렇게 하는 건 일도 아니라는 거지요. 수사가 진행 중인 사건에 대해서는 수사팀이 유지되니까, 수사권 남용이 의심되더라도 이미 수사하고 있는 사건에 대해서는 제동이 걸리지 않는 겁니다.

## 뿌리 깊은 적폐의 고리

김민웅 인사조처 후에도 그렇게 반격이 조직화되는 걸 보면, 그러한 방식의 구조개혁은 한계가 있는 것 아니냐는 질문이 나올 수 있어요. 인사개혁은 기대만큼의 효력이 있었나요?

추미애 인사 한 번으로 구조개혁을 다할 수는 없지요. 그러나 법무부장관의 인사권을 제대로 확립한 것이 과거와 다른 차이점이었습니다. 인사권을 민주적 통제 수단으로 확립한 것입니다. 전에는 검찰총장이 인사를 주도하고 장관이 형식적으로 서명했었어요. 그러나 제가 했던 방식은 기준을 세워놓고 그 기준에 맞게 전체적으로 의견을 듣고 최종적으로 장관이 인사에 대한 판단을 내리는 식입니다.

김민웅 인사가 불만인 경우, 사표를 내기도 하잖아요?

추미애 윤석열 총장이 인사를 했을 때는 검사 70여 명이 사표를 냈어요. 그러나 제가 인사했을 때는 사표를 제출한 사람이 거의 없었어요. 이게 무엇을 의미하는 걸까요? 인사불만과 사퇴압박은 윤 총장의 인사결정이 더 컸다는 걸 말해주는 거지요.

김민웅 인사는 결국 정상화로 가는 기초를 잡는 건데 언론은 이게 마치 장관과 검찰총장의 충돌과 갈등인 것처럼 계속 부각시켰어요. 그런데 지금 그 말씀을 들어보면 윤석열 총장의 인사는 그에게 발탁되지 못한 경우, '너 나가라' 하는 메시지가 조직 내부에 관행처럼 받아들여졌던 것이 아닌가 싶어요. 그냥 버티고 있다가는 어떻게 될지 두려웠을 것 같기도 하고요.

추미애 인사는 기준과 명분이 있어야 합니다. 하나회처럼 특수 라인, 특수사단, 사조직처럼 된 경우는 반드시 척결해야 합니다. 그런 조직은 검찰 내부의 권부(權府)가 되는 것이고 전체 조직의 방향과 위신 그리고 역할을 모두 파괴해버려요. 특수부에 유능하고 좋은 검사들도 있지만, 권력형 조직이 되면 그 안에 빨려 들어가버리게 되지요. 윤석열 총장이 조직에 충성한다고 했을 때 그것도 잘 따지고 보면 충성의 대상은 검찰 전체가 아니라 검찰 내부의 정치검찰 세력이라고 할 수 있어요. 그게 조직의 핵심이었으니까요.

## 정치검찰의 민낯

김민웅 윤 사단은 추 장관님의 인사가 마음에 들지 않았을 텐데 왜 사표를 내고 나가지 않았을까요?

추미애 그들은 문민장관이 두렵지 않은 거지요. 잘 버티다가 다음 장관으로 검찰출신 장관이 오기를 기대했던 겁니다. 자신들이 권력의 열쇠를 쥐고 있는 건 당연하다고 생각했겠고요. 여론을 조성하거나 조작해서 수사의 명분을 마련했고 그게 지금까지는 대부분 계속 성공해왔습니다. 조국 전 장관 때도 그랬고 라임 사건이나 신라젠 사건에서도 그렇게 하려다가 실패했지만 어쨌든 큰 틀에서 보면 총선을 목표로 검찰의 정치를 했던 거예요. 저조차도 장관이 되기 전까지는 그런 사실을 잘 몰랐어요. 이들은 조직적으로 검찰 전체를 자기 수하로 부리고 잠시라도 이탈하면 다시 그 안으로 끌어들입니다. 그러면서 대한민국의 정치검찰은 내부에 축적된 고도의 정보와 인맥으로 어느 정치조직보다 뛰어난 정무감각을 갖춘 조직이 되었습니다. 이것이 지난 70년 동안 자신들의 권한을 독점적으로 유지하고 확장해온 비결이었습니다. 민주정부에서는 이런 막강한 검찰권력을 민주적으로 통제할 수 있느냐 없느냐가 검찰개혁의 요체였습니다. 검찰은 그런 내부의 조직을 지켜내기 위해 인사 초기 단계에서부터 반격을 했던 것이지요. 처음엔 윤 총장 자신이 인사 과정에서 시비를 걸어왔어요. 신임 장관이 왔으니 인사조처를 취하는 건 당연한 건데 말이지요.

김민웅  어떤 시비를 걸었나요?

추미애  1월 8일부터 인사를 앞둔 전날인 7일에 검찰총장의 예방을 받았습니다. 총장은 다른 직급자들과 급이 다르니 별도로 만나겠다고 하더군요. 그런 상황에 대해 기자들의 관심이 높아졌어요. 그래서 서로 간에 인사에 관한 이야기는 하지 않기로 하고 신임 장관 취임에 따른 예방인사만 나누고 헤어졌어요. 그런데 돌아가자마자 저한테 전화를 했어요. 요지는 "조직 내부를 다 파악하고 인사하세요. 차라리 여름에 하시지요"라는 거예요. 그래서 제가 "지금 인사에 대해 이야기하는 거군요. 그러면 인사에 대한 의견을 내시면 되겠습니다. 지금 준비하고 있으니까요" 했지요. 아직 인사안이 안 만들어졌냐고 물어보기에 그건 제가 말할 수 없다고 했지요. "인사는 법률상 제청권자는 장관이고 인사권자는 대통령이고, 인사의 과정 중에 총장은 의견을 내게 되어 있으니 의견을 내시면 됩니다" 했어요. "인사의 원칙도 좋고, 구체적으로 어떤 사람은 어디로 갔으면 좋겠다는 이야기를 해주시거나 하면 됩니다"라고 이야기했지요. 그랬더니 구체적인 인사안을 보여달라는 거지요.

김민웅  총장의 말대로라면 결재권자가 총장이 되는 거네요.

추미애  그런 거지요. 윤 총장 말대로라면 장관인 제가 총장에게 전체 판을 보여주면, 총장이 그걸 가지고 결재를 해주는 식이 되는 거잖아요. 그래서 말했어요. "그건 안 됩니다, 대통령께 제청되기 전에는 보안이 유지되어야 하니 기밀입니다. 그러지 말고 의견을 말씀하시지요. 누구를 어떻게 했으면 좋겠다"고요. 그러자 윤 총장이 "제 입으로 제 식구를 다 까라는 말인데, 그건 못 하지요"라고 하는 거예요.

김민웅  제 식구? 하하! 아주 흥미로운데요? '패밀리'라는 말을 쓰는 격이군요. 마피아도 아니고.

추미애  그래서 그냥 웃었어요. 저도 그 표현에 너무 놀랐어요. 총장의 언어 스타일이 그런가? 모두의 총장이어야지, 제 식구 따로, 아닌 사람 따로, 이게 말이 됩니까?

김민웅  국민이 맡긴 공조직의 사유화가 그렇게 생겨나지요.

추미애  그래서 제가 "알겠습니다, 의견 안 내는 게 의견이라고 적어놓겠습니다"라고 했어요. 자기 식구를 드러낼 수 없어 의견을 못 내는 것도 의견이니까요.

김민웅  적어놓겠다, 그게 중요하네요. 잘하신 겁니다.

추미애 그렇게 나오니까 더는 말을 못 하기에 "할 말 없으면 끊겠습니다" 하고 끊었지요. 휴대폰 기록을 보니 56분이나 통화했더라고요. 그러고 나서 그다음 날 9시 30분경, 11시에 장관실에서 만나자고 했어요.

김민웅 인사문제를 논의하기 위해서였나요?

추미애 네, 의견을 내라고요.

김민웅 의견 없다고 했는데 왜 부르셨어요?

추미애 그래도 의견을 들어야지요. 제 집무공간이니까 장관실에서 만나자 했는데, 윤 총장이 "제3의 장소에서" 보자는 거예요.

김민웅 제3의 장소를 참 좋아하는군요.

추미애 관행이래요. 원래 제3의 장소에서 하는 게 관행인데 장관실로 오라고 하는 건 맞지 않다는 식으로 말했습니다. 그 후 대검의 대변인이 기자들에게 문자를 뿌렸어요. 기선을 잡겠다는 거지요. 검찰 인사안을 인편으로 미리 총장에게 전해달라, 제3의 장소에서 면담하자, 이렇게 문자로 공개한 거예요.

김민웅 노골적인 인사개입과 항명이군요.

추미애 검찰은 검사 출신 아닌 장관과 검사 출신 장관을 다르게 대하지요. 검사 출신 장관일 경우는 조직의 영원한 선배, 딛고 올라서면 안 된다는 게 있어요. 저는 그들 조직의 선배는 아니지만 그래도 연수원으로 치면 한 9기 선배인데 인사안을 가지고 와라? 제3의 장소로 와라? 그리고 또 그걸 언론에 공개해요? 이건 상당히 문제가 있는 집단이라고 생각하게 되는 거지요. 그래서 좋다,

그러면 내가 기다릴 테니 와라, 하루 종일 기다리겠다, 청와대에 제청안을 가지고 갈 때까지 기다린다 하고 일정을 다 취소했어요.

김민웅  이걸 언론에 알렸나요?

추미애  알렸지요. 장관이 일정 다 취소하고 총장 기다리는 중이라고요. 적어도 이 사안과 관련해서는 그때 언론이 나름 괜찮았어요.

김민웅  언론이 어땠는데요?

추미애  검찰총장은 "제3지대로 오라"했고 저는 "장관실로 오는 게 정상이다" 이러는 게 대조가 되니까. 언론으로서는 재미있었던 거지요. 어쨌거나 처음으로 서로 세게 부딪힌 거잖아요. 언론은 누가 이길까 지켜보는 관전자였습니다.

김민웅  혹시 기억나는 기사 제목들 있나요?

추미애  좀 볼까요.

- 추미애 "기다린다 와라" vs 윤석열 "인사명단 우선 달라"(『뉴시스』, 2020. 1. 8)

- 추미애, 검찰 인사관행에 제동… 일각에선 "권한남용" 주장 (『연합뉴스』, 2020. 1. 9)

- 검찰 '대윤·소윤' 견고한 독식 깨지다(『한겨레21』, 2020. 1. 10)

- 거침없는 '직진' 추미애… 다음 행보는?(MBC, 2020. 1. 11)

## "장관님이 뭘 압니까?"

**김민웅**  일단은 나름 균형 있는 제목이군요.

**추미애**  그땐 그랬지요. 그런데 대검의 대변인이 장관을 상대로 언론에 문자공지를 한다는 건 말이 안 되거든요. 꼬박꼬박 사태를 왜곡하는 내용을 보내는 거예요. 대검 입장을 담은 문자를 보면 정말 가당치 않았어요. 하부조직이 위에 인사의견을 낼 때는, "장관님 이런 사람을 이러저러한 이유로 여기에 앉혀주셨으면 합니다" 이렇게 하는 거잖아요. 그런데 "인사안을 봐야 추천할 것 아니냐" 하는 식으로 왜곡하는 거지요. 자신들이 더 상위에 있다는 자세로 법무부의 인사안이 안 왔기에 우리 인사안을 줄 수 없다는 것이었습니다.

**김민웅**  전화 통화에서 윤석열 총장과 원칙 이야기를 했을 때 어떻게 나오던가요?

**추미애**  거의 야유하는 수준이었어요. "장관님이 어떻게 압니까? 그거 법무부 검찰 국장에게 말하면 파일이 다 있어요. 그걸 다 봐야 인사하는데, 다 보셨어요?" 하는 거예요.

**김민웅**  이 사안은 이후 어떻게 정리가 되었지요?

**추미애**  다음 날 법사위가 열렸어요. 대검 대변인이 법사위 야당 의원에게 주요사항을 짚어줍니다. 그러면 야당 의원들이 그대로 공격하는 거예요. "인사에 대해 협의 안 했다, 독단적으로 했다" 그런 식이었지요. 언론은 또 이걸 그대로 받아쓰기합니다.

**김민웅**  언론의 보도가 윤석열 총장 쪽으로 기울기 시작했던 거지요. 그러면서 추미애 법무부장관은 협의하지 않는 고집불통이라는 이미지로 몰고 갔습니다.

**추미애** 실제로 일방통행식 인사를 해왔던 건 총장 본인이에요. 그러니 이렇게 정식 절차를 거치는 게 기분 나빴을 거예요. 전에는 하나부터 열까지 본인이 전횡했거든요. 2019년 7월 윤석열 총장은 취임 후 바로 다음 날 인사를 했어요. 제가 인사를 하기 불과 5개월 전입니다. 그때 윤 총장은 청와대에 박형철 비서관을 심어놓고 소윤인 윤대진 검사와 둘이서 청와대 쪽에 "이렇게 하는 게 좋겠습니다" 해서 포괄적 승인을 다 받아버렸습니다. 그 당시 법무부장관에게는 의견을 묻지도 않고, 알려주지도 않고 자기 마음대로 한 거지요. 본인의 인사권을 원도 없이 누려본 건데 이번에는 "의견 내세요, 이게 법과 원칙입니다" 하니까 당혹스러웠을 거라고 봐요.

**김민웅** 아까 말했듯이 '반격'을 했던 거지요.

## 윤석열과 한동훈의 꼼수

**추미애** 네, 그건 저에게만 한 게 아니에요. 조직 내에서도 표적을 만들어서 바보로 만들어버려요. 예를 들면 법무부 조직 내에 개혁적 인사 다섯 명 가운데 포함된 이성윤 검사는 중앙지검장으로 가게 됩니다. 이성윤 검사는 제가 장관으로 임명되기 전부터 법무부 검찰국장으로 있으면서 대검 강남일 차장과 소통라인이었어요. 이성윤 검사가 지검장으로 영전하면서 그동안 업무상 연락을 취해왔던 강남일 차장한테 "그동안 신세 많이 졌습니다. 하나님의 가호로 영전하게 됐습니다. 감사합니다"라는 문자를 보냈다고 합니다. 그랬더니 이걸 주광덕 의원이 "약 올리는 문자를 보냈다, 조롱하는 단체문자를 보냈다"면서 대대적인 여론전을 펼쳐요.

김민웅 주광덕 의원에게 보낸 문자가 아니잖아요?

추미애 네. 이성윤 지검장에게 확인해보니 문자를 아는 사람들 모두에게 웹발신해서 무작위로 보낸 게 아니라 평소에 업무 관계로 교신하던 파트너니까 그동안 감사했다는 인사 문자를 보냈다는 거예요. 그건 개인 사신이니까 공개할 사안이 아닌데 이성윤 검사장이 장관과 함께 인사 전횡하고는 다른 사람한테 조롱하는 문자를 보냈다고 왜곡하는 거였지요. 저는 처음에 이건 잠깐의 해프닝이라 생각했어요. 해명하면 된 거지 더 이상 어떻게 하겠냐고 가볍게 생각했습니다. 그런데 아니었어요. 그것은 윤석열 사단이 이성윤 검사장에게 행한 집단 괴롭힘의 시작이었습니다.

김민웅 이렇게 보면 개혁조치에 대한 저항과 반격이 더 강력해지고 있었다는 느낌을 받습니다. 게다가 언론은 이를 검찰개혁과 관련한 역사적인 결정이라는 차원이 아니라 '추·윤 갈등'이라는 개인적 차원의 기싸움처럼 취급해버리고 맙니다. 이 역시도 정치검찰의 '상대 바보 만들기'라는 전략에 포함된 것이라는 생각이 듭니다. 언론은 이와 공조한 거고요. 그러면서 "추미애, 개인적으로 문제 있어. 협의도 안 하고 독단적이야" 이런 이미지를 꾸준히 만들어온 거지요.

추미애 심지어 한동훈 검사장은 검사장이라는 신분을 망각한 채 대놓고 기자들 앞에서 장관을 조롱하고 야유하기도 했지요. MBC가 한동훈·이동재의 검·언 유착의혹을 보도한 직후에 한동훈 검사장은 이동재 기자와는 취재 관계로 아는 것뿐이고, MBC에 폭로된 것과 같은 대화를 한 적도 없다, 별도로 접촉한 적도 없다고 부인했어요. 그런데 검사장급 인사조처 후 한 달이 지났을 무렵 한동훈 검사장과 이동재 기자, 백승우 기자 셋이 2월 13일 부산고검 사무실에서 만났어요. 그때 나눈 대화를 백승우 기자가 녹음했고 검찰 수사과정에서 압수된 백 기자 휴대폰에서 바로 그 내용이 담긴 녹취록으로 한동훈 검사장이 궁지에 몰리게 됩니다. 그러자 한동훈 검사장은 결백을 입증한다면서 대화녹취록을 선수 치며 공개하지요.

김민웅 녹취 내용은 있는 그대로 전문이 공개된 건가요?

추미애 단정적인 말, 거친 말, 막말, 본인에게 불리한 것 등을 다 들어서 선제적으로 공개했지요. 그런데 중앙지검은 사안과 관련성 있는 내용 가운데 일부 대화가 축약되거나, 이동재·백승우 기자의 채널A의 이철 대표에 대한 취재계획에 동조하는 취지의 언급이 일부 누락되어 표현과 맥락이 정확하지 않다고 했어요. 거기서 저에 대해 말한 걸 들어보면 그들은 장관을 발톱의 때 정도로 여겨요.

김민웅 그 사건에서 한동훈 검사장이 왜 장관님을 거론하지요?

추미애 그 무렵 제가 인사조처한 것, 공소장을 그대로 공개하는 관행을 끊겠다고 한 것, 수사와 기소는 분리해야 한다는 것 등에 관해 서로 언급하면서 한동훈 검사장이 불만을 쏟아낸 것이지요. 인사불만을 노골적으로 드러내면서 "콕 짚어서 인사하는 걸 보면 장관은 꼭두각시다"라고 야유합니다. 특히 '공소장 비공개'에 대해 한동훈 검사장은 기자들에게 "일개 장관이 국민의 알 권리를 뽀샵질하고 앉아 있어"라는 막말도 하지요. 야당 국회의원이 울산 사건 공소장 자료를 요구했었는데, 원래 법규정상으로는 공소장 요지만 줄 수 있어요. 그래서 제가 이거 법대로 해라, 요지만 줘라 한 적이 있습니다. 그걸 '뽀샵질'이라고 표현하더군요. 2019년 12월부터 공개된 '형사사건 공개 금지 등에 관한 규정'이 있어요. 검찰개혁 주제 가운데 하나였고, 박상기 전 장관 때부터 초안을 만들기 시작해서 조국 전 장관이 결재하고 간 거예요. 사문화된 피의사실 공표금지를 살려낸 건데도 그걸 가지고 언론이 언론의 자유를 침해한다고 난리를 피웠지요.

조국 장관 셀프 조치라고 비난하는 바람에 조 전 장관은 자신과 관련된 사건을 공개하면서 자신에게는 '형사사건 공개 금지 등에 관한 규정'을 적용하지 않겠다고 했지요. 하지만 어떤 사건이든 공판 전 비공개가 원칙이어야 합니다. 재판 전 사건 공개는 유죄 입증을 해야 하는 검찰이 언론을 통해 여론몰이로 국민에게 유죄의 예단과 편견을 갖도록 해 유리한 고지에 서고 상대는 재판 전에 죄인처럼 되어버리니까요. 그렇게 되면 재판관도 영향을 받게 돼요. 그러면 안 되는 거잖아요. 재판받기도 전에 유죄의 심증이 형성되는 것은 무죄추정의 원칙을 허물고 기본권인 재판받을 권리가 보호받지 못하게 되는 거지요. 명백한 인권침해로 여론재판을 당하는 겁니다. 그런 걸 막으라고 법무부장관이 존재하는 것입니다. 개혁은 조문으로 되는 게 아니라 실천으로 되는 것이고요.

김민웅 너무나도 중요한 대목입니다. 검찰과 언론이 공조해서 피의사실 공표로 가혹할 정도의 여론재판을 만들어버리고 난 뒤 아무도 책임지지 않지요. 대단히 잔혹한 짓입니다.

### 인권에 관심 없고 오직 수사!

추미애 누구든 그런 잔혹사회의 희생양이 될 수 있어요. 조문 만들고 입법됐다고 개혁이 되지 않아요. 그걸 원칙으로 만들어 추진하고 행동하는 게 개혁이지요. 그래서 "지키라고 만들었으면 규정대로 해라, 법무부장관부터 안 지키고, 여러분 간부들이 지키지 맙시다 하면 누가 지키냐. 누가 개혁하냐. 안 지키는 게 관례가 되어선 안 된다"라고 했어요. 그게 바로 개혁이지 다른 게 개혁이겠어요? 그러니까 언론이 불만이었던 겁니다. 취잿거리를 확보 못 하는 거니까요. 그리고 나서 일주일 후에 "수사권과 기소권을 분리하자. 이게 종국적으로 우리가 가야 할 길이다"라고 제가 말합니다. 그랬더니 윤석열 총장이 즉각 반격하는 거예요. "수사와 기소는 한 덩어리다, 분리될 수 없다"라고요. 검찰개혁의 요체 가운데 중심을 치고 나온 겁니다. 수사권과 기소권 모두를 손에 쥐고 힘을 쓰다가 그걸 못 내려놓겠다는 겁니다. 그리고 난 후에 윤 총장이 부산 고검을 방문해요. 바로 그때 이동재·백승우 기자가 한동훈 검사장을 찾아가는 거예요. 그래서 삼자 간의 대화가 이루어진 거지요. 그러니 제가 거기서 거론되는 판이었던 겁니다.

김민웅 상황설명이 되는군요. 이른바 법조기자단, 말도 많고 탈도 많았는데, 언론과의 관계는 어떻게 설정하셨나요?

추미애 저는 정치를 오래 해왔기 때문에 기본적으로 언론에 대해 존중하는 자세를 가지고 있어요. 그래서 법무부가 과천에 있으니까 우리가 서비스를 더 하자, 기자들에게 과천까지 오라고 할 게 아니라 따로 대변인실을 만들어 올 수 있게 하자, 대변인실 분원으로 서초동에 소통관을 하나 열자, 그렇게 해서 제가 이름을 고심해 의논할 의(議), 바를 정(正) 자를 써서 '의정관'으로 지었어요. 사실 법무부가 단독·특종 이런 사건을 주는 데가 아니잖아요. 그러니 성실하게 설명도 하고 내용을 잘 알리면 되지 않겠나 했어요.

의정관 개소식에 가기 전에 윤 총장과 만났어요. 그때 마침 중앙지검 모 검사가 금융사기범죄 수용자에게 편의를 제공하고 수십 회 이상 검사실에 불러서 검사실 전화까지 쓰게 하다가 추가 사기 범행을 저지른 일이 JTBC에 보도가 되었더랬어요. 1조 원대의 다단계 사기 사건인 IDS홀딩스 사건이었죠. 그래서 "이런 것 지휘감독 좀 잘해주세요"라고 했더니 윤 총장이 "아, 그 친구 수사 아주 잘하는 유능한 인재입니다"라며 도리어 칭찬을 하더라고요. 사태의 심각성도 모르고.

김민웅 그 말에 어떤 생각이 들던가요?

추미애 윤 총장은 수사의 적법성에 대해 관심이 없구나 하는 생각이 들었습니다. 제가 정치할 때 가장 중요하게 진력했던 주제가 인권이었어요. 초선부터 5선까지 늘 그랬고 장관을 할 때도 법무부를 '인권부'로 이름을 바꾸고 법무행정을 펼치고 싶었어요. 수사만 봐도 그 자체는 범죄를 규명하는 작업이지만 그 과정에서 필연적으로 인권침해가 발생하게 되어 있거든요.

김민웅 거듭 강조합니다만 중요한 이야기입니다. 대부분은 '수사니 그럴 수밖에'라고 생각할 수 있기 때문이지요.

추미애 그래서 하나의 모범적 틀을 만들고 싶었어요. 그런데 윤 총장은 인권에는 관심 없고 수사의 효율만 강조하고, 결과적으로 성과만 내면 유능한 인재로 여기는 분이라고 생각했어요. 그래서 감독자인 장관은 다른 측면에서 많이 살펴야겠다는 결심을 더 하게 되었지요. 이렇게 생각하고 10분쯤 지나니까 의정관 갈 시간이 되어서 나온 거예요.

김민웅 짧은 시간이었지만 윤석열 총장의 스타일과 캐릭터를 엿볼 수 있었겠어요. 마치 『레미제라블』에서 자신만이 정의로운 법 집행자라는 생각으로 꽉 차 있는 형사 자벨을 보는 느낌입니다. 자, 다시 의정관 이야기로 돌아가볼까요?

추미애 기자들 질문 공세가 '공소장 비공개'로 옮아갔어요. 꽤나 집요했지요. 그러면서 일종의 학술논쟁 같은 열띤 분위기가 되었고요. 그래서 인권적 차원에서 원칙을 말하고 왜 공개를 제한할 수밖에 없는지 설명했어요. 그 자리에 법무실장과 검찰국장이 있었는데, 법무실장이 미국의 제도를 예로 들어 설명했고, 수사권과 기소권의 분리에 대해서는 조남관 검찰국장이 일본제도를 예로 들어, 일본은 총괄 심사관 제도를 두어 수사주체와 기소주체를 분리해 수사의 정당성과 기소 여부를 검토한다고 설명했어요.

김민웅 수사권과 기소권의 분리라는 개혁 방향을 확실하게 알린 자리가 된 거군요.

추미애 네. 당시 공소장 비공개와 수사권과 기소권의 분리라는 검찰개혁의 두 가지 큰 주제는 법조계뿐 아니라 우리 사회에서도 공론화할 필요가 있었어요. 검찰 조직의 저항과 언론이 만든 추·윤 갈등의 프레임 때문에 제대로 토론하지 못한 것이 참으로 아쉬웠지요. 수사주체와 기소주체를 분리하자는 것은, 검사들이 수사까지 맡으면 수사방식이 기소에만 집착하게 되고 그 이후에는 책임지지 않기 때문입니다.

김민웅 그렇지요. 검사의 기소가 부당했다는 게 드러나도 책임지지 않는 구조지요. 그리고 무리한 기소 목표가 무리한 수사를 불러오게 되고요.

### 무리한 수사, 부실한 수사

추미애 그래서 억울한 사람들이 계속 만들어집니다. 무책임한 검찰의 역사입니다. 이걸 잘 들여다보면 두 가지로 나뉩니다. 방금 이야기하신 무리한 수사, 부실한 수사예요. 무리한 수사는 권력 상층부가 지시하는 일종의 하명수사예요. 울산 사건은 검찰이 청와대에 뒤집어씌운 경우였어요. 원래 울산의 토착비리로 고소와 고발이 벌어졌던 건인데, 청와대가 시켜서 수사했다며 '(청와대발) 하명수사'라고 작명까지 했어요. 정작 총장 지시에 따라 무리한 하명수사를 한 건 자기들이면서 청와대를 겨냥해 딴소리한 거지요. MBC「PD수첩」 수사, KBS 정연주 사장 수사, 노무현 전 대통령 수사, 미네르바 수사, 유우성 간첩조작 사건 수사 등 모두 권력 상층부의 하명에 따른 무리한 수사예요. 부실수사는 또 어떤가요? 이명박 전 대통령이 관련된 BBK 수사는 제대로 못 했잖아요. 국정원 정치·선거개입 수사, 김학의 전 법무차관 수사 등은 또 얼마나 부실했나요? 이렇게 보면 어떤 흐름이 포착되지요? 무리한 수사는 민주세력에 대한 수사이고, 부실수사는 부패세력 아니면 검찰의 제 식구에 대한 수사지요. 검찰은 부패세력을 엄호해주거나 면죄부를 주는 겁니다.

김민웅 그걸 보고 이른바 '선택적 정의'라고 하는데, 정확한 표현이 아니라고 봅니다. 선택한 내용 자체가 정의가 아니니까요. 불법·부당수사지요. 있는 죄 덮고, 없는 죄 만들어내는 태도가 검찰 전체의 명예를 추락시키고 신뢰를 훼손하는 것 아닌가요?

추미애 그러한 생리에 저항한 대표적인 인물이 임은정 검사이고, 그 과정에서 희생된 인물이 김홍영 검사지요. 이 내막을 다 밝혀 쓴 책이 이연주 변호사의 『내가 검찰을 떠난 이유』입니다. 저는 검찰 조직 전체가 이렇다고 보지 않아요. 능력 있고 양심적이며 인권의식이 뛰어난 분들도 많아요. 이런 분들이 중심이 되는 구조를 만들어야 검찰이 제 역할을 하면서 국민의 존경과 신뢰와 사랑을 받을 수 있어요.

김민웅 바로 그걸 하겠다고 나서니까 힘든 상황이 펼쳐졌습니다.

추미애 조국 전 장관이 그렇게 되고 나서 그다음 장관은 자기들을 감히 건드리지 못할 줄 알았더니 아닌 거였지요. 그러니 더 거세게 저항한 것이고요.

김민웅 추 장관님의 개혁조처와 존재 자체가 정치검찰에게는 위협적이지요. 하지만 밖에서 볼 때는 추·윤 갈등의 프레임이 만들어지면서 추 장관님이 더 위기에 몰린 인상이었어요.

추미애 언론이 일부러 그렇게 보이게 만든 거지요. 하지만 저로서는 사실 싸워야 할 상대의 정체가 더욱 선명해졌고, 전략전술도 파악되었어요. 저 자신의 결의도 한층 더 다지게 되었고요. '검·언 유착', 즉 검찰과 언론이 유착해 저를 공격하는 문제는 그때까지 그렇게 심하지 않았는데, 수사지휘권을 발동하자 상황이 달라졌습니다.

### 1차 수사지휘권 발동

김민웅 전체 흐름을 한번 정리해볼까요? 수사지휘가 뭔지 모르는 분들도 적지 않을 거예요.

추미애 검찰의 수사 중립성을 보호하기 위해 장관은 바로 수사에 개입할 수 없습니다. 다만, 지휘감독권자로서 장관은 특정사건에 대해 총장을 수사지휘할 수 있어요.

김민웅 그렇군요. 총장을 수사지휘할 수 있다는 근거가 검찰청법에 있군요.

추미애 네. 총장이 수사중립의무를 어길 때 장관이 지휘감독해야 하는 상황이 발생하지요. 2020년 4월 총선까지는 자질구레한 공격을 많이 받았습니다. 주로 국민의힘 장제원 의원이 그런 일을 했는데, 제가 소년원을 방문해서 서로 맞절하고 아이들을 격려해주는 장면을 마치 새배를 강요하고 갑질하는 것처럼 만들었어요. 소년원 아이들에게 저 같은 사람은 자기 존재를 인정해주는 어른이기도 하고, 소년원 소관부서인 법무부의 장관이 정부를 대표해 격려하는 것이니 깊은 인상을 받게 됩니다. 이런 격려와 관심을 받으면 어긋나지 않아야 되겠다고 마음을 다지게 되지요. 한마디로 엄마처럼 다가간 거예요. 소년원 아이들은 대체로 '보호'라는 걸 경험해보지 못하고 지내왔기에 그런 만남은 아이들 마음의 상처를 치유하고 힘을 내게 해요. 위로받는 걸 눈빛으로 확인할 수 있어요. 저한테도 치유의 기쁨을 주었고요. 그런데 장제원 의원은 이 소중한 경험을 짓밟아버렸습니다. 아이들까지 짓밟은 셈이에요. 인간에 대한 기본적인 도리마저 저버린 건 아닌지 묻고 싶었어요.

김민웅 자질구레한 공격이 아니네요. 장 의원이 아이들에게 용서를 구해야 할 사안이라고 봅니다.

추미애 과연 그런 걸 알까요? 게다가 여당 내부에서 선거 때까지는 검찰 이슈를 만들지 않았으면 하는 분위기도 감지되었어요.

그래서 주요 현안들이 유보됩니다. 이해할 수는 있지만, 그렇다고 아무것도 안 하고 있을 수는 없잖아요. 원칙 있는 내용을 충분히 갖추자는 생각에 주말에도 쉬지 않고 일했어요. 검경수사권 조정에 따른 수사준칙을 세우고, '수사·기소 분리'로 가는 하나의 길이자 안내지침이라고 제시하면 검찰이 수사권을 다 내려놔도 경찰을 제대로 지휘할 수 있다고 보았어요. 그렇게 있다가 6월 중순쯤 지나서 채널A 사건이 뜨거워지기 시작했습니다.

김민웅  다시 상기시켜드리자면, 채널A 검·언유착이란 이동재 기자가 총선 전인 2020년 2월 초부터 3월 22일 사이 이철 VIK 대표 측에게 유시민 노무현재단 이사장의 비위를 털어놓지 않으면 추가로 처벌받을 수 있다, 검찰 내부에서 조력해주는 검사장도 있다며 여러 차례 협박을 했지요. 위협을 느낀 이철 대리인이 MBC에 협박 사실을 제보하면서 알려지게 된 것이지요.

추미애  네, 그러자 당황한 이동재 기자는 휴대폰이나 노트북을 포맷하는 등 서둘러 증거를 인멸했지요. 한동훈 검사장도 압수된 휴대전화 비밀번호를 알려주지 않았고, 이유도 없이 포렌식도 진행되지 않았습니다. 그러나 이동재 기자와 함께 취재했던 백승우 기자의 휴대폰이나 이동재 기자의 직장상사인 배○○ 차장의 휴대폰에서 한동훈 검사장이 강요미수 공모 혐의가 있는 카톡 보고 문자 등의 증거가 드러났어요. 그러면 당연히 이 부분에 대한 수사를 진행하는 게 맞지요. 채널A 회사가 자체 진상조사를 하고 그 결과를 공개했는데 그걸 자세히 들여다보면 한동훈 검사장을 기소

해도 될 만큼 자료가 남아 있어요.

나중에 윤 총장에 대한 징계의결서에서 드러난 통화기록에 따르면 한동훈 검사장과 윤 총장 사이에 2,300개가 넘는 카톡 대화가 몇 달 간이나 이루어집니다. 채널A 사건과 관련해 MBC의 보도가 있었던 사이에는 400여 회가 넘어요. 윤 총장과 그 최측근이 나눈 대화가 제대로 밝혀지면 한국 사회는 큰 충격을 받게 될 거예요. 그러니 한동훈 검사장은 기어코 휴대폰 수사를 방해한 거지요.

김민웅 그렇다면 검찰은 왜 바로 그때 한동훈 검사장을 강요미수 혐의로 기소하지 않았나요?

추미애 이성윤 검사장 휘하의 검사들이 윤석열 총장 눈치만 봤던 겁니다. 이를 수사하던 정진웅 검사가 도리어 서울 고검에 의해 수사기소 당하는 것을 보고 나머지 검사들이 크게 위축되었다고 짐작됩니다. 검·언 유착혐의인 만큼 검찰과 언론이 한편이 된 듯이 언론도 한동훈 검사장에게 불리한 사항은 아예 기사를 내보내지도 않았어요. 심지어 이런 일도 있습니다. 4월 9일 방송통신위원회에 출석한 동아일보사와 채널A의 김재호 대표, 채널A 김○○ 전무이사가 이동재 기자의 취재윤리 위반을 시인하면서 해당 검사장이 한동훈이 맞다고 인정했다는 내용이 회의록에 기재되었는데, 나중에 채널A에서 이를 삭제해달라고 했다는 거예요. 이를 방통위가 거절했다고 하더라고요. 그런 사실이 다 감추어져 있다가 나중에 검찰총장 징계위원회 징계의결서를 통해 모두 드러났지요. 언론도 한동훈을 한동훈이라 부르지 못하는 실정이니 기가 찰

노릇이었습니다.

　김민웅　언론은 이런 사건도 '추·윤 갈등'이라는 프레임에 넣고 진상을 추적하지도 않았고 질문도 하지 않았습니다. 국민의 알 권리를 지켜준 게 아니라 훼손해버렸어요.

　추미애　조직적 저항이 워낙 거세다 보니 외부에서 자세히 알 수도 없었을 거예요. 1년이 넘었지만 유사한 일들이 반복되고 재현되고 있는 걸 보잖아요. 원주 별장 성접대 사건으로 악명을 떨친 김학의 전 법무부차관의 부패범죄를 내사하고 있던 이규원 검사가 김학의의 긴급출국을 막았더니 오히려 윤석열 검찰이 절차위반 시비를 걸어 그를 수사대상으로 삼고 기소해버렸지요.

　김민웅　상을 줘야 할 사람을 처벌한 겁니다. 검찰의 기본 기능을 망가뜨리는 짓이지요.

　추미애　소수의 정의로운 검사가 조직에 의해 보복·기소당하는 어처구니없는 일이 또 일어난 거지요. 김학의 전 법무차관 출국금지 당시 반부패부장이었던 이성윤 검사장이 말도 안 되는 이유로 기소당한 것과 똑같습니다. 검찰의 흑역사를 바로잡기 위해 검찰 과거사 진상조사단에서 김학의 전 법무차관 사건이 어떻게 축소·은폐된 것인지 진상규명에 노력한 검사도 마찬가지로 당합니다. 이규원 검사를 검찰이 기밀누설 혐의로 덮어씌워 검사로서 공수처 1호 수사 대상으로 넘긴 것도 같은 맥락이에요. 제 식구 봐주기를 거부하고 검사가 자기들의 카르텔을 건드린다 싶으면 죄를 뒤집어씌우는 식입니다. 한마디로 '불멸의 신성가족'을 건드린 데 대한 조직적 보복입니다.

김민웅 조폭과 다를 게 뭔지 모르겠습니다. 채널A 검·언 유착사건이 장관님께서 처음으로 수사지휘권을 발동한 사안이었지요?

추미애 네, 채널A 측의 자체 진상조사 후 측근 한동훈 검사장의 개입의혹 때문에 윤석열 총장이 대검 부장회의에 일임하고 지휘에서 손을 떼겠다고 합니다. 그러더니 다시 전문수사자문단을 만들겠다고 하는 거예요. 전문수사자문단이라는 것은 수사팀과 지휘부서가 의견이 다를 때 투입하는 건데 채널A 사건 중앙지검 수사팀과 지휘부서인 대검 부장회의는 의견대립이 없었거든요. 굳이 전문수사자문단을 만들 필요가 없었습니다. 대검 부장회의가 한동훈 검사장 휴대폰 압수영장을 승인한 직후부터 윤 총장이 위기감을 느꼈던 거지요. 수사 불개입 약속을 깨고 부장회의를 대체할 전문수사자문단을 생각해낸 것입니다. 그래서 저는 7월 2일쯤에 수사지휘를 내렸습니다. 전문수사자문단을 중단하라, 수사팀의 독립성을 보장하라, 검찰총장도 보고를 받지 마라, 지휘하지 마라, 손 떼라, 이렇게 한 겁니다.

김민웅 일촉즉발의 긴장이 느껴집니다.

추미애 윤 총장은 다음 날 바로 전국 검사장 회의를 소집했어요. 하루 종일 고검장회의, 수도권과 지방의 지검장 회의를 연달아 열어 반격을 합니다. 한마디로 집단항명이었어요. 그들은 장관이 총장에게 전문수사자문단 심의 절차를 중단하라고 한 지휘는 적절하나, 총장의 지휘권을 제한하는 것은 위법하다고 주장합니다. 그러나 공정한 수사를 담보할 방안은 논의하지 않은 채, 최측근에 대한 수사까지 검찰총장이 지휘해야 한다는 주장에 국민들이 동의할 수 있을까요?

김민웅  집단항명에 대해 어떻게 대처하셨나요?

추미애  전국 검사장 회의 중 특임검사로 하여금 수사를 하도록 하자는 의견도 나왔다고 했어요. 그러나 그것도 총장이 수사팀을 바꾸려고 이미 주장했던 꼼수였지요. 그래서 제가 수사팀 교체나 제3의 특임검사 주장은 이미 때가 늦었고, 명분도 필요성도 없고, 장관의 지시에도 반하는 것이라고 문자를 내보냈어요. 총장은 집단항명으로 장관 포위 작전을 펼쳤으나 효과가 없자 이미 알려진 검사장 회의결과를 3일 뒤에 언론에 공개했어요. 요지는 검찰총장의 지휘권을 배제하는 것은 검찰총장 직무를 정지하는 것이므로 위법 또는 부당하다는 것이었어요. 그런데 "본건은 검찰총장의 거취와 연계될 사안이 아니다"라는 문구가 눈에 띄었어요.

김민웅  앞에서 잠깐 이 이야기를 하실 때 아, 이건 사표를 안 내겠다는 거구나, 라고 파악하셨다고 했지요. 장관 지휘가 위법·부당하다고 하면 총장이 지휘를 안 받겠다는 것인데 그러고도 사표를 내지 않겠다? 그 같은 일이 과거에도 있었나요?

추미애  당연히 없었지요. 총장이 검사장들을 불러 모아 집단항명하게 하고 검찰총장의 호위무사를 자처하게 하는 것도 역대에 없었던 일이지요. 당시 청와대 기류는 총장이 사표내면 받으라는 것이었어요. 총장은 그 공기를 읽은 후 에둘러 답변을 한 것으로 보였습니다. 과거 검사 출신 장관이었을 때는 장관과 총장이 의견이 달라도 바로 해소가 됐었지요. 문민장관에 대해서만 항명을 하는 것입니다. 서면지휘로는 검찰사상 두 번째인데, 그 첫 번째는 2005년 강정구 교수를 국가보안법위반으로 구속 기소하려는 것을 천정배 법무부장관이 제동을 걸어 불구속으로 기소하라고 서면 지휘를 했을 때였어요. 그 경우는 어차피 법원에서 해소될 것이었고 이 경우와는 많이 달랐지요. 이 경우는 검찰청법 제8조에 따라 장관의 지휘를 총장이 수용하지 않으면 법 위반 행위가 되는 것이고, 따라서 견해가 다르면 수용 후 사임하면 되는 것이었습니다.

김민웅 그렇군요, 그래서 천정배 법무부장관 당시에도 검찰총장이 사임했던 것이지요?

추미애 네, 당시 김종빈 검찰총장은 "장관의 지휘권 행사 자체가 타당하지 않다고 따르지 않는다면 총장 스스로 법을 어기게 된다. 검찰은 통제받지 않은 권력기관이라는 비판을 받을 수 있어 법무부장관의 수사지휘권 행사에 대한 정당성 평가는 국민의 몫으로 남긴다"고 하고 스스로 물러난 전례가 있지요.

김민웅 그럼 총장이 지휘를 받들지 않은 상태가 지속되는데 어떻게 하셨어요?

추미애 월요일 오전에 제가 "검찰총장은 좌고우면하지 말고 장관의 지휘사항을 문언대로 신속하게 이행하라"고 다시 쐐기를 박았어요. 그리고 오후에 경기도 화성 용주사로 떠났어요. 산사에서 조용히 저녁을 보내고 있는데 여기저기서 제가 있는 곳을 수소문하고 윤 총장 측은 정치권을 통해 지휘 내용을 바꿔보려고 시도하는 것 같더라고요. 그래서 다음 날 아침 제 마음을 담은 글을 페이스북에 올렸어요.

〈산사의 고요한 아침〉

산사의 고요한 아침입니다. 스님께서 주신 자작나무염주로 번뇌를 끊고 아침 기운을 담아봅니다. 무수한 고민을 거듭해도 바른 길을 두고 돌아가지 않는 것에 생각이 미칠 뿐입니다.

김민웅 사진 속 장관님의 모습이 무척 외롭지만 그런 중에도 단단해 보였어요.

추미애 그러나 마음은 격랑 속에 있었지요. 지휘를 내린 지 일주일이 지났는데 계속 제 지휘를 무시하는 불법상태였으니까요. 그래서 다음 날인 9일 오전 10시까지 지휘 내용대로 이행하라고 최후통첩을 보냈어요.

김민웅 윤 총장이 무려 일주일간 지휘 불수용 상태로 버티다가 결국 최후통첩을 받게 되는 막다른 지점까지 가는군요.

추미애 윤 총장의 행동 하나하나가 공직자인 검찰총장으로서는 전례 없는 일이었지요. 윤 총장은 최후통첩을 받은 이후로도 그날 온종일 언론을 이용해 뒤집기를 시도했어요. 저녁 무렵 일방적으로 독립수사본부를 건의했다고 언론에 알립니다. 저로서는 금시

초문이었어요. 물밑 로비를 시도하다가 이도저도 안 되니까 공개 압박을 해대는 거지요. 그 일주일은 장관이 법 절차에 따른 민주적 통제를 하는데 이를 이런저런 꼼수로 모면하려는 총장의 민낯이 다 드러난 시간이었어요. 어떤 하루였는지 말씀드리자면, 저는 총장의 집요한 로비 공세를 피하느라 연가를 하루 더 내고 오전에 산사를 떠났어요. 이후로 기자들은 온종일 산사의 위치를 찾아 다녔고 저는 기자들의 추적을 피해 경기도 일대를 전전해 다녔지요.

김민웅 무슨 첩보 영화 같네요.

추미애 산사를 떠난 지 얼마 안 되어서 어느 절인지 다 알아내더라고요. 정처 없이 돌아다니다가 퇴근 시간쯤 집으로 향했어요. 집에 거의 도착할 무렵 아파트 경비원이 저희 집 앞에 기자들이 진을 치고 있다고 전화로 알려주었어요. 지친 몸으로 차를 돌려 나오는데, 대검이 '독립수사본부 건의했다'는 속보를 봤어요. 놀라서 제가 정책보좌관에게 독립수사본부 같은 타협안은 절대 수용할 수 없으니 내가 보내주는 문자를 즉시 언론에 알리라고 전화로 지시했어요.


"수명자는 명을 따를 의무가 있을 뿐, 수사팀 불신임은 안 됨."


한편 장관 비서관은 제가 보낸 문자를 SNS에 먼저 올렸어요. 그런데 조남관 검찰국장이 주저하다가 한참 지나서 '수명자'라는 표현을 빼고 수정해서 문자를 보냈어요.

"총장의 건의는 사실상 수사팀의 교체 변경을 포함하고 있으므로 문언대로 장관의 지시를 이행하는 것이라 볼 수 없다."

아마도 조남관 국장은 끝까지 총장을 장관의 명을 받는 '수명자'라고 하기가 싫었던 듯해요. 그러면서 조남관 국장은 장관의 지시를 어기고 총장 측과 수시로 접촉하며 중재해온 그간의 행위가 간부들에게 들통 나 후배들에게 핀잔도 많이 들었다고 합니다. 그럼에도 마지막까지 어떻게든 해보려고 했던 것 같았어요.

김민웅 그날 기자들을 피해 댁에 들어가지 못하고 어떻게 하셨어요?

추미애 다른 곳에서 뜬눈으로 밤을 새우고 아침 일찍 기자들이 몰려들기 전에 청사로 출근했습니다. 숨바꼭질로 보낸 긴장의 하루였어요. 출근해서 바로 보고를 듣고 전날 왜 그렇게 저를 추적했는지 알게 됐어요. 대검이 독립수사본부 제안을 미리 언론에 알렸고 기자들은 장관의 반응을 얻기 위해 종일 소재를 파악했고 집 앞에도 모인 것이었지요. 여론몰이 공작에 익숙한 검찰이었어요.

김민웅 최후통첩의 시한이 임박했을 때 총장은 어떻게 나왔나요?

추미애 오전 일찍 대검 문자에서 기자들에게 문자를 보냈어요. 요지는 장관의 수사지휘권은 발동 즉시 효력이 발생한다. 따라서 총장의 지휘권이 배제되고 중앙지검이 독립적으로 수사하게 되었음을 알린다는 내용이었어요. 그러면서 "총장은 2013년 국정원 사건 수사팀장의 직무배제를 당하고 수사지휘에서 손을 뗄 수밖에 없었다"고 전혀 무관한 자신의 과거 개인 경험을 거기에 붙였어요. 이때 총장은 장관 지휘권이 형성적 처분이라고 했어요. 권한자의 일방적 의사표시만으로 효력이 발생한다는 의미인 것이지요.

김민웅 총장은 지휘권이 상실된 상태임을 알면서도 검사장들을 불러 모아 장관의 지휘가 위법·부당하다고 집단항명했잖아요? 위법한 행동이라고 자백한 것이나 다름이 없네요?

추미애 그런 셈이지요. 그런데도 국정원 댓글 수사팀장에서 직무배제 당한 것을 일부러 언급해서 '불복 정당성'을 내세웠지요. 그러나 누가 수사에 지장을 초래하느냐가 문제의 본질입니다. 그래서 제가 "만시지탄"(晚時之歎, 시기에 늦어 기회를 놓쳤음을 안타까워하는 탄식)이라고 답하고 2013년 국정원 사건 수사팀장 당시에 총장이 느꼈던 심정이 현재 이 사건 수사팀이 느끼는 심정과 다르지 않은데 그것을 깨달았다면 수사의 독립성과 공정성을 훼손하지 않도록 함이 마땅하다고 했지요.

김민웅 법무부장관의 민주적 통제로 상황이 종료되었군요. 본래적 의미의 수사지휘가 이루어진 검찰사상 최초의 사례인 것 같은데요.

추미애 그렇지요. 문민 법무부장관으로서 검찰총장의 수사 방해에 대해 민주적 통제를 한 최초 사례였지요.

김민웅 그렇군요. 언론과 정치권의 갈등 프레임과 조직의 항명을 돌파하고 잘 마무리할 수 있었던 결정적 이유는 무엇이었나요?

추미애 언론과 정치권은 장관과 총장의 갈등으로 구도를 잡고 승부에 내기를 걸었으나 그것은 제 관심 밖이었습니다. 저는 누구를 상대로 이기고 지는 것에 저를 걸지 않습니다. 초지일관 무엇이 옳고 그르냐의 문제에 저의 소신을 분명히 하고 책임을 다할 뿐입니다.

김민웅 1차 수사지휘에 대한 평가는 어땠나요?

추미애 『한겨레』가 검찰총장의 형평 잃은 수사지휘를 장관이 '민주적으로 통제'했다고 했지요. 측근을 감싼 검찰총장 권력을 제동했다고도 평가했습니다. 그런데 '국정원 댓글 수사' 때의 자신을 비유한 것은 윤석열 총장이 법무부장관의 지휘를 뒤집기하다 좌절되자 '피해자'인 양 항변한 것이라고 냉정하게 진단했어요. 그 신문은 사설에서 "장관 지휘권 관철, 검찰 '민주적 통제' 전례 남겼다"고 호평했어요. 또 다른 신문은 윤석열 총장이 장고 끝에 악수를 뒀다고 쓰기도 했어요. 이 일로 당시 대통령 지지율이 2.5%나 올라갔지요.

김민웅 장관님께서 1차 수사지휘로 제대로 평정하셨네요. 그러나 검·언 유착 한가운데서 검·언 유착을 건드렸으니 보복이 시작되었던 거지요. 검찰과 야당, 친검 언론의 공격을 온몸으로 받는 국면이 전개됩니다.

제7장

# 들불처럼 번진 촛불시민의 응원

"다시 이런 세상을 만들 수 있겠습니까?
한번 힘을 빼버리고 좌절하면 다시
일어서기 어렵고 재결집 또한
쉽지 않아요. 그러니 우리는 손잡고
다시 일어서야 합니다."

## 검찰의 끊임없는 공세

김민웅  문민장관으로서 제대로 인사권을 확립하고 수사지휘권을 통해 수사 방해와 측근을 감싼 총장의 권력 남용에 제동을 걸어 민주적 통제의 전범을 세우셨어요. 그런데 그런 과정과 사실이 언론을 통해 제대로 전달되지 않았지요. 이제 장관으로서는 더욱 검·언·정의 압박을 받으며 긴장 속으로 들어가게 됩니다. 사람들은 정치인 장관이 공무원인 총장을 압박한다고 생각하기도 했습니다. 그러나 민주주의 국가라면 어느 나라나 권력 남용의 위험성 때문에 권력기관을 반드시 통제합니다. 주민들에 의한 직접적인 통제방식도 있고, 국민이 선출한 권력에 의한 간접적인 통제방식도 있지요.

추미애  그렇습니다. 미국 같은 나라는 검사장을 주민이 직접 뽑고, 그가 권력을 남용하면 소환까지 합니다. 우리나라는 국민이 선출한 대통령이 임명한 장관이 그 권한 남용을 통제하는 간접적인 방식을 택하고 있지요.

김민웅  윤 총장은 이후에도 태도를 전혀 바꾸지 않았습니다. 선출된 권력이 권력기관을 민주적으로 통제해야 한다는 민주주의 원리에 대한 이해가 없는 것이 아닌가 싶었어요.

추미애  그래서 저는 검찰 조직을 정말 새롭게 정비해야겠다고 더욱 굳게 결심하게 되었습니다. 인사를 정말 더더욱 잘해야겠다는 생각도 하게 되었어요. 감찰권을 강화해야겠다는 다짐도 확고해졌고요. 6월 중순경 채널A 관련자들에 대해 압수수색이 시작되고, 한동훈 검사장이 피의자로 전환되어 법무부가 바로 감찰해야 하는 상황이 되었어요. 사회적 주목도가 높은 사건이 됐으니까요.

김민웅 그런데 한동훈 검사장이 반박하고 나오지요. 1년이 지난 최근에도 자신에 대한 수사는 정치적 수사다, 검·언 유착 프레임으로 사건을 조작하고 있다, 추미애 장관이 허위주장을 한다고 말입니다.

추미애 어처구니가 없었습니다. 자신이 스스로 만든 혐의를 정치적 수사니 뭐니 하며 저에게 책임을 뒤집어씌우고 빠져나가려는 걸 보면서, 후안무치(厚顔無恥, 뻔뻔스러워 부끄러움이 없음)하고 세상 무서운 게 없구나 싶었어요. 한동훈 검사장에 대한 수사승인과 수사진행은 지휘권 발동 이전에 이미 대검 부장회의와 중앙지검 수사팀이 증거와 법리를 따져 독자적으로 판단해 진행되었던 것입니다. 이런 상황에서 감찰권한이 실질적으로 행사되는 게 무엇보다 중요했지요.

김민웅 그런데 추 장관님 재임 기간 때는 대검 대변인이 법무부 장관을 겨냥해서 가짜뉴스나 왜곡된 뉴스를 흘려 언론 플레이를 했던 게 아닌가요? 대단히 심각한 문제지요.

추미애 이건 대검이 모든 범죄정보를 꽉 쥐고 있기 때문입니다. 검찰개혁은 그런 정보 집중과 수사력 독점을 개혁하려는 것이니 저항하는 겁니다. 이를 그대로 놓아두면 윤석열 체제 아래에서는 모든 사건을 '윤석열의 사건'으로 만들어버릴 수가 있어요. 참 무서운 일이지요. 자기들의 권리라고 하지만 이건 검찰청법 해석의

남용입니다.

**김민웅** 평범한 시민들이 생각할 때는, 대검은 검찰의 수사 업무를 총괄하는 상위기관이니 당연히 그럴 수 있지 않나 하고 생각할 수 있어요.

**추미애** 그런 사회적 인식을 특권처럼 누려왔지요. 수사와 기소를 분리시키면 수사정보를 쥐고 이상한 짓을 못 하게 할 수 있어요. 있는 사건 덮고, 없는 사건 만드는 구조가 깨집니다. "부패검사는 어제는 없는 사건을 만들어서 이름을 얻고, 오늘은 있는 사건을 덮어서 돈을 번다"라는 말도 있잖아요. 이걸 깨야 사법정의, 민생정의가 확보되지요.

**김민웅** 정치검찰이 수사 본연에 초점을 맞추지 않고 수사정보를 입맛에 맞게 요리한다?

**추미애** 네. 대검의 수사정보정책실은 여러 정치공작 사건과도 얽혀왔어요. 이 자리를 축소하거나 폐지하는 게 검찰개혁의 대의에 맞지요. 제가 폐지하라 했더니 절충안이 들어왔습니다. 수사정보정책관 밑의 담당관 두 명을 한 명으로 줄이겠다, 지금 당장 폐지는 곤란하다는 거였어요. 너무 급격한 변화는 조직의 반발을 부르니까 일단 수용했지만, 사람은 바꿔야 한다고 했습니다. 그렇게 축소 개편될 경우 차장검사급에서 부장검사급으로 직급이 낮아지기 때문에 직급에 맞춰 인사배치를 해야 한다고 한 것이지요. 그러자 수사정보정책관 손○○는 그대로 둬야 한다고 엄호하는 거예요. 못 바꾸겠다는 거지요. 여기저기 손을 써서 장관의 제청을 막는 수를 쓰는 겁니다.

김민웅 직급이 낮아졌는데도 그대로 있게 하겠다고요?

추미애 직급이 낮아졌는데도 안 나간다는 게 이상하지 않습니까? 알고 보니 대검에서 대변인은 입이고 수사정보정책실은 귀였습니다. 윤석열 총장이 그대로 다 가지고 있겠다는 거지요. 이후 문제가 된 판사사찰 문건도 바로 여기서 나온 것입니다. 자기들 기득권 유지를 위해서는 너무나 중요한 자리니 여기저기 로비한 겁니다.

김민웅 로비 사실은 그때 알았나요, 아니면 나중에 알았나요?

추미애 곧바로 알았지요. 바로 그런 상황이 개혁을 내부에서 좌초시키는 걸림돌이었어요. 이 이야기를 하는 까닭은 특정한 누군가를 비난하거나 지탄하려는 것이 아닙니다. 개혁의 내부 동력을 밀고 나갈 때는 일관되게 나아가는 게 매우 중요하고, 내부의 안이함이 하나라도 있으면 안 된다는 점을 말씀드리는 겁니다.

결국 판사사찰 문건에 대해 제가 11월 26일 대검 감찰부에 수사를 의뢰했지만 손○○이 계속 그 자리에 있으니 수사가 제대로 이루어지지 않았지요. 대검 차장이 서울 고검으로 배당해서 제가 물러난 직후에 무혐의로 사건을 덮어버렸습니다. 참 치밀하고 대담해요. 판사사찰 문건 무혐의 사건은 앞으로 반드시 공수처에 이첩해야 하는 사건입니다. 최근 최강욱 의원, 김남국 의원, 이재정 의원 등이 결성한 '처럼회'가 이 사건을 공수처로 이첩할 것을 공개적으로 촉구했어요.

김민웅  아, 결국 돌아가서 보면 판사사찰 문건은 장관이 제청한 인사의 맥을 끊어놓았기 때문에 그에 대한 대응책으로 만들어진 셈이었군요. 심각한 일이었네요. 결국 개혁적인지 아닌지가 인사의 판단기준이 되어야 하지 않겠습니까.

추미애  그렇지요. 그래서 제가 개혁할 건지 아닌지로 인사 원칙을 세운 겁니다.

김민웅  나중에라도 그 로비 당사자가 누군지, 책임질 일이 있으면 책임을 묻고 싶군요. 그리고 조직에 비해 차관급이라 할 수 있는 검사장이 너무 많은 것 아닌가요?

추미애  네, 그래서 숫자를 줄이자고 했어요. 이건 대통령의 뜻이기도 했습니다. 대검은 일선 검찰청과 달리 수사 기능은 없고 총장을 보좌하는 참모조직인데 그런 역할로 봐도 너무 비대했어요. 그래서 조직 개편을 통해 대검인력을 일선 검찰청의 수사기능 강화에 배치하라고 했습니다. 그러나 저항이 워낙 거세서 대검에 있는 검사장 자리인 부장 하나를 줄이는 데 그쳤어요.

김민웅  개혁을 저지하기 위한 반격이 예상보다 대단히 집요했던 거지요. 개혁의 경로를 만드는 일이 정말 순탄치 않다는 생각을 하셨겠습니다.


## 윤 총장의 대단한 장모

추미애  그 당시 의정부지검에서 윤석열 총장 장모 사건을 맡고 있었어요. 그 장모가 관련된 또 다른 공원묘지 사건도 추가되었지요. 피해자 노○○ 씨가 검찰이 수사를 안 한다고 진정을 제기한 사건이었는데, 알아보니 수사부서가 아닌 곳에 배당된 채 잠자고 있었습니다.

김민웅 검찰에 수사부서가 아닌 곳도 있나요?

추미애 수사과정에서 인권침해가 많아 인권감독관 제도를 두었는데 이를 악용하는 거예요. 인권감독관은 조사기능만 있지 수사기능이 없어요. 수사 중에 인권침해를 당했다는 민원이나 신고가 제기되면 조사를 벌여 인권침해 사실이 발견되면 수사부서에 수사의뢰를 하지요. 이처럼 인권감독관에게는 조사기능만 있습니다.

김민웅 조사와 수사의 차이가 분명한가요? 수사가 강압적 권한의 발동이라는 건 알겠는데, 조사권은 있으나 수사권이 없다는 건 설명이 좀 필요할 것 같네요. 그게 어떻게 해서 특정 사건을 매장할 수 있는지 말입니다.

추미애 말씀 잘하셨어요. 일단 조사는 내부적이고 수사는 대외적인 강제권을 발동한다는 차이가 있어요. 예를 들어 남의 집에 출입해야겠다, 가택수사를 해야겠다고 하면 영장을 청구해서 들어갈 수 있지요. 하지만 조사는 피조사자의 동의가 필요합니다. 임의로 자료를 제공받는 등 피조사자의 협조 없이는 조사할 수 없는 한계가 있지요. 내부적으로 사안을 알아보고 점검하는 정도입니다.

김민웅 능동적으로 파헤치기는 한계가 있다는 거군요.

추미애 네, 바로 그 점을 이용한 겁니다. 능동적으로 파헤칠 수 없으니까 사건에 깊이 들어가지 못합니다. 윤 총장 장모의 피해자 노○○ 씨가 2019년 법무부에 진정을 해서 10월에 대검에 사건이 이첩되었어요. 그러자 윤석열 총장의 대검이 요양병원 부정수급 사건을 수사하고 있던 의정부지검 형사부에 보내겠다고 하고서는 의정부지검 인권감독관에게 배당해버린 거지요.

김민웅 명분은 뭐였을까요? 수사대상으로 고발당했는데, 조사 수준에서 멈추게 한 명분 말입니다.

추미애 대검은 직접 수사를 못 하니까 민원을 받으면 수사권이 있는 관할 지검으로 이첩하는 거예요. 윤 총장 장모 사건이 편법 배당된 것을 알게 된 것은 그의 측근이 연루된 채널A 사건과 역시 윤 사단 특수통이 관련된 수용자 모해(謀害)위증교사를 감찰 방해한 사건 때문이었어요. 법무부가 수사하라고 내려보낸 채널A 사건, 수용자 모해위증교사 사건 등을 윤석열 총장이 인권부나 중앙지검 인권감독관실로 보내고 감찰을 방해하는 걸 보면서 지휘감독권자인 저로서는 화가 많이 났어요. 장관의 지휘감독권을 총장이 정면으로 무력화한 것이니까요. 그러던 중 윤 총장 장모 사건과 관련해 의정부지검 인권감독관실이 전화로 진정인에게 고소장을 취하하라고 종용하는 장면을 뉴스에서 보았던 것이 떠올랐어요. 제 기억으로는 총선 한 달 전인 2020년 3월 19일, MBC의 보도였어요. 진정인이 진정한 지 5개월이 지나서야 전화를 걸어 취하를 종용하며 종결하겠다고 하니, 진정인이 녹음해서 제보했던 거지요. 수사 사건을 빼돌리기한 것과 비슷한 사례였다는 걸 알게 되었습니다. 수사부서가 아닌 인권감독관실에 보내 공소시효가 지나기를 기다리는, 고도의 법기술을 부리고 있다는 걸 파악한 겁니다.

**김민웅** 명분이고 뭐고 그냥 그렇게 보내버리고 덮어버린 거군요.

**추미애** 그런 식이었던 거예요. 윤 총장 장모의 사기 사건을 인권감독관실에 배당하고 공소시효를 넘기려다가 다섯 달 만에 들통나자 겨우 통장잔고증명서 위조 사건으로 축소 기소했습니다. 1억여 원 내외의 통장잔고를 347억 원으로 위조한 것인데 사기액이 5억 원 이상일 때는 형법상 단순사기죄가 아닌 특경법상 사기죄로 3년 이상 징역형에 해당하는 범죄입니다. 그런데도 알맹이는 쏙 빼고 사문서위조라는 곁가지만 기소했어요. 그래도 총장 장모를 상대로 그리 했기에 "아, 의정부지검장, 그나마 좀 배짱 있네" 했어요.

**김민웅** 기억이 맞는다면 박순철 의정부지검장은 전격 사퇴하면서 추 장관이 검찰의 중립성을 훼손했다는 요지의 글을 쓴 사람 아닙니까?

**추미애** 네, 바로 그 박순철 지검장이에요. 그의 배짱을 높이 사서 다음 인사에서 서울남부지검장으로 영전시켰어요. 그런데 윤석열 총장이 "나는 장관 부하가 아니다"라고 했던 대검 국정감사날, 박순철 남부지검장이 영전된 지 두 달 만에 갑자기 사표를 냅니다. "정치가 검찰을 덮어버렸다"라는 장문의 글을 쓰고는 말이지요. 아니나 다를까 국정감사가 시작되자 이 이야기부터 국감장을 요동시킵니다.

김민웅 박순철 남부지검장과 같은 상황을 보면서 어떤 생각이 들었나요?

추미애 개혁에 대한 저항으로 장관을 조롱하는 것은 물론이고, 누군가 장관 진영으로 넘어갔다 싶으면 회유하거나 압박해서라도 다시 자기 진영으로 데려가는 능력을 끝도 없이 발휘한다고 생각했어요. 윤석열 총장이 자기는 장관의 부하가 아니라고 한 시점과 박순철 남부지검장이 검찰개혁을 비판하고 사퇴한 시점이 같은 날 이루어진 게 과연 우연일까요? 장관의 지휘권 발동에 대한 저항이었으니까요. 기본적으로 하극상이었지요.

김민웅 로비도 하고 회유도 하고 압박도 하고, 아무튼 자신들의 조직적 응집력을 최대한 발휘하면서 개혁에 저항했다고 보어집니다.

추미애 검찰개혁의 임무를 맡은 장관의 힘을 완전히 빼려고 하는 거지요.

김민웅 그런데 뭔가 해볼 만하겠다 했던 박순철 남부지검장이 그렇게 나오니 검찰개혁에 타격을 입지 않았나요?

추미애 문제는 박순철이라는 사람 자체도 잘 봐야겠지만 검찰 조직 내부의 맥락도 함께 봐야 합니다. 아무리 인사를 잘해도 검찰 내부의 권력구조를 바꾸지 않는 이상 누구든 조직에서 따돌림당한다는 공포감 등으로 궁지에 몰리면 백기를 들고 개혁 저항세력에 합류할 테니까 말이지요. 박순철 남부지검장은 총장의 장모를 기소한 사람인데, 그런 사람을 빼내 조직적 저항의 전면에 내세운다면 장관에게 타격이 클 거라고 본 것이지요. 참고로 대검 국감은 국회에서 하는데요. 지검장은 그 자리에 와야 합니다. 그런데 윤 총장이 국회에 오는 그 시간에 박순철 남부지검장이 사퇴한다면서 검찰 내부망인 이프로스에 그런 글을 공개한 거지요. 시점도 그렇고 "정치가 검찰을 덮었다"라는 내용도 그렇고 완전히 장관에 대한 저격인 거지요. 무슨 특수작전을 하는 것 같아요. 잘 짜여진 각본이라고밖에 볼 수 없습니다.

김민웅 검찰 내부가 조직적으로, 그것도 원팀으로 움직였다는 생각이 들 만합니다.

추미애 자기들끼리 조직상 관계도 그렇지만 정치술수에 정말 능하다 싶었어요.


## 라임 사건의 몸통은 어디에 있을까

김민웅 개혁전선은 위태로워지고 추 장관을 둘러싼 포위망은 좁아지고 있었습니다.

추미애 개혁저항 세력이 그런 작전들을 전개해나간 거지요. 언론도 사정을 제대로 살펴보지 않았고요. 그런데 그 시기 윤 총장 장모 사건, 코바나컨텐츠 사건, 도이치모터스 사건, 용산세무서장 사건 등이 논란이 됩니다. 하지만 어떤 사건이든 모두 시효가 있잖아요. 시효는 임박한데 총장이 실세이기 때문에 감히 수사할 엄두를 못 내고 있는 거예요. 이에 대해 일부 시민과 열린민주당의 고소·고발이 있었어요. 그래서 이걸 감찰할 만한 사안인지 아닌지 감찰 담당관에게 점검하라고 했어요. 감찰을 개시할 상당한 이유가 발견되어 10월에 감찰을 위한 조사를 명하게 됩니다.

**김민웅** 일이 잘 풀려갔습니까?

**추미애** 감찰 지시 후 10월 16일에 긴급속보가 떴습니다. 라임 사건 관계자인 스타모빌리티 회장 김봉현 씨의 자술서가 등장해 검찰의 주장을 뒤흔들었습니다. 그때까지 언론은 라임 사건은 정치적 사건인데 법무부가 감추고 있다는 식으로 왜곡 보도했고, 대검이 이를 주도했지요. 그러나 김봉현 씨의 자술서는 수사가 정치화되어 있다는 걸 짚었어요. 그래서 2차 수사지휘를 하게 되었지요.

**김민웅** 김봉현 씨의 자술서에서 어떤 점을 주목한 건가요?

**추미애** 라임자산운용이 펀드자금을 모집해 운용하다가 손실이 발생했는데, 돌려막기를 하며 버티다가 결국 환매를 중단합니다. 그렇게 회수 불가능해진 투자금이 1조 6,000억 원대에 이르렀고요. 이에 피해를 입은 사람들이 2020년 1월경에 라임자산운용을 고소했습니다. 이것을 라임 사건이라 하지요. 그렇기 때문에 김봉현 씨는 라임 사건의 본류가 아니에요. 이 사람은 라임이 투자한 '수원여객'의 돈을 횡령했다는 죄목으로 수사받고 있었어요. 라임 사건의 핵심은 투자대상으로 삼은 미국무역금융펀드가 이미 부도 상태인데도 투자자를 모집할 때 사실대로 고지하지 않고 속였다는 것입니다. 따라서 수원여객 투자금 횡령 사건과는 별개의 사건이지요.

김민웅 수원여객 사건 수사대상자가 완전 별개의 라임 사건과 얽혔다면 수사 주체가 달라진다는 의미네요.

추미애 그래서 김봉현 씨의 자술서에 이런 이야기가 나옵니다. 본인은 원래 수원지검에서 조사받았는데 남부에서 사건을 가지고 가더니 무려 66회가량을 불러서 회유하고 조사했다, 검사가 윗선의 누군가에게 보고하고 또다시 조사하는 과정을 몇 번이나 거친 다음에야 조서를 작성했다, 관련 정치인 누구를 불면 총장이 좋아할 거라고 했다는 내용이지요. 이 같은 보도를 접하고 총장의 연루 의혹을 부정할 수 없게 되었습니다.

김민웅 잠깐 정리해보면 검찰이 사건을 덮기도 하고 만들기도 하니 감찰을 개시했고, 그러면서 여러 중요 사건이 생각보다 문제가 많다고 판단하게 된 거지요. 그 와중에 김봉현 씨의 자술서가 나왔고, 이걸 통해 구체적으로 검찰이 어떤 식으로 사건을 만들어가는지 알게 된 것이고요.

추미애 그렇습니다. 그래서 박은정 감찰 담당관에게 이 사건을 조사하게 했습니다. 우선 자술서의 진정성 여부를 확인하는 게 중요했지요. 감찰 담당관이 사흘을 꼬박 출장 가서 조사했어요. "신빙성 있습니다. 심각합니다"라고 보고해서 제가 10월 19일 수사 지휘를 시작했습니다. 라임 사건과 윤 총장 가족 및 측근 관련 사건에서 총장의 수사지휘권을 배제하고 수사팀의 독자성을 인정해주라고 지시했습니다.

김민웅 1차 수사지휘 때와 동일한 원칙을 적용한 거지요?

추미애 네. 그랬더니 윤 총장이 이번에는 30분 만에 장관 지휘를 수용해요. 1차 수사지휘 때에는 총장이 일주일 지나 수용태도를 밝히면서 스스로 법적 권한을 가진 사람, 그러니까 이 경우는 저 법무부장관이지요. 그 사람이 의사를 밝히면 권한이 발동되는 '형성권'이라고 했으니까요. 스스로 세운 논리를 비켜갈 수 없었던 거지요. 그런데 겉으로는 지휘수용의 모양새를 취하면서 안으로는 장관에게 반격할 후속 작전을 꾸미고 있었습니다. 정치가 검찰을 덮었다며 비판하고 사표까지 던지도록 남부지검장을 설득해 분위기를 조성한 다음, 윤 총장은 국감장에 앉자마자 지휘권을 수용한다고 했던 자신의 말도 뒤집으면서 장관이 중죄인의 말만 듣고 지휘권을 발동했다고 하는 등 반격의 말을 쏟아냈습니다. 자신을 중상모략한다고 했고, 그것도 점잖게 표현한 거라고 하면서 말이지요. 김봉현 씨의 자술서 이야기를 더 하자면, 자신을 협박해서 정치인이 연루되었다는 자백을 강요받았을 뿐 아니라, 현직 검사들을 변호사와 함께 룸살롱으로 데리고 가 접대했다는 내용도 들어 있었습니다. 그 접대도 감찰조사 결과 사실로 밝혀졌고, 뇌물받은 정치인 이름을 대라고 했을 때 야당 정치인은 그냥 넘어갔다는 겁니다.

김민웅 그 접대 사건이 검사 술값 계산 축소 사건이지요? 법에 저촉되지 않도록 1인당 99만 원으로 짜맞추기 계산해서 불기소해버린 그 접대 사건 말입니다. 그걸 보고 모두 실소했지요.

추미애 청탁금지법에 걸리지 않게 엉터리로 계산한 것이지요. 그래서 제가 김봉현 씨가 말한 "야당 정치인에게 수억 원을 줬다, 검사들에게 술접대를 했다, 수용자를 협박했다"라는 세 가지 건에 대해 수사지휘를 한 겁니다. 김봉현 씨의 자술서 공개는 10월 16일이었고, 수사지휘권 발동은 3일 뒤인 10월 19일이었어요. 그때 언론은 '추·윤 갈등'이라거나 추 장관이 윤 총장을 때린 거라는 식으로 기사를 씁니다. 본질은 제쳐두고 저를 공격했지요.

김민웅 라임 관련 2차 수사지휘를 윤석열 총장에 대한 공격이라고만 보도했으니 사태를 완전히 왜곡했습니다. 사건의 실체는 도외시한 채 윤석열 총장에 대한 언론의 엄호는 완전히 그 본분을 저버린 것이라 하지 않을 수 없습니다.

추미애 검찰이 라임 사건을 정치 사건으로 몰아가는 사이에 결국은 라임 몸통으로 의심받은 김○○ 회장은 해외로 도피했다고 합니다. 윤 총장이 나가고 나니 최근에야 그의 자금 흐름의 단서가 포착돼 수사가 이루어진다고 해요. 어처구니없지요. 정치 사건화로 한눈판 사이에 몸통도 놓치고 범죄수익 환수도 못 하게 되었습니다.

김민웅 정치검찰이 피해자들의 피해복구를 막은 셈이 되었군요.

## 삼류 소설

**추미애** 당시 법사위 국감이 열렸어요. 그 무렵 공수처장 후보 추천을 야당이 보이콧했지요. 이낙연 대표가 26일까지 후보를 추천하고, 시한을 넘기면 법대로 공수처를 설치하겠다고 했어요. 공수처와 2차 수사지휘가 함께 맞물리자 언론은 "거듭된 지휘권 행사로 검찰총장 제도가 무력화되었다" "검찰의 중립과 독립성이 침해될 우려가 있다"는 식으로 본질을 호도했습니다. 언론이 일방적으로 윤 총장의 편을 들었지요.

**김민웅** 2차 수사지휘에 대해서는 추 장관이 윤 총장을 밀어내는 것이라고, 청와대나 여당 정치인 연루 사건에 대해서는 검찰총장을 배제하고 방탄작업하는 것이라고 보게 만든 것이지요.

**추미애** 맞아요. 언론은 장관이 구체적인 사건을 놓고 핀셋 수사지휘를 한 걸 보니 사실상 윤 총장 찍어내기라고 쓰더군요. 유사한 관점에서 야당의 주장을 그대로 제목으로 쓰기까지 했어요. 야당의 극단적인 주장은 제목으로 뽑고 법무부장관의 정당한 권리 행사라는 여당의 설명은 궁색한 변명인 양 꾸며 소제목으로 걸쳐놓았습니다.

**김민웅** "아, 내가 수세에 몰리고 있구나"라는 생각이 들던가요?

**추미애** 그렇지요. 법사위 국감과 정기 국회 대정부 질문이 진행되는 4일 내내 말도 안 되는 논리로 아들 문제까지 공격하더군요.

**김민웅** 어떻게요?

**추미애** 제가 조목조목 답하니 갑자기 법무부차관을 불러 세워놓고 "동부지검장을 하다가 법무부차관으로 간 거지요? 장관 아들 사건을 잘 처리해준 반대급부로 영전한 건가요?"라며 몰아세우는 식이었어요.

김민웅 기괴한 방식이네요. 진상규명을 위한 질문이 아니라 공개적인 모욕이라고 볼 수밖에 없군요.

추미애 윤 총장이 감찰에 답해야 하는 상황이었는데, 방향을 바꿔버리는 거지요. 그때 제가 "소설 쓰시네"라는 탄식이 저절로 나왔어요.

김민웅 아, 그 말이 그때 나왔군요.

추미애 저에 대한 공격이나 모욕은 어느 정도 감당하기로 마음먹었지만, 제 아들 일과 무관한 차관을 세워놓고 공개적으로 모욕을 주는 것은 참을 수 없었습니다.

김민웅 삼류 소설이었습니다. 총장까지 감찰대상으로 삼게 된 판단은 어떻게 내려진 건가요?

추미애 2차 수사지휘가 시작된 이후 감찰지시가 내려간 사이에 옵티머스 사건이 터졌습니다. 전파진흥원은 옵티머스에 투자한 공공기관인데 제3의 피해가 발생할 수 있으니 조사해달라고 요청했어요. 문제는 검찰이 제대로 수사하지 않고 종결했다는 것입니다. 당시 중앙지검장으로 있던 윤 총장이 왜 이걸 제대로 처리 안 했느냐, 그때 중앙지검이 기소했더라면 1조 7,000억이라는 큰 피해가 발생하지 않았을 것 아니냐는 질문이 법사위에서 나왔어요. 이 사건도 대검과 합동으로 감찰하라고 했어요.

김민웅  그러나 윤 총장은 실제로 감찰을 받지 않았잖아요?

추미애  회피한 거지요.

김민웅  어떻게 회피했는지 그 경위를 말씀해주세요.

추미애  법무부 검사들이 감찰조사를 위해 서면으로 질의서를 전달하려고 대검을 방문해서 "언제 찾아오면 좋겠습니까"라고 정중하게 물었습니다. "감찰조사에 응해주십시오. 어차피 구두심문이니까 일정을 잡아주십시오"라고 했어요. 그러자 대검 과장이 그 서류를 집어던졌어요.

김민웅  예우 논쟁이 벌어졌지요?

추미애  네. 이건 총장에 대한 예우가 아니라고 했지요. 일주일을 그렇게 일종의 대치상황으로 갔어요. 그게 11월 중순쯤이었네요. "그러면 총장이 계속 조사에 불응하니까 하는 수 없이 바로 징계청구를 할 수밖에 없다. 비위가 엄중하기 때문이다"라고 했어요. 그간 조사한 여러 사실을 보고받았으니 그대로 지나갈 수 없다고 했지요.

김민웅  그런데 언론은 다르게 이야기했지요. 윤 총장의 감찰사유는 슬쩍 넘어가고, '추·윤 갈등'으로만 보도했습니다.

추미애  조사하다 보니 보통 심각한 게 아니었어요. 우선 판사를 사찰했다는 게 드러났어요. 어떤 판사는 귀가 얇다거나 어떤 사건을 어떻게 처리했다거나 하는 식으로 성향을 분석하고 세평 따위를 모은 것인데, 이런 것들은 수사정보가 아닌데도 수사정보로 정리해놓았어요. 판사가 수사대상인가요? 그것부터가 잘못되었지요. 재판에 임하기 위해 그랬다는데, 그건 수사기록과 내용으로 하는 거지 왜 검찰이 판사를 조사하고 관련 자료를 수집하나요? 그 의도가 뻔한 거지요.

김민웅  또 어떤 중요한 문제가 떠올랐나요?

추미애  시중에는 이미 다 알려져 있었지만, 언론사 사주와 만났습니다. 그것도 한 언론사만이 아니었어요. 언론사 사주를 만난 그 자체를 문제 삼는 것이 아니라, 총장이 중앙지검장 시절 수사대상인 언론사 사주를 만났다는 것이니 엄중하게 다루어야 했습니다.

김민웅  감찰과정이 순탄할 수 없었지요?

추미애  감찰방해와 수사방해가 계속되었지요. 예를 들어 한명숙 전 총리를 유죄로 몰아간 재소자를 동원한 모해위증 및 교사 사건 수사에 대한 방해가 대표적이었어요. 1심 법정에서 핵심 증인이 검찰 진술을 번복하니까 그 증언을 거짓이라고 탄핵하기 위해 다른 재소자들을 반복 훈련시켜서 원하는 증언이 나오도록 했다는 건 언론 보도로 많이 알려졌지요. 그래서 제가 감찰지시를 내렸습니다. 그런데 윤석열 총장은 해당 사건을 인권부로 배당하면서 수사를 방해하고, 한동수 감찰부장의 감찰을 계속 틀어막습니다. 그 과정에서 감찰부장이 당한 일이 많아요. 감찰부장은 감찰 업무의 독립성을 보장하기 위해 만든 개방직입니다. 여기서 개방직이란 임용 당시 신분이 공직 수행 시 타이틀에 묶이지 않을 민간인으로 공직에 참여시킨다는 취지의 자리입니다. 한동수 감찰부장은 전임 조국 장관 시절 뽑은 사람이고요. 감찰부장은 검찰개혁 작업의 중요한 자리예요. 윤 총장이 워낙 제 식구 감싸기를 하니까 제대로 통제하지 않으면 검찰개혁은 무위로 돌아가게 되지요. 감찰부서의 독립성은 대단히 중요합니다.

김민웅 감찰부서와 검찰총장의 관계는 어떤가요?

추미애 감찰은 총장의 승인사항이 아닙니다. 독립성을 확보하기 위해 그렇게 한 것이지요. 감찰의 개시와 결과만 총장에게 보고하면 되지, 감찰을 하고 말고는 철저히 독립된 사항입니다.

김민웅 그렇다면 누가 그걸 맡는지가 매우 중요하겠군요.

추미애 총장의 지휘감독 체계에서 독립성을 지키려면 그 조직 출신이면 안 되겠지요. 그래서 공모하는 건데, 총장이 청와대 특정 인물을 거론했다고 합니다. 그런데 대통령께서 판사 출신으로 당시 변호사였던 한동수를 감찰부장으로 정리하셨다고 하더라고요. 한동수 감찰부장은 이 제도의 취지에 부합하는 인물이고 소명의식도 있어요. 한동수 감찰부장이 감찰한 결과 한명숙 전 총리 모해위증 및 교사 사건 같은 경우는 인권침해일 뿐 아니라 검사가 수사 중에 재소자인 증인들을 위증하도록 한 중대 비위 사건인 걸 파악하게 됩니다.

김민웅 그랬을 때 대검 감찰부의 권한은 무엇인가요?

추미애 인권부와 달리 감찰부는 조사도 할 수 있고 수사도 할 수 있어요. 그러니 총장이 감찰부에서 사건을 빼앗아 인권부로 넘긴 거예요.

김민웅 수용자 모해위증 및 교사 사건이 바로 그런 경우가 된 거지요?

추미애  그렇습니다. 수용자 모해위증 및 교사 사건의 경우 감찰하겠다고 하니까 대검 차장이 나타나 총장 지시라고 하면서 "참고만 할 테니까 관련 서류를 복사해달라"고 했습니다. 자꾸 인권부로 넘기려고 해서 안 된다고 하자 "그러면 참고만 할 테니 사본을 달라"고 했다는 겁니다. 그렇게 속여서 넘겨 받은 사본에 번호를 붙여 중앙지검 인권부에 주는 식으로 감찰을 방해한 거지요.

김민웅  지시문건처럼 만들어버렸군요. 무서운 일이네요. 그게 그 유명한 '사본배당'이었고요.

추미애  그렇지요. 검사가 수사하려면, 수사해달라고 접수된 원본에 번호를 붙여 진행하는 것이 원칙입니다. 그런데 사본을 만들고 거기에 번호를 붙여 사건을 가져간 것입니다. 그것만이 아니에요. 채널A 사건에서 총장은 감찰개시 보고를 안 받았다고 했어요. 그런데 보고라는 게 서면만이 아니라 구두로도 되잖아요. 한동수 감찰부장 말에 따르면 구두로 두 번 정도 이야기했다고 합니다. 감찰하겠다고 하니 윤 총장이 들은 척도 안 하더래요. 그러고는 휴가를 내면서 "나 없을 때는 문자로 하라"고 했다는 거예요. 그러자 한동수 감찰부장이 감찰은 승인 사항이 아니라 개시만 보고하면 되니까 "감찰 착수했습니다"라고 문자를 보냈답니다. 총장 자신이 그렇게 하라고 지시했으니까요. 그런데 나중에는 감히 총장에게 문자로 보고했다고 언론에 알려서 한동수 감찰부장의 처지를 곤란하게 만들었지요.

김민웅 "악마는 디테일에 있다"라는 말이 생각나네요.

추미애 트집거리가 있으면 아무리 작아도 놓치지 않고 정치적 언론 플레이를 하는 거지요. 그래서 한 부장이 페이스북에 전후 사정을 낱낱이 공개했어요. 여차여차해서 총장이 그렇게 하라 한 것이고 그전에도 보고했다고 자기 입장을 밝힌 거지요.

김민웅 감찰부가 그런 식으로 흔들리면 안 될 텐데, 이후 뭔가 후속 조처를 취하셨나요?

추미애 감찰부 조사사건이 그렇게 기만적으로 탈취당했는데, 손 놓고 있을 수 없었지요. 그래서 기왕 중앙지검 인권부로 내려갔으니 거기서 조사한 것도 다 받아서 감찰부가 살펴보라고 다시 지시를 내렸어요. 하지만 여러 차례의 감찰방해와 수사방해로 공소시효를 넘기게 했다는 것을 꼭 기억할 필요가 있습니다.

김민웅 방해공작이 집요했군요.

추미애 윤석열 총장이 저를 처음 만났을 때 "장관님이 인사에 관해 뭘 압니까. 다 파악하고 난 후에 천천히 하세요"라고 하더라고요. 그 말인즉 장관을 길들이겠다, 시간을 들여 순치시키겠다는 것이겠지요. 그런데 그것도 불발되고 장관이 수사지휘까지 하니 사건을 수사권이 없는 인권부로 보냈던 거지요. 정의가 시들고 죽어버리도록 말입니다.

## 검찰총장은 장관의 지휘를 받는 공무원이다

김민웅 그즈음부터 개혁에 대한 저항을 둘러싼 대치 국면이 더 강경해졌어요.

**추미애** 10월 22일, 국감장에서 윤 총장이 "나는 장관의 부하가 아니다"라고 말해요. 그럼 그 자리에 있으면 안 되지요. 장관의 하급자가 아니라면 그 자리에서 나가야지요. 그래서 제가 그날 페이스북에 "검찰총장은 장관 지휘를 받는 공무원이다"라고 아주 분명하게 씁니다. 그랬더니 언론이 총장을 비판하지 않고 "추가 즉각 반격했다" "갈등 다시 커지다"라고 보도합니다. 몇 시간 후에는 윤 총장이 대통령께서 "임기를 지키라"는 메시지를 보냈다고 치고 나옵니다. 장관이 아무리 그래봐야 자기는 대통령의 신임을 받는 사람이라고 버티는 거지요. 그러니 청와대는 뭐라 하겠어요? "입장 밝힐 게 없다"라는 게 전부지요. 어이가 없었을 거예요.

**김민웅** 조국 장관 때도, 추 장관 때도 윤석열 총장은 기본적으로 자신이 최상위 지휘권자로서 누구의 지휘도 받을 수 없다는 태도를 견지한 거지요. 그러면서 검찰개혁의 지휘계통이 무너지기 시작했습니다. 대통령의 명을 위임받은 장관까지 능멸하면서 검찰 조직의 사유화를 밀고 나갔다고 볼 수밖에 없어요. 국회에서 이 문제로 논란이 벌어졌을 때 저는 아쉬웠어요. "검찰총장이 법무부장관의 상관입니까?"라는 질문만 던졌으면 되었던 건데 말이에요. 윤석열 총장은 선출권력에 의한 민주적 통제를 밝힌 검찰청법을 알면서도 정면으로 부인한 거지요. 그러고도 대단한 헌법주의자처럼 행세하는 것은 가당치 않다는 생각이 듭니다. 게다가 판사사찰까지 했잖아요. 그에게서 헌법정신의 파괴를 보게 됩니다. 검찰개혁의 난관과 촛불시민들의 분노, 그 중심에는 정치검찰의 조직적 움직임과 함께 무엇보다도 윤석열 총장의 이 같은 행태가 중요 요인으로 작동했다고 볼 수밖에 없습니다.

추미애  정확한 분석입니다. 그때 난데없이 부하논쟁이 벌어졌어요. 윤 총장이 임기 지키라는 대통령 메시지가 있다면서 물러나지 않겠다는 의지를 밝혔고, 여당을 향해서는 자신을 흔들지 말라고 엄포를 놓자, 언론이 윤 총장을 영웅으로 만들어줍니다. 장관의 지시는 따르지 않고 자기가 최고 지휘자인 양 행세하며 검찰개혁에 잇따라 제동을 거는데 어떻게 그걸 그대로 놓아두나요.

김민웅  당시 장관님의 판단·생각·느낌은 어떠했을까요?

추미애  징계조처를 해서라도 바로잡지 않으면 안 되겠다는 생각이 강하게 들었어요. 윤석열 총장의 언사와 행동이 모두 딱 정치검찰이에요. 그래서 언론사주 만난 것, 정치중립성을 저해한 것 등을 징계 사유로 넣게 됩니다. 보통의 공무원도 정치 관여는 중징계를 받잖아요. 그런데 검찰총장이 정치적 발언을 가리지 않고 하는데 이걸 언론이 칭송하듯 부각시키는 건 아주 위험한 일이지요. 『중앙일보』에 "윤석열 검찰총장 말이 구구절절 옳다"라는 제목의 사설(2020. 10. 23)이 실려요. 다만 『한겨레』 정도가 "30분 만에 수사지휘를 즉각 수용한 총장이 국감장에서 그렇게 말한 건 모순이다" "검사 향응에 대해서도 아무 말 안 했다. 가족 관련 사건은 일축하고 국민의 불신은 상관없는 검찰지상주의자다"라고 했을 뿐이고 나머지 언론들은 "정치가 검찰 흔드는 행태, 경종 울린 박순철 사퇴" 같은 제목을 뽑았어요.

김민웅 11월 2·3주 차로 넘어가면서 윤 총장이 처음으로 대선 후보 지지율 조사에 등장합니다. "부하가 아니다"라는 선언으로 대선주자 반열에 오른 셈이 되었어요.

추미애 네, 그날 국감 말미에 야당 의원이 "퇴임 후 뭐 할 겁니까"라고 물으니 사회를 위해 봉사할 거라는 식으로 답했지요. "정치에 뛰어드는 겁니까"라는 질문에는 정확하게 대답하지 않았지만 사실상 그걸로 정치할 뜻을 밝힌 셈이죠. 지금 그걸 여실히 보여주고 있는 것입니다.

## 저널리즘의 실종

김민웅 징계 이야기를 해볼까요?

추미애 청와대에 윤석열 총장의 문제를 사전 보고하고 11월 24일에 징계청구를 했습니다.

김민웅 징계는 지금까지와는 전혀 다른 차원의 결정이잖아요. 딱 특정해서 책임을 묻는 거니까요. 왜 그렇게 하게 되었나요?

추미애 윤 총장이 조사도 거부하고 수사조직도 제대로 돌아가지 못하게 하니까요. 조직에 충성한다고 했지만 '자기 조직'만 머리에 꽉 차 있어요. 징계청구 과정에서 내부토론을 깊이 있게 했어요. 모두 판사사찰을 심각하게 봤습니다. "헌법파괴다" "사법부 독립을 침해하는 엄청난 사건이다" "민주화로 공안통치 요소를 다 제거했는데, 대검이 수사정보를 취득한다는 명분으로 판사 성분을 분류하고 언동을 따로 분류하며 성향을 미리 파악한다는 것은 대단히 위험하다"라는 말들이 나왔지요.

김민웅 징계청구 대국민 발표를 하던 날 기자실이 시끄러웠지요?

추미애 퇴근 직전에 와서 고지한다는 이유로 취재를 거부하겠다는 거었어요.

김민웅 사건 앞에서 기자가 퇴근 시간이 정해져 있는 걸 처음 알았다는 사람들이 많았어요. '저널리즘의 실종'이지요. 그런데 징계하면 행정소송을 제기할 수 있다는 우려는 안 했나요? 실제로 그런 일이 일어나 윤석열 총장은 직무정지가 풀려 도로 총장 자리로 돌아갔지 않습니까?

추미애 소송 대비는 했지요. 다만 의외의 암초를 만나는 바람에 어쩌지 못하고 말았어요. 일각에서는 허술하게 대비했다고 하는데, 소송도 소송이지만 감찰위원회까지 개입해서 혼선을 만들어버리고 말았지요. 감찰위원회는 징계 여부에 관한 의견을 내놓을 수 있어요. 원래는 임의적인 것이지만, 감찰위원장 이하 감찰위원들이 열어달라고 해서 그렇게 했어요.

김민웅 원래는 임의적인 건데 열어달라 해서 그리했다, 무슨 뜻이지요?

추미애 징계 여부를 판단하기 위해 반드시 감찰위원회를 열어야 하는 건 아니에요. 감찰위 구성이나 성향은 그렇게 중요하게 여기지 않았어요. 이 사건은 누가 봐도 너무 위중하다고 생각할 만한 사안이니까요. 요청이 오면 받아주라고 했어요. 그런데 감찰위가 개시되자 그 가운데 몇몇이 분위기를 법무부에 적대적으로 만들어놓은 것 같아요. 모든 증거를 대조해볼 수 없는 상황에서 총장측 소명만 듣고 징계청구가 부적법하다는 쪽으로 의견이 기울고, 그게 윤 총장을 옹호하는 여론을 만드는 데 일조합니다. 법무부가 구성한 감찰위가 징계청구는 부적법하다고 결론지었으니, 위법한건 장관이라는 식으로 이야기되기 딱 좋은 거였지요. 확실한 내용이 담긴 징계자료가 있으니 그런 결론이 나오리라고는 생각하지 않았어요.

김민웅  징계절차를 거치면서 장관님이 상처를 입게 되지요?

추미애  그렇지요. 하지만 개혁을 바라는 많은 시민들이 함께해주셨어요.

김민웅  검·언 유착의 현실과 시민들의 생각은 거리가 있었습니다. 시민들의 응원은 대단했습니다. 1차 수사지휘권 발동을 계기로 추 장관님 SNS가 검찰개혁의 집결지가 되어갑니다. 징계 논의가 시작되면서는 촛불시민이 더욱 큰 힘을 모아주지요. 기성 언론들은 공격했지만 검찰개혁을 바라는 시민들은 전혀 달랐습니다. 11월 20일 낙산사 고 노무현 대통령 영정 앞에 선 장관님의 모습을 징계청구 후에 페이스북에 공개하셨지요. 당시 장관님 페이스북은 '좋아요'가 3만을 넘었습니다. 엄청난 겁니다. 시민들은 노무현 대통령의 죽음이 어디에서 비롯된 건지 분명히 알고 있었고, 그래서 물러섬 없이 검찰개혁을 밀고 가라는 명령을 내린 셈이에요.

게다가 이 시점에 천주교 사제들의 시국선언과 집회, 사회대개혁 지식인네트워크 등이 검찰개혁 응원에 나섭니다. 12월 초에 전국 법관회의가 열려서 판사사찰 문건에 대해 토론하기 시작했고, 천주교·개신교·불교·원불교 종단이 검찰개혁 지지 선언을 합니다. 코로나19로 인한 집합금지 상황만 아니었다면 촛불집회가 열릴 기세였습니다. 장관님을 응원하는 세력이 점점 더 늘어나게 되었지요. 어떤 느낌이 드셨나요?

추미애 언론과의 관계는 거의 99 대 1이었어요. 두 차례 수사지휘 기간에 언론은 저를 조롱하고 갈기갈기 찢어놓습니다. 한편, 검찰조직의 구성원들이 전체적으로 일에 치여서 개혁조처에 별로 관심을 가지지 않는 것도 개혁의 걸림돌이었어요. 개혁의 방향성에 대해 의견을 모으려 해도 관심이 있어야 시작할 수 있잖아요. 더군다나 개혁을 '윤석열 총장 쫓아내기' 프레임으로만 자꾸 몰아가서 까닥 잘못하다간 저 혼자 싸워야 한다는 공포감이 들었어요.

김민웅 그 정도의 느낌이셨군요.

추미애 전의를 잃었다는 뜻은 아니에요. 고립무원의 싸움을 예감하면서 들었던 고독이라고 하는 게 더 맞을 듯해요. 그것도 공포감의 일종이라고 할 수 있어요. 하지만 제가 어떤 일을 당할 수도 있겠다고 하는 데서 오는 공포감은 아니었고 개혁이 좌초될 수도 있겠다는 심리적 고통이었어요.

김민웅 밖에서 볼 때는 이런 세세한 감정까지는 알 수가 없었습니다. 장관님이 강단 있게 잘하고 있으니 지켜보고만 있었는데 그러면 안 되는 거였네요. 계속 응원이 필요했던 거지요.

추미애 그럼요. 그 응원이 얼마나 힘이 되는데요. 저를 믿고 헌신해준 몇 안 되는 검사들이 있었어요. 순수하게 개혁을 이해하고 열심히 헌신해주는 이분들에게 제가 든든한 등대지기가 되어야 하지 않겠어요. 저는 회의 시작과 중간 그리고 마지막에 이분들께 꼭 했던 말이 있어요. "여러분들은 심리적으로 부담 갖지 마십시오, 제가 다 책임집니다"라고 했어요. 그분들을 격려해주고, 그 헌신에 대해서 제가 고마움을 표시하고 용기를 북돋아주었는데, 정작 저는 이해받을 데가 없었지요. 그때마다 전달된 시민들의 응원은 매일 매시간 저에게 큰 힘이 되었습니다.

## 동반사퇴론과 꽃바구니

김민웅 내부의 지원군은 거의 없는 상황이었나요?

추미애 대통령께서 지원해주시면 좋겠다는 마음이었지만 검찰이 이미 대통령을 겨냥하는 수사를 하고 있고 언론이 난리를 칠 테니 자칫 잘못 움직이시면 곤란할 수 있잖아요. 계속 청와대를 압수수색하고 언론도 그걸 비판적으로 문제 삼지 않고 도리어 압박하고 있으니까 대통령께 부담을 드리는 건 일절 할 수가 없었어요. 그래서 저를 장관으로 앉혀 개혁을 해보라고 하신 거니까요. 제가 유불리를 따져 계산하지 않고 멈추지 않는다는 걸 잘 아시는 분이니 그 신임을 그대로 안고 가야 하는 게 맞지요. 하지만 저도 바보가 아니잖아요. '이 끝은 내게 대단히 치명적일 수도 있겠다' 싶었어요.

김민웅  그게 무슨 뜻이지요?

추미애  11월 말쯤이었어요. 청와대 모 인사와 검찰개혁에 관해 논의를 했어요. 그때 "나는 개혁을 완수하라는 그 명을 받들어서 개혁에 매진하고 있다, 제도개혁으로 이만하면 됐다고 만족하고 개혁을 완성했다고 간주하는 것 같은데 현실은 그렇지 않다, 개혁을 멈추면 윤석열 총장 이후 제2, 제3의 윤석열이 나올 수 있다, 그러므로 개혁은 끝장을 봐야 되는 것이다. 그러니 윤 총장이 나가는 다음 날 내가 나가는 것으로 생각해달라"고 했어요.

김민웅  그즈음에 '동반사퇴론'이 나왔지요. 추·윤 갈등이 정부와 여당에 부담된다, 국면전환이 필요하다, 추·윤이 안 보여야 한다, 그런 소리들이 나온 때였지요.

추미애  그랬지요. 그러나 제 면전에서는 "그만두시오"라고 할 수는 없는 거지요. 이래저래 부담스러울 테니까요. 그런데 가을 국정감사에서 이미 야당 의원이 "장관이 이렇게 맨날 갈등 일으켜서 언론에 톱으로 등장하는 것은 서울시장 나가려고 하는 거지요"라고 몰아댔어요. "저는 오로지 검찰개혁 사명을 가지고 이 자리에 온 것이지 그전까지 정치적 입장을 가지지 않을 것"이라고 단호하게 말했습니다.

김민웅  동반사퇴론이 주로 당내 일각에서 나온 걸로 아는데, 그런 상황이 서운하지는 않으셨나요?

추미애  이해하기 어려웠지만 그런 것에 신경 쓸 겨를이 전혀 없

있었어요. 무엇보다 대통령께서 검찰개혁의 중요성에 대해 너무나 잘 알고 계시니까요. 사실, 개혁은 검찰부터 시작됩니다. 재벌개혁이나 언론개혁 모두 검찰개혁에서 시작하게 됩니다. 고 노무현 대통령께서도 여론은 언론이 움직이고 그 언론은 시장지배세력이 움직인다고 하시며 한탄하셨잖아요. 시장지배세력인 재벌과 광고주를 선택적으로 봐주면서 유착한 검찰권력이 배후에 있는 구조니까 검찰개혁을 못 해내면 다른 개혁도 좌초되지요. 이 요체를 가장 정확하게 알고 있는 분들이 촛불시민들이었던 거고요. 그분들이 저에게 꽃바구니를 보내기 시작했어요.

김민웅 윤석열 총장을 지지하던 화환대열과 대조되면서 화제가 되었지요.

추미애 맞아요. 진혜원 검사가 서초동에 윤 총장을 향해 늘어선 화환을 가리켜, '나이트클럽 개업하냐'고 얘기하기도 했죠. 그러나 제게 보내주신 꽃바구니는 돈 많은 어느 한 분이 보낸 게 아니고 "검찰 개혁을 응원합니다" "힘 내십시오" "우리도 같은 뜻입니다" "혼자가 아닙니다"라고 써서 개별적으로 보내주신 거예요. 저절로 눈물이 나고 위로가 되었습니다. 너무나 고마웠어요. 구구절절 설명하지 않아도 바로 알아주시는구나, 혼자가 아니라는 걸 이렇게 알려주시는구나, 정치하면서 그렇게 위로받은 게 처음입니다.

김민웅 아까 이야기했던 공포감이 사라지는 순간이었겠어요.

추미애 그럼요! 촛불시민의 힘과 의지는 여전히 살아 있구나,

이게 검찰개혁을 밀고 가는 힘이자 역사의 동력이구나 하고 깊이 깨달았어요.

## 윤 총장 징계조처와 그의 꼼수

김민웅 윤석열 총장 징계건을 마무리지어보지요.

추미애 윤 총장은 갖가지 꼼수와 묘수를 다 부리기 시작했지요. 징계위 구성을 무산시키려 들었고, 그다음에는 징계위원들을 언론에 노출시켜서 잘못하다간 창피당하겠다는 위협을 은근히 가해 아무것도 못 하게 했어요. 엄청 당당한 척했지만 전혀 당당하지 못했지요. 이런 것도 있었어요. 징계위원장을 맡아야 할 차관이 며칠 전까지는 "장관님, 총장으로서는 저런 일이 있다면 책임을 지고 스스로 물러나야 하는데 너무 지나칩니다. 하지만 염려하지 마십시오" 했는데 갑자기 사직서를 들고 오는 거예요. 왜 그러냐 했더니, 감당을 못 하겠다는 거지요. 대통령께서 그런 상황을 고려하셔서 차관을 새로 임명하신 뒤 차관 말고 외부위원이 징계위원장을 하도록 정리해주시게 됩니다. 그 상황에서 윤석열 총장은 징계위 연기요청을 해요. 지연술로 여론 지형을 바꾸려고 한 거지요. 징계위는 연기요청을 받아주고 말고 할 수 있는 곳이 아니거든요. 지휘 감독자로서 공직기강을 바로잡는 조직 내부의 회의기구인데 이걸 마치 독립된 사법부 재판하는 것처럼 몰고 갔지요. 그래도 저는 그걸 다 받아줬어요. 엄청난 특혜 요구였지만 그렇게 한 까닭은 징계 사유가 워낙 분명하니까 아무리 꼼수를 부려도 안 된다고 본 거지요. 징계위에서 예정된 날짜가 두 차례 연기돼서 12월 10일 1차 회의를 열었고 15일에 2차 회의를 열게 됩니다.

김민웅 그러면서 징계위 내부의 이야기가 밖으로 나왔지요?

추미애 법무부차관이 검찰의 압박을 강하게 받으니까 징계위원장을 외부위원에게 맡겼다고 했잖아요. 그런데 이 징계위원장이 비밀유지 의무를 깨고 여기저기 입을 벌리고 다녔어요. 그것도 그때까지는 파악도 안 된 이야기를 미리 결론이 난 것처럼 이야기를 한 거예요. 징계가 부당하다, 해임 근처도 안 갔다, 해봐야 정직 두어 달 또는 한 달짜리다, 정무적 고려를 해야 한다, 이런 식으로 말이지요. 아니 왜 징계위원이 정치적 판단을 합니까?

김민웅 그 말이 정말 우스웠어요. 징계는 사실과 법에 의해 엄중하게 판단내리는 공식 절차인데 정무적 판단을 내릴 권한이 없는 사람이 그렇게 나오는 걸 보면서 뭔가 이상하다 했습니다. 검찰총장의 지휘에 중대한 결격사유가 발견되었다면 그걸 가지고 판단을 해야 하는 것이지요. 그렇지 않은 모습을 보면서 참 암담했어요. 아무리 장관이 제대로 된 조처를 취하려 해도 틈새에 뭔가 잘못된 것이 끼어들면 그 모양이 되는구나 싶었습니다.

추미애 저도 정말 걱정이 되었어요. 2차 징계위 심사를 다 마친 후 새벽 4시쯤인가에 정직 2개월로 결론을 내렸다는 연락이 왔습니다. 사실 모든 징계위원들이 2개월에 동의한 것은 아닙니다. 징계위에서는 의견이 각각 다를 경우에 다수결에 이를 때까지 그중에 적은 형으로 결론을 내립니다. 예를 들어 4명 가운데 3명이 징계의견을 내면서 한 사람은 2개월, 한 사람은 4개월, 한 사람은 6개월을 내리면 가장 적은 처분이 2개월이잖아요? 두 명 이상이어야 과반이 되는데 2개월이랑 4개월 중 형이 적은 걸 채택한다고 되어 있어요. 그러니 징계결정 과정에서 2개월을 말한 사람이 키를 가지게 되었던 셈이에요. 상황이 이렇게 되니 밖에서는 장관이 겨우 2개월짜리 징계한다고 이 난리를 쳤다고 했지요.

김민웅  해임의견도 있었던 걸로 알려졌습니다.

추미애  "징계사유를 보면 이건 해임에 상당하는데, 정직을 하라고 한다면 최대 6개월로 해야 한다"라고 했어요. 사실 그런 과정을 통해 나온 징계의결서는 내용적으로 상당히 심각해요. 조목조목 근거를 가지고 한 것이고, 특히 수사방해는 아주 심각하다고 주목합니다. 채널A 관련 수사방해 사건은 적기에 수사가 이루어지지 못해서 증거인멸당하고 제대로 수사진도를 빼지 못했다는 거니까요. 그렇게 해서 한동훈 검사장도 빠져나갔어요. 사실 수사방해만 하더라도 충분히 해임감이지요. 어느 나라 검찰총장이 그럴 수 있나요?

김민웅  결과가 그렇게 되니 마음이 무거우셨겠어요.

추미애  대통령께 징계 내용을 보고드리면서 사퇴의사를 밝혔어요. "제 임무는 일단 여기서 끝났습니다. 다음 개혁조처를 이어나가는 분을 임명해주십시오"라고 말씀드렸어요. 대통령도 그 말에 놀라시면서도 제가 너무 공격당하면서 힘든 걸 알고 계시니까 안쓰러워하셨어요. 그런 상황에서 계속하라고 하긴 곤란하다고 여기셨는지 "추 장관의 추진력과 결단이 아니었다면 공수처와 수사권 개혁을 비롯한 권력기관 개혁은 불가능했을 것"이라고 말씀하시고, "그간 수고해줘서 고맙습니다, 조금 쉬도록 하세요"라고 위로와 격려를 해주셨어요. 그 말씀에 감사하면서도 개혁을 중간에 멈추고 나온 듯해서 온몸이 산산조각난 것 같았어요. 박재동 화백이 『경기신문』 만평에 저를 팔 잘린 잔 다르크로 그리셨어요. 혹시 온몸이 유리조각처럼 부서지는 느낌 아세요? 아무 말도 할 수 없고 눈물조차 나오지 않았어요. 그 심정을 대통령께 표현할 수도 없고, 숨도 잘 안 쉬어졌어요.

김민웅  세상에나. 패배감이었나요, 절망감이었나요?

추미애  공허지요. 지구 밖의 컴컴한 우주에 제가 유성처럼 떠도는 느낌, 부평초처럼 의지를 못하는 듯한 허무한 느낌이었지요. 다들 왜 이것이 끝이라고 생각하는지 답답했어요. 여태까지 총장 측이 집요하게 징계위를 흔들고 여론전하는 데 밀려서 고작 징계 2개월이라니, 법원도 2개월 가지고 총장을 어떻게 내보내느냐고 생각하지 않을까 염려도 되었고요. 그래서 저는 처음부터 중징계를 해야 한다고 생각했어요. 그렇지 않다면 거꾸로 2개월 징겟거리밖에 안 되는데 임기보장된 총장을 왜 건드리느냐는 여론이 생기고 되치기를 당하지 않겠어요? 노무현 대통령 때처럼 문재인 대통령도 우리가 지켜내지 못할 상황이 오는 건 아닐까 하고 걱정됐고요. 겉으로는 의연했지만 속으로는 참담했어요.

김민웅  장관 사퇴에 그런 과정이 있었군요.

## 본분을 잊은 사람들

추미애 아직도 그 과정을 다 말씀드리기는 힘들지만 감당하기 어려운 고비가 있었지요. 총장 직무배제를 했을 때 그것도 법원이 효력정지를 해서 총장이 일주일 만에 복귀를 했지요. 그 일주일 사이에 조남관 총장대행이 고검장회의를 열었습니다. 고검장들의 입을 빌려, 장관의 수사지휘가 너무 잦았다, 징계청구가 과했다, 남용이다, 이런 집단 성명을 내는 거였지요. 조남관 대행 본인도 이프로스에 장관이 한 걸음 물러서야 한다는 내용으로 글을 올려요. 그러나 저는 흔들리지 않고 조 대행에게 업무에 관해 지휘를 했어요. 그 첫 번째는 대검 감찰부가 제대로 감찰할 수 있게 하라는 것이었어요.

김민웅 조 대행이 장관 지시를 잘 따랐나요?

추미애 그가 대검 차장으로 나갈 때 총장이 올바른 판단을 할 수 있도록 잘 보좌하고, 일선에서 검찰개혁을 잘 전파하라고 거듭 당부했고 그 역시 장관 뜻을 잘 받들겠다고 했지요. 그러나 나중에 겪어보니 그는 그저 윤 총장의 부하였을 뿐이었어요. 모해위증 교사는 검사 상대로 하는 감찰이라 조직 내부를 사심 없이 들여다볼 수 있는 용기가 필요해요. 그런 사람이 바로 임은정 검사입니다. 임은정 검사는 9월부터 인사발령을 받아서 계속 조사를 해왔어요. 그런데 대검연구관이기 때문에 수사권은 없었어요. 그래서 수사권을 가질 수 있게 중앙지검 직무대리 발령을 하라고 합니다. 직무대리 발령은 총장권한인데 총장이 공석이니까 직무대리하는 대검 차장이 할 수 있는 거지요. 그 자리에 있던 조남관 대검차장이 저에게는 알았다고 했어요. 이게 참, 말이 좀 우스운데 "따르겠습니다"는 "네"이고 "아니다" 또는 "상황 보고하겠습니다"는 "알았습니다"예요. 속을 보이지 않는 답이지요.

김민웅  오, 그런 게 있군요. 그럴 땐 무슨 뜻으로 하는 말인지 다시 확인할 필요가 있겠네요.

추미애  그렇지요. 아나나 다를까 나중에 보고를 들으니까 조남관 차장이 임은정 검사에게 사건에서 손 떼면 직무대리 발령해준다고 했다는 거예요. 상관인 저도 기만하고 전달도 엉터리로 한 거지요. 그렇게 일주일이 지나버리면서 임은정 검사는 수사를 못 하게 됐고 또 배신을 당한 거였어요. 아무도 믿을 사람 없게 만들어버리는 거지요. 그것도 하나의 책략이라는 생각이 들어요. 그래야 검찰개혁할 사람을 고를 수 없을 테니까 말이지요. 검사의 모해위증교사 사건이 대검 감찰부에서 인권부로 편법배당될 때 조남관은 법무부 검찰국장으로 있었기 때문에 상황을 다 알고 있었습니다. 그러니 총장이 잘못이라는 것도 알았고 시정할 수 있는 위치에 있으면 바로잡아야 하는 것을 알면서도 그렇게 하는 거예요.

김민웅  그렇지 않아도 임은정 검사는 한명숙 전 국무총리 정치자금 수사팀의 모해위증교사 의혹 무혐의 처리가 나자 자신의 페이스북에 "윤석열 전 검찰총장과 조남관 대검 차장에게 역사가 책임을 물을 것"이라고 했지요.

## 임은정 검사의 검찰정신

추미애  그럴 만도 하지요. 장관 지시로 내려보낸 감찰사건을 맡아서 여러 달 조사했고 공소장까지 작성해서 새로 온 장관에게 보고도 마쳤어요. 그런데 윤·조(윤석열·조남관) 투톱이 새삼 사건을 다른 검사에게 배당해버리는 일이 대명천지에 일어난 거지요. 검사의 비위로 인해 불법 수사와 중대한 인권 침해가 발생했다면 당연히 이를 감독하는 것이 총장이나 차장의 본분 아니겠어요? 그러나 그들은 오히려 그 직권을 남용해 철저하게 은폐해버린 것입니다. 임은정 검사가 한명숙 전 총리 재판의 모해위증교사 사건에 대해 가장 오래 조사하고 연구해서 잘 알고 있습니다.

2021년 2월 26일 임은정 검사가 여러 달에 걸쳐 직접 조사한 방대한 기록과 수사 결과를 토대로 위증을 교사한 검사에 대한 공소장을 써서 박범계 법무부장관에게 보고했거든요. 그사이 조처를 내리기도 전에 조남관 차장이 3월 2일 허정수 감찰3과장에게 사건을 배당해버립니다. 수사를 다 마치고 공소장 초안까지 작성된 사건을 검찰총장의 직무이전·승계권을 남용해 탈취해간 것이지요. 한 총리 사건을 법정에서 위증했다고 고백한 증인 최○○에 대한 공소시효가 6일로 끝나는데, 허정수 과장은 방대한 기록을 볼 시간 여유도 없이 배당받은 지 3일 만인 3월 5일이었습니다. 임은정 검사도 없는 가운데 위증을 교사한 혐의를 받는 검사에 대해 증거부족을 이유로 무혐의 결정을 했거든요. 그런데 아직 한 건이 더 남아 있었던 겁니다. 또 다른 증인 한○○의 위증에 대해서는

3월 22일 공소시효가 끝나는데 아예 대놓고 임은정 검사의 사건을 탈취한 것이지요.

김민웅　그래서 박범계 장관이 3월 17일 수사지휘권을 발동해서 대검 부장회의에서 한 전 총리 재판 모해위증의 혐의 유무와 기소 가능성을 심의하고, 임은정 대검 감찰연구관의 의견을 청취하라고 지시했던 것이지요?

추미애　네, 그러나 다음 날 18일, 조남관 대검 차장은 고검장회의를 덧붙여 회의하겠다고 우회적으로 반박하고 이를 박범계 장관이 수용해줍니다. 19일 금요일, 대검 부장 7명, 고검장 6명이 참석한 회의 결과는 불기소 의견 10명, 기권 2명, 기소 의견 2명이었어요. 혐의를 받는 엄희준 창원지검 형사3부장에게는 참석해서 모해위증교사 혐의를 부인하는 진술 기회도 제공했지요. 그냥 면죄부회의가 된 거예요.

김민웅　그런 결말이었다면 박범계 장관이 내린 수사지휘권 발동은 조남관 대행의 법기술 한방에 속절없이 무너져내린 거로군요. 당사자로서는 달리 할 말이 있을지 모르겠습니다만.

추미애　한명숙 전 총리 사건은 수감 중인 증인들에 대한 협박 회유 등이 여러 차례 언론을 통해 심각성이 드러났습니다. 우리나라 검찰 특수부의 원조인 일본 특수부 개혁, 나아가 전체 일본 검찰조직 대수술의 불을 당긴 사건은 바로 '검사에 의한 증거날조 사건'이었어요. 그런데 비교해보면 우리나라보다 심각했던 수준도 아니었는데 전격적인 개혁조처가 발동된 겁니다.

11년 전 일본 오사카 지검 특수부 검사가 후생성 전 국장의 플로피디스크를 압수해 조작하는 수법으로 증거를 날조 후 기소했다가 들통나 무죄가 선고된 충격적인 사건이 있었어요. 당시 간부 검사들은 이를 알았음에도 덮어주었다는 것이 드러났지요. 일본의 검찰개혁은 바로 이 전대미문의 검사에 의한 증거날조에서 시작되었어요. 일본의 대검은 이런 검사들을 비호하지 않고 바로 구속시켰어요. 이와 비교하면 한 전 총리 수사 검사의 혐의는 단순히 물적 증거 조작이 아니라 인적 증거를 날조한 매우 엄중한 혐의인 것이지요.

김민웅 아직도 몹시 통탄스러워하시는군요. 검찰 스스로 개혁할 수 있었던 큰 계기가 되는 사건인데도 그걸 확실하게 다잡을 기회를 갖지 못한 거니까 그럴 만도 하겠습니다. 위증교사를 덮은 사건을 얘기하다 보니 2021년 3월까지 훌쩍 건너왔군요. 다시 그 12월 중순 징계의결서를 대통령이 재가한 이후로 돌아가보지요.

추미애 네, 징계의결로 총장의 비위가 세상 바깥으로 나간 셈이지요. 그러나 언론은 이상하게도 징계의결서에 담긴 비위내용에 대해서는 전혀 관심을 갖지 않았어요. 직무배제도 법원에서 효력정지당해 총장이 복귀했으니 겁을 먹은 것이지요. 그러자 기가 막힌 일이 벌어져요. 반격이 들어오는 거예요. 감찰을 담당했던 검사를 상대로 고소하고 관할도 수사권 없는 서울고검에 사건배당을 하는 거예요. 12월 하순은 끔찍한 순간이었어요. 순간순간이 끔찍한 날들이었어요. 내가 무너지면 다 무너지는구나, 나는 무너질 팔

자도 못 되는구나 했어요. 제가 무너지면 전부 도로아미타불이 되겠구나 싶었습니다.

김민웅 판사사찰 문건에 대해 수사의뢰를 하셨잖아요? 그게 장관 퇴임 이후인 2021년 2월, 서울고검에서 무혐의 처분됐지요?

추미애 제가 2020년 11월 26일 판사사찰 문건에 대해 누가 그런 지휘를 하고 정보탐지를 하고 수집하고 어떻게 활용됐는지 수사의뢰를 했지요. 그 후 대검 한동수 감찰부장이 수사하고 있는데 대검이 또 꼼수를 부려 서울고검으로 재배당을 했어요. 2021년 1월 21일 김진욱 공수처장이 취임하고 공수처가 발족됐으니까 판사사찰 문건에 대해서는 검사의 고위공직자범죄인 만큼 공수처로 이첩하도록 되어 있어요. 그런데 공수처로 이첩하지 않고 서울고검이 바로 무혐의 처분해버립니다. 제 식구 감싸기를 못하게 하려고 공수처법을 만들었는데 정면으로 위법을 저지른 겁니다.

## 후회 없지만 아팠다

김민웅 장관님께 2020년 11월과 12월은 시련의 연속이었군요. 그때도 시민들은 멈추지 않고 장관님을 응원했지요.

추미애 출근길에 보이는 꽃바구니 숫자가 점점 더 늘어났습니다. 직원들한테 꽃을 나눠주기도 했지만, 리본은 모두 제가 보관했어요. 그중에는 해외에서 온 것도 있었어요. 저의 집 앞에 진을 친 보수세력이 확성장치로 끊임없이 저주의 말을 쏟아내던 때였어요. '역적 추미애' 이런 손피켓을 들고 1인 시위를 하는 태극기부대도 있었어요. 이렇듯 살벌한 사면초가에 촛불시민의 꽃바구니가 유일한 위로였습니다. 주로 "우리가 추미애다" "힘내라" "응원합니다"가 제일 많았어요. 모든 응원이 감사했고 특히 나이 드신 분들의 응원이 인상적이고 고마웠어요. 어떤 리본에는 "○○동 70대 할머니들" 이렇게 써 있더라고요.

김민웅 오, 그런 것도 있었군요. 감사한 일이네요. 그때 촛불시민들이 자발적으로 응원하는 동영상들을 올리기 시작했지요.

추미애 네, 그걸 제가 유튜브에 공유하면서 시민들과 소통하기 시작했고 그러면서 원래 2만 명이었던 '추미애 TV'가 3일 만에 20만 명을 돌파했어요. 깜짝 놀랐어요. 촛불을 드는 대신 구독 버튼을 눌러 응원해주신 거였지요.

김민웅 국민들은 대의를 위해 희생적으로 나선 사람을 절대로 잊지 않습니다. 아무리 언론이 공격한다고 해도 시민들은 결코 그걸 놓치지 않지요. 그러다가 치명상을 입을 수도 있는데 굴하지 않은 장관님의 모습을 본 거지요. 추·윤 갈등의 틀 안에서 정치적 자존심도 상처받고 개혁을 밀고 가다가 어떻게 보면 갑자기 하차하게 된 거잖아요. 법무부장관 개혁 2기를 마무리하면서 어떤 결론이 나던가요?

추미애 개혁의 저항이 이렇게 깊고 광활하고 견고할지 몰랐어요. 예상은 했지만 정말 이 정도일 줄은 짐작하지 못했어요. 하지만 눈치보지 않고 앞도 뒤도 돌아보지 않고 오로지 개혁만을 위해 내달았기 때문에 정치검찰의 본색을 국민께 드러낼 수 있었지요.

임은정 검사가 저를 지켜본 소감을 이렇게 말했어요. "설마 했는데 어느 순간 장관님이 성큼성큼 걸어오시더라"고요. 아마 윤석열 검찰은 정치인 장관이 적당히 폼만 잡고 말겠지라고 생각했을 겁니다. 그러다 그동안 무소불위의 권력으로 감추고 눌렀던 것이 모두 드러난 것이지요. 비록 제 상처는 컸지만요. 조국 전 장관도 마찬가지였을 거예요.

김민웅 그걸 다 겪고 나서도 다시 해보겠냐고 물으면 어떻게 하시겠어요?

추미애 지금 다시 타임머신을 타고 작년 그때로 돌아가서 법무부장관을 하느냐 마느냐를 선택할 수 있다면, 지옥 같은 시간을 견뎌야 하겠지만 수락할 것 같아요. 반드시 해야 되고요.

김민웅 잠시라도 후회하지는 않았나요?

추미애 네, 후회하지는 않았습니다. 그런데 참 많이 아팠어요. 외로웠냐고 물으시면 그건 '외로움'이라는 단어만으로는 표현할 수 없을 것 같습니다.

## 검찰개혁을 응원하는 촛불시민들

김민웅 억울하신가요?

추미애 아니오. 그렇지 않아요. 정호승 시인의 시 「산산조각」(『외로워도 외롭지 않다』, 비채, 2020)을 보면 "산산조각이 나면/산산조각을 얻을 수 있지" 또 "산산조각으로 살아갈 수 있지"라는 구절이 있어요. 제 심경이 그대로 담긴 시였어요. 산산조각난 채로 남았지만 조각 그 자체도 전체와 엮인 온전한 하나일 수도 있으니까요. 조각났다고 해서 좌절하지 않아요. 제 개혁 DNA가 어디 가겠어요? 아무리 조각이 나도 그 조각 또한 저 자신이라는 깨우침이 커요. 자기가 산산조각났다고 발을 빼버리면 개혁을 기대하고 기다리던 분들이 어떻게 되겠어요? 그분들의 절망은 제가 당하는 절망보다 훨씬 더 클 게 아니겠어요. 잘못하면 한 세대를 그냥 포기해야 할 수도 있습니다. 다시 이런 세상을 만들 수 있겠습니까? 그 시대가 또 올 거라고 여유롭게 생각할 수 있겠어요? 아닌 거예요. 한번 힘을 빼버리고 좌절하면 다시 일어서기 어렵고 재결집 또한 쉽지 않아요. 그러니 우리는 손잡고 다시 일어서야 합니다.

　김민웅　우리가 이렇게 이야기를 멈추지 않는 이유도 거기에 있습니다.

　추미애　그래서 잊지 않고 이야기한다는 건 정말 중요해요. 계속 일깨우고 기억하고 다시 생각해야 합니다. 검찰개혁을 응원해주신 촛불시민들을 보면서 촛불시민들이 힘을 보태주고 간절하게 기대하고 끝까지 해보자 했는데, 힘들다고 주저앉게 된다면 가다가 포기했다고, 못 한다 했다고, 위축됐다고, 겁난다 했다고, 생각하실 것 같았어요. 이런 상황이 너무나 끔찍했어요. 검찰개혁에 나섰다가 조각났다는 걸 부정하는 건 아니에요. 저도 미숙했던 점들이 있었어요. 어떤 경우에는 세련되게 설득을 못 하기도 했어요. 그러나 변명이라도 하자면, 그걸 받아주신다면 이렇게 말씀드릴 수 있어요. 공격이 사방에서 파도처럼 밀려오고, 뭐 하나 해결하면 더 크게 공격받았어요. 저는 혼자인데 공격은 모든 방향에서 빗발처럼 쏟아졌어요. 그러니 뭔가를 세련되게 표현할 상황이나 여력이 없었어요. 지금처럼 차분히 앉아서 어떤 날에는 뭘 했는지 정리하기도 어려웠으니까요. 하루에도 엄청난 일이 사방에서 벌어졌습니다.

김민웅 우아하게 대응하고 싶은 적은 없었나요?

추미애 당연히 저도 그러고 싶었지요. 그러나 대응은 혼자 해야 하고 각 언론에서는 주로 스타일이 어떻다, 거칠다 하는 외피적인 화살만 쏘아대잖아요. 게다가 그간 검찰이 건강한 인재들을 다 솎아버려서 개혁 인재풀이 부족하다 못해 없는 정도였어요. 그러니 더 개혁을 해야 했던 것 아니겠어요? 건강한 인재풀이 많으면 뭐하러 개혁하겠어요. 당신들이 알아서 잘하세요, 하면 되는 거지요.

70년을 묵힌 검찰개혁이라는 건 역사적인 대혁명이에요. 장관 한 사람이 몇 달 사이에 일사천리로 할 수 있는 일이 아닌데도 그걸 그냥 스타일의 문제로, 개인 갈등의 문제로, 감정의 문제로 몰아치고, 제도적으로 우군이 될 법도 한 사람들은 팔짱 끼고 관망만 하다가 뭔가 불안하다 싶으면 발부터 빼겠다는 게 원망스러웠고 엄청나게 화도 났어요.

김민웅 지금도 그런가요?

추미애 김민웅 교수님과 이야기 나누면서 다 사라졌어요. 치유와 회복의 강을 건너온 듯합니다. 개혁은 정치인에게 중요한 임무잖아요. 사법부도 그런 개혁 대상에서 제외될 수 없다고 생각해요.

제 자신이 판사 출신이기도 하니까요. 징계위가 열리기 전에 전국 법관회의가 열렸습니다. 법관회의는 판사 사찰을 가지고 분노하고 다시는 그런 일이 없도록 경고했어야 했는데 아주 미미하게 끝났어요. 윤석열 총장에 대한 직무배제를 잘못이라고 한 법원의 판단은 또 어떤가요? 징계사유 가운데 하나인 정치중립의무 위반은 검찰청법에도 명시가 되어 있어요. 그런데도 법원은 총장이 퇴임 후 사회봉사를 하고 싶다는 말을 가지고 정치중립을 훼손했다고 볼 근거가 없다고 했지요. 봉사라는 말은 정치로 봉사하는 것 이외에 문자 그대로 사회봉사도 있을 수 있다, 그것은 그때 가봐야 안다고 했어요. 아니 그러면 그런 행위가 있을 때 직무배제를 하는 건가요? 정치활동을 할 거냐에 대해서는 대답을 안 했지요. 그 점을 주목했어야 되는 거 아닌가요? 우린 요즘 사직서에 잉크도 마르기 전에 정치인이 되어버린 윤석열 전 검찰총장을 보고 있습니다. 직무배제 조처를 무력화시켜 이런 인물에게 자기 정치를 할 자유를 준 책임은 도대체 누가 지는 건가요?

김민웅 검찰 조직 전체를 정치권력화하는 윤석열 총장의 행태를 묵과하고 넘어간 것이고 그게 바로 민주주의의 위기를 부르는 요인이 되었습니다. 브라질 민주주의 위기에 대한 다큐(「위기의 민주주의」)는 우리의 정황과 그리 다르지 않은 현실을 보여주었지요. 검찰권력과 사법권력이 어떻게 민주주의를 탈취하는지 말입니다.

추미애 촛불시민들은 브라질처럼 민주주의의 위기가 올 수도 있다는 걸 온몸으로 알고 있는 거예요. 정작 여의도 정치권은 모르는데 말이에요. 대통령을 지켜야 하는 최전선에 있는 청와대 내부나 여당 모두 슬그머니 이슈 전환해가면 보궐선거에 이기고 정국 관리 된다고 편안하게 생각했던 게 아닌가 싶어요. 그러나 촛불시민들은 시종일관 아주 분명하게 인식하고 있어요. 개혁 없이는 아무것도 안 된다고요!

## 개혁은 미래를 여는 힘

김민웅 법과 제도의 탈을 쓰고 일어나는 게 검찰 쿠데타입니다. 그래서 이른바 '조용한 쿠데타'라는 말이 생긴 것 아니겠습니까? 일상에서는 잘 느끼지 못하게 만들어요. 이제는 그걸 정치로 완성하려는 것입니다. 윤석열 총장의 대권주자 등판은 그 개인과 이 나라 특권 카르텔의 합작품입니다. 그것이 현실이 되도록 놔둘 수 없지요. 민주주의의 이름을 도용해서 민주주의와 헌법을 파괴하는 파시즘의 도래를 뜻하게 되는 거니까요. 어느 특정 인물만이 아니라 이런 세력의 집권을 지금 막지 못하면 정말 끔찍한 상황이 온다는 걸 아는 거지요. 절박한 심정으로 말이에요.

추미애 촛불시민들은 이러다가 더 큰 위기가 올 수 있다, 역사의 퇴행이 올 수 있다는 걸 직감적으로 알고 그걸 교감하면서 힘을 모았던 것입니다. 저는 촛불시민들의 응원을 통해 그것을 전율처럼 감지했습니다.

김민웅 매우 중요한 각성과 생각입니다. 퇴임사는 비장하지 않왔나요?

추미애 차분했지만 저로서는 피를 토하는 심정이었어요. "개혁에 대한 저항은 일시적이나 개혁은 영원합니다. 우리는 개혁을 포기할 수 없습니다. 개혁에의 저항은 일시적인 것입니다. 바람이 불어오기도 전에 누워버리지 맙시다!"라고 했어요. 위정자들은 개혁에 비겁하거나 소심했지만 촛불시민들은 아니었습니다. "모든 개혁에는 응당 저항이 있을 수 있다. 하지만 영원한 개혁은 있어도 영원한 저항은 있을 수 없다. 어느 시대나 개혁은 계속된다. 이것이 민주주의 발전의 살아 있는 역사다"라는 말도 했어요.

김민웅 개혁과 민생을 분리하려는 논리가 득세하려 합니다. 개혁이라는 말을 피로도 높은 말로 만들려 하고요. 개혁이 곧 민생입니다. 개혁 없는 민생은 기득권 세력들이 먹다 남은 것을 가지고 기만적인 공정게임을 하라는 기만입니다. 인간에 대한 모멸이지요. 개혁은 신나는 겁니다. 민주시민의 권리이기 때문이지요.

추미애 시민들이 그것을 알게 될까봐 두려워 기득권자들은 '개혁'이라는 말을 짓밟아버립니다. 개혁으로 피로해지는 건 시민이 아니라 기득권 세력이에요. 개혁정치의 동력을 훼손하면서 자기들에게 유리하게 기울어진 운동장을 장악하려는 거지요.

김민웅 그래서 정치검찰에 대한 개혁이 모든 개혁의 출발점이라는 걸 강조하신 거지요.

추미애 네, 어떤 정치라도 영원한 개혁의 운동성을 가지고 있어야 한다고 믿어요. 아무리 좋은 제도나 법도 오래되면 바뀌어야 하고, 그 자체가 기득권이 되는 경우가 허다하지요. 개혁은 곧 미래를 여는 힘입니다.

김민웅 거기에는 희생적 결단이 필요하고, 더더욱 미래에 대한 역사적·철학적 전망의 기본이 서 있어야 합니다. 정치인 추미애는 과연 이런 성찰적 질문에 대해 어떤 답을 가지고 있는지 시험대 위에 오르게 하겠습니다. 어떤 미래 전망을 가지고 있는지, 어떤 철학과 세계관을 지니고 있는지 확인해보는 절차이기도 합니다. 이제는 저와 함께 대담형 토론을 하게 됩니다. 괜찮으시겠지요?

추미애 걱정입니다. 교수님께 시험문제를 받아 답을 써야 하는 학생이 된 것 같습니다. 하하!

김민웅 현실을 나름대로 치열하게 체험하면서 인식해낸 이론과 실천이 우리 시험의 주제라고나 할까요. 기대해보겠습니다!

제8장

# 자본을 넘어 생명으로

"코로나19 사태는 자연이 인간에게
던지는 마지막 경고입니다. 이대로는
미래가 없다는 것을 의미합니다.
지금까지의 경제·사회 시스템에 대한
총체적 성찰을 요구하고 있습니다."

## 팬데믹 이후, 팬데믹과 함께

김민웅 이제 우리 국가사회의 미래를 진단하고 전망해보겠습니다. 코로나19의 팬데믹 상황이 지속되면서 우리의 삶에 큰 변화가 생겼습니다. 과거에는 비일상적이고 낯선 것이라고 생각했지만, 도리어 그것이 아주 낯익게 된 일상의 현실입니다. 참으로 안타깝지만 함께 만나고 어울리는 것 자체가 서로에게 위협이 되는 아주 기이한 상황이 벌어지고 있지 않습니까. 백신 투입으로 상황이 개선될 것으로 기대하고 있지만, 또 어떤 상황이 닥칠지 알 수 없습니다.

우리 사회의 불평등 구조가 바뀌지 않고 있습니다. 부동산 문제가 여전히 풀리지 않고 있습니다. 땀 흘려 거둔 경제적 성과가 임대료 지불로 허무하게 날아가버리고 있는 것이지요. 젊은 세대는 다른 출구가 없다면서 금융투기에 희망을 거는 절박한 상황이 전개되고 있습니다. '도박을 권하는 사회'가 되고 있습니다. 과연 우리에게 미래가 있는지, 어떤 미래 전망을 가지고 있는지 누구나 불안합니다. 팬데믹 상황을 어떻게 받아들일 것인지 정리해보고 그 해답을 모색해보도록 하지요.

추미애 코로나19 사태는 자연이 인간에게 던지는 마지막 경고라고 생각합니다. 자연이 견딜 수 있는 임계점을 이미 넘어섰다는 것, 지금의 생산소비 시스템은 더 이상 지속될 수 없다는 것, 이대로는 미래가 없다는 것을 의미합니다. 지금까지 유지해온 경제·사회 시스템에 대한 총체적 성찰을 요구하고 있습니다. 제대로 성찰해야 해법을 찾을 수 있고, 어떤 미래를 만들 것인지 방향도 찾고 그 미래에 대한 확신을 가질 수 있지요.

코로나19가 오기 전 상황을 보지요. 사스(SARS)나 메르스(MERS) 같은 주기적인 감염병 확산이 있었어요. AI조류독감이나 아프리카 돼지열병 같은 가축전염병도 국경과 경계를 넘어서 확산되고 있습니다. 우리 인간들은 이것을 심각하게 고민하지 않고 대증요법으로 그때그때 처리해버립니다. 살처분 같은 잔인하고 일시적인 조처를 할 뿐입니다.

김민웅 참으로 잔혹한 방법입니다. 생명이나 생태적 관점은 완전히 제거해버린 것이지요.

추미애 그렇습니다. 그런 살처분을 왜 하느냐고 이의를 제기하면, 약을 써서 처리하게 되면 청정국가 지정을 못 받는다, 수출 길이 막힌다는 답이 돌아옵니다. 지속가능한 생명과 환경보전의 관점에서 생각하지 않고 자본의 논리로 접근합니다. 살아 있는 생명을 땅에 묻어버리면 그 잔인성과 잔혹성도 문제지만 토양오염은 또 어떻게 되는 거지요? 이렇게 생명을 학살하는 방식, 생태환경에 대한 고민 없이 자본의 논리로 사태를 접근하다 보니 계속 업보가 쌓입니다. 지구 생태가 이미 임계점을 넘어서고 있습니다. 저는 우선 인간이 당면하는 현실을 제대로 인식해야 한다고 생각합니다. 그렇지 않으면 다른 대안적 발상을 하지 못하게 되지요.

김민웅 아인슈타인이 한 유명한 말이 있습니다. "문제를 일으키고 있는 사유 방식을 그대로 해결책으로 쓰면 더 많은 문제를 발생시킬 뿐이다." 현실을 바로 인식하지 못하면 더 큰 수렁에 빠진다는 걸 깨우쳐야 합니다.

추미애 현실이 어려워도 좌절하지 말자라는 의미의 낙관은 괜찮은데, 성찰 없는 낙관론은 매우 위험합니다. 그것은 결국 자연의 논리 앞에 무릎 꿇게 되어 있습니다. 토양과 대기 속으로 인간이 내다버린 쓰레기와 오염된 물질을 인간이 다시 떠안을 수밖에 없지 않을까요? 지구 밖으로 방출이 안 되는 거지요. 팬데믹은 인간이 잘못 만든 문명의 결과예요. '팬데믹 이후'는 '팬데믹과 함께하는 이후'인 것이지 '팬데믹 없는 이후'가 아니라는 걸 깨달아야 합니다. 그래야 우리가 겪는 위기의 근본적 타개책이 나올 수 있다고 생각합니다.

김민웅 오! 이런 문명론적 관점까지 가지고 계시는군요. 사실 미처 예상하지 못했습니다. 죄송하게도, 하하.

추미애 아니에요. 이런 주제로 이야기할 기회가 없었으니 당연합니다. 절 보고 그런 이미지가 잘 떠오르지는 않을 테니까요, 하하.

김민웅 자본의 논리를 넘어서 생태주의적 관점을 가지고 우리 현실을 보지 않으면 해결할 수 없다, 사실 이 관점은 기후 위기에 대한 인식까지도 연결되는 거지요. 인간과 자연 모두가 함께 살아가는 생명공동체에 대한 인식과 문제의식이 없으면 우리의 미래는 보장할 수 없다, 이렇게 정리해도 되겠지요?

추미애 그렇지요. 생태주의적 태도는 이제 인류 전체의 일상이 되어야 하고 지향으로 삼아야 합니다.

김민웅  매우 소중한 문제의식입니다.

## 늑대를 피하려다 만난 호랑이

추미애  코로나에 따른 팬데믹은 어쩌면 더 큰 재앙 앞에서 겪는 리허설이기도 해요.

김민웅  그렇지 않아도 지금의 팬데믹을 '드레스 리허설'이라고 말하기도 하지요. 실제 공연처럼 분장도 하고 옷도 입고 조명도 하는 최종 연습처럼 말입니다. 더 큰 재앙에 대한 경고이기도 합니다.

추미애  코로나19를 깊이 들여다보고 대응해야 합니다. 앞으로도 인간은 도전에 맞서 새로운 과학기술을 창안해낼 것이고, 백신을 개발해서 이 위기를 뛰어넘을 수 있다고 생각합니다. 하지만 변이 바이러스가 확산되고 있으니, 백신 개발과 더불어 근원적인 대응 방안을 모두 함께 성찰해야 합니다.

김민웅  오래전 레이첼 카슨은 『침묵의 봄』을 통해 우리에게 경고했습니다. 농약을 뿌려서 해충을 없앤다고 생각했지만, 그 농약에 저격되지 않는 또 다른 해충들이 무성해지면서 새로운 재앙이 도래하는 것을 주목할 필요가 있지요. 농약을 뿌린 땅은 질식합니다. 늑대를 피하려다 호랑이를 만나는 격이지요. 과학기술이 해결할 수 있는 문제가 분명히 있을 테지만, 인류가 겪고 있는 모든 위기를 해결할 수 있을까라는 질문을 던지고 그 해답을 모색해야 합니다.

추미애 낙관론에 맞서 비관론자가 되자, 이런 이야기가 아니라 현실의 비극성을 솔직하게 마주하고 인정할 건 인정함으로써 종전과 다른 방식을 찾아낼 수 있다는 취지였습니다. 사안을 부분적 차원에서 보면 진상을 파악할 수 없습니다. 부분에 집착하다가 전체를 놓치는 경우가 많지요. 만물의 인과관계와 상호의존성을 통찰해야 한다고 생각합니다. 부분이 모인 게 전체가 아니라 부분이 서로 얽혀 있는 구조, 전체를 관할하는 어떤 틀이 있는 거지요. 만물의 구조를 꿰뚫어보는 인식이 요구됩니다. 정치에는 부분에 대한 책임과 함께 전체의 그림을 제시하고 그 방향을 설정해나가는 책임이 주어지고 있습니다.

## 신자유주의의 계략

김민웅 아, 그 말씀 제 마음에 남습니다. 저는 정치인에게 제일 중요한 덕목은 어떤 '전체적인 관점'을 지니고 있는가라고 생각합니다. 나무도 봐야 하지만 숲을 볼 수 있는 힘이 한 시대의 지도력이라고 생각합니다. 그런 문제의식과 틀 속에서 인간의 삶, 그 생명에 대한 이해가 정치의 기본이라고 봅니다. 그런 바탕 없이 부분에 몰두하거나 전체와 분리해서 파편화된 관점으로 이해하면 우리가 정작 봐야 할 현실이 보이지 않게 됩니다. 지금 우리 언론이 바로 그런 식으로 작은 것 하나를 꼬투리 잡아서 그것이 마치 전체인 양 오도하고 정작 봐야 할 숲은 가려버리는 오류에 빠져 있지요. 정치도 다를 바 없고요.

추미애 그 말씀을 들으면서 전체를 볼 수 있는 '안목'이 정말 중요하다는 생각이 듭니다. 최근 야당이 "개혁보다 민생이 중요하다"고 주장하면서 공격하니까 집권당도 흔들리고 있습니다. 이 시대 전체가 돌파해야 하는 큰 그림, 전체적인 방향을 제대로 못 보고 있는 거지요.

김민웅 그렇지요. 민생과 개혁을 분리하면서, 민생을 소홀히 하고 개혁에 집중했기 때문에 민생이 어려워졌다는 논리를 펴는 것인데, 그건 개혁과 민생이 하나라는 걸 부인하는 것입니다. 개혁의 목표는 민생입니다. 과학기술의 해법에만 집중하다 보면 생태환경에 치명상을 입히는 것처럼, 개혁 없는 민생을 말하면 기득권이 장치해놓은 덫에 걸린 민생의 현실이 보이지 않게 되지요.

추미애 저는 개혁과 민생을 별개로 나누는 이분법은 신자유주의적 계략이라고 봅니다. 시장을 지배하는 세력의 계략이지요. 그들은 "개혁은 정치 주제이고 민생은 경제 주제다. 정치가 개혁을 명분으로 경제를 간섭하고 위축시킨다. 따라서 정치와 경제를 분리하고 정치가 경제를 간섭하지 못하도록 하는 작은 정부여야 한다. 정치인은 경제에 무식하고 무능하다"는 논리를 자꾸 퍼뜨리고 주입시킵니다. 정치의 힘을 빼고 자본에 대한 간섭을 못 하게 만들려는 의도입니다.

김민웅 개혁과 민생의 이분법은 개혁을 하지 말자는 결론으로 가게 되어 있어요. '민생'(民生)이라는 말 자체가 개혁의 의지가 담긴 '경세'(經世)의 관점에서 나온 건데 말이지요. 경세란 특히 토지나 세수(稅收)의 모순을 혁파하는 노력과 직결되어왔습니다. 어떤 특정 세력이 땅을 독점하거나 사회적 약자들에게 세금의 부담을 무겁게 부과하는 건 인간 생명을 파괴하는 행위지요. 정치는 이걸 막아야 합니다. 봉건사회에서도 개혁이 곧 바른 정치였습니다. 경제는 '경세제민'(經世濟民)에서 나온 말로 사람들이 경제적 권리를 최대한 누리도록 해야 한다는 뜻을 가지고 있습니다. '제민'이라는 말 앞의 '경세'는 세상이 잘못되어 있으면 그걸 바로잡는 정치를 해야 한다는 뜻이 담겨 있지요. 그런 점에서 추 장관님도 '경세가(經世家)의 정치'를 하시기 바랍니다.

추미애  네, 고맙습니다. 저만이 아니라 정치인이라면 당연히 그런 자세를 가져야 할 것입니다. 민생이 어려워진 이유는 잘못된 정치에 의해 돈의 분배가 왜곡된 결과라고 생각합니다. 자본의 무한 자유를 허락한 신자유주의를 바꾸어야 합니다. 신자유주의는 자본의 노마드적인 성격, 즉 유목민처럼 온 사방에 돌아다니는 운동 법칙을 존중해주자는 거잖아요. 자본은 구속하면 안 돼, 아무런 간섭 없이 방목해야 돼, 시장의 자유주의만이 우리를 풍요롭게 만들 수 있어, 고삐를 죄면 안 되고 자본은 자본이 필요한 곳에 마음껏 투입되어야 돼, 그걸 위해서 시장이 하나가 되어야 하고, 시장에는 아무런 제약도 없어야 돼, 정부는 절대 개입하면 안 돼, 하는 식의 논리가 마치 경제의 기본 상식인 것처럼 지배하고 있어요. 여기에 비판을 가하면 반시장주의자이고 반기업 정서를 선동한다는 식이지요. 그런 논리 안에서 민생은 어디에도 없어요. 자본이 주인이고 나머지는 모두 거기에 종속된 하인입니다. 정치와 법이 이런 구조를 용납하면 과연 민생이 나아질까요?

김민웅 추 장관님의 신자유주의의 본질에 대한 성찰은 문제의 핵심을 찌르고 있습니다. 개혁 없는 민생이란 기득권 카르텔이 먹고 남긴 것을 너희들끼리 "공정하게 나눠 먹으라"는 식이 될 뿐이에요. '공정'이라는 말이 기만적으로 쓰이게 됩니다. 개혁은 식탁 전체의 공정성에 대해 던지는 질문이고 그때 진정한 정의가 바로 세워지는 거지요. 특권을 위한 사회구조 안에서는 특권의 몫만 계속 커질 뿐입니다. 그만큼 민생의 몫은 줄어들지요. 그런데 특권이 가져가는 몫이 기하급수적으로 커지고 그 수단도 불법적이라는 것에서 불평등과 양극화의 문제가 비롯됩니다. 빼앗기는 사람들의 힘은 점점 더 약해지기 마련이니까 빈곤과 불평등은 심화될 수밖에 없어요. 이를 해결하기 위한 정치의 공적 책임이 강조되고 정책으로 실행되어야 합니다.

### 보통의 시민을 보호하는 공적 보호막

추미애 신자유주의가 자본의 효율성을 강조하면서 정치가 경제 문제에 간섭하는 것이 잘못된 것처럼 만들었어요. 그러면서 정치와 경제가 분리돼버린 거지요. 그러나 이제 정치가 경제에 대한 지도력을 발휘해야 하는 시대입니다. 불평등은 곧 경제 문제이고 정치 문제이니까요. 말씀하신 정치의 공적 책임이 시장에 대해 발동

되는 것은 정의의 문제입니다.

**김민웅** 정치의 공적 책임과 시장의 관계를 명료하게 정리하셨습니다. 중요한 대목입니다.

**추미애** 그렇습니다. 진보정치의 기를 살려야 한다고 말씀드리는 겁니다. 진보정치는 경제에 무능하다고 비난하고 무력화시키니까 다들 너무 위축되어 있어 걱정입니다. 진보정치가 위축되면 미래가 없거든요.

**김민웅** 진보정치, 사실 오랜만에 듣는 단어입니다. 그것도 추미애 장관님에게서 들으니 저도 이 대화가 몹시 즐겁고 신이 납니다.

**추미애** 감사합니다. 신자유주의는 공공성을 가진 영역도 자본에게 넘겨주라고 끊임없이 주장하잖아요. 이걸 '규제 해제'라는 말로 포장합니다. 쓸데없이 오라 가라 하며 갑질하는 관료주의적 규제 해제는 당연히 필요합니다. 그러나 자본에 대한 공적 통제가 필요한 영역까지 해제해버리면 공공의 영역은 보호막이 무너지고 그 피해는 보통의 시민들이 고스란히 입게 됩니다.

**김민웅** 맞아요. 언론은 규제가 필요한 곳과 아닌 곳을 구분하지 않고 '좌파는 규제를 좋아하고, 우파는 효율을 좋아한다'는 식으로 프레임을 만들지요. 규제가 무엇을 위한 것인지, 부당한 통제인지, 약자들을 위한 보호막 설치인지는 따져 묻지 않습니다. 자본이 강조하는 효율이라는 이름의 기능주의는 '최소 투자, 최대 효율'이라는 말로 압축되는데 그것은 결국 가급적 낮은 임금을 주고 많이 부리자가 되는 것이고, 같은 임금을 줘도 노동 강도를 세게 하는 쪽으로 가자는 것이지요. 그렇게 되면 인간을 지켜내는 경제가 제일 중요해지는 것 아니겠습니까.

추미애 인간과 자연의 생명을 해치는 약탈적인 자본은 당연히 규제해야지요. 그들은 이익만 뽑아 '먹튀'하고 최대한 규제가 없는 곳에 가서 환경을 파괴하면서 공장을 짓고 강물을 오염시키고 인간과 동식물의 면역체계를 무너뜨립니다. 토양을 황폐화하고 바다를 오염시킵니다. 이런 작태를 그대로 두자고 말할 수 있나요? 시장주의 경제학은 여기에 관심이 없어요. 그런 일은 분명 범죄입니다. 그런데 대자본이 그런 짓을 하면 검찰이 다 덮어주니 어떻게 민생이 기를 펼 수 있겠어요! 진정으로 민생을 생각한다면 신자유주의에서 민생을 일방적으로 해치는 자본의 작동 방식을 그대로 둘 수 없지요.

김민웅 신자유주의에서 자본이 움직이는 방식은 기본적으로 이익은 사유화하고 부담과 피해는 사회로 떠넘기는 식이지요. 그리고 자기들은 교묘하게 빠져나갑니다. 이런 시장구조는 혁파의 대상이지 보호의 대상이 될 수 없습니다. 공동체가 시장을 위해 존재하는 것이 아니라 시장이 공동체를 위해 존재해야 마땅하지요. 그렇지 못하면 그 사회의 현재와 미래는 보장할 수 없습니다. 정부의 개입은 반대하면서 노동의 권리가 정당한 목소리를 내면 이건 규제하라고 난리를 피웁니다. 게다가 정부의 지원을 엄청 요구하지요. 저는 『거대한 전환』을 쓴 칼 폴라니의 발상을 주목합니다. "시장은 공동체를 위해 존재해야 한다, 공공성이 우선이다"라는 그의 메시지가 우리의 가슴을 울립니다.

추미애 네, 맞아요. 말씀하신 대로 대자본은 "국가는 시장에 개입하지 마라. 그러나 지원은 해라" 하는 식이지요. 그런데 정부의 지원이라는 게 사실은 국민 세금이잖아요. 그러면서 자신들은 아무런 규제나 공동체적 통제를 받지 않겠다고 하면 안 되는 것이지요. 결국 시장보다는 공적 영역에 세금을 더 많이 투입하고 그것으로 국민의 기본생활 부담을 덜어주고 가용할 수 있는 여유를 만들어주는 일이 너무나도 중요합니다.

김민웅 그래서 오늘날은 "자본에서 커먼스(commons)로"라는 운동이 펼쳐지고 있지요.

추미애 '커먼스 운동'은 공공성을 가진 토지와 건물과 자산을 보다 많이 확보하자는 거잖아요. 그래야 시장의 탐욕이 민생에 파고드는 피해가 줄어들게 되니까요. 제가 말했던 토지 공개념의 실천도 그런 커먼스의 확대를 지향하는 거예요. 국민생활의 기본적인 틀을 공적으로 지원해주자는 겁니다. 시장에 대한 지원이라는 말은 돈 많은 기업에 대한 지원이 되는 경우가 대부분인데 정작 지원이 더 절실한 것은 보통의 작은 기업과 시민들 아닌가요? 이들을 위한 공적 지원이야말로 시장보다 우선되어야 한다고 봐요. 우리의 K방역이 성공하게 된 것도 높은 시민의식이 공공의료의 기반과 결합되었기 때문이잖아요. 우리가 의료민영화에 대해 문제의식을 가지고 있는 것도 이런 공공의료를 지켜야 한다는 생각에서 비롯된 것입니다. 그러니 민생개혁은 시민의 경제적 권리를 제약하는 부당한 결과를 바로잡는 것이 아닐까요? 시장의 자유는 보장하되 그건 어디까지나 공동체적 가치를 파손하지 않은 범위 내에서 이루어져야 하는 거지요.

김민웅 그런 의미에서 정치는 시장을 위해서가 아니라 공동체를 위해 존재하는 것이지요. 공동체의 가치를 존중하는 것은 시장의 가치를 부정하는 것도 아니고 시장을 폐기하자는 것도 아닙니다. 문제는 '시장의 자유'라는 이름 아래 자본의 논리에 제동을 거는 걸 악으로 설정하게 되면 보통의 사람들, 사회적 약자에게는 방어막이 뚫리고 말아요. 정치는 이것을 직시해야 합니다. 수많은 희생이 있더라도 시장의 자유를 지키자는 주장은 정치가 할 일이 아니지요.

추미애 그런 약탈적 자본을 시장주의라는 말로 정당화시킬 수는 없지요. 많은 학자들이 돈 들여 미국으로 유학 가서 신자유주의의 논리와 이론을 배워 오고 그걸 또 한국으로 돌아와 가르칩니다. 공적 자본의 정당한 배분을 부정하는 거지요. 자본이 이윤을 취하는 건 본질이지만 약탈성을 발휘하는 것까지 용인하면 안 되는 거잖아요. 그래서 동네 골목상권까지 집어삼키는 대기업과 대자본의 행태를 규제하게 된 것이지요.

## 개혁과 민생은 하나

김민웅 기존 시장주의의 논리는 시장에 내재된 독점체제가 가진 폭력을 은폐해버리는 방식입니다. 노동자의 권리를 짓밟는다거나 중소기업의 시장을 가로챈다거나, 싼값으로 후려쳐서 대부분의 이익을 가져가는 것은 폭력이지요. 그걸 막고 자영업·중소기업·노동자들을 보호하는 행위는 시장을 공정하게 잘 돌아가도록 하는 것이지 시장주의에 반대하는 것은 아닙니다. 혼돈을 유발하는 논리를 유포하는 언론과 기득권 세력은 반시장주의라는 말로 정의로운 경제가 이루어지는 걸 막습니다.

추미애 그런 상황에 초래되는 민생의 황폐함을 어떻게든 해결해야 해요. 아까 김 교수님이 말씀하셨듯이 빵 한 덩어리를 던져주고 "너희들끼리 골고루 정의롭게 나눠 먹어, 공정은 거기에서만 지켜지면 되고 여긴 절대 넘어오지 마" 하는 거지요. 이렇게 말하는 세력은 개혁과 민생이 하나가 되는 걸 경계하고 공격합니다. 그곳은 약탈적 자본이 카르텔을 형성해서 특별한 지대 추구를 누리는 영역, 그들만의 천국입니다. '유전무죄 무전유죄'의 진원지이고 특권을 비호하는 '정치검찰의 서식처'가 됩니다.

김민웅 추 장관님이 이렇게 선명하게 정치·경제 구조의 모순을 파악하고 계신 것에 깊은 인상을 받습니다. 제가 오랫동안 학교에서 세계체제론과 함께 세계자본주의.경제사와 경제이론을 가르쳐왔는데 그 핵심을 정확하게 짚으시네요. 이런 이야기를 정치인과 나누니 반갑고 즐겁습니다.

추미애 교수님과 이렇게 주고받고 하니까 나오는 이야기지요.

김민웅 이미 인식하고 계시기에 자연스럽게 나오는 거지요. 대단히 중요한 생각입니다. 사실은 이런 논리와 관점이 우리 사회에서 정치담론이 되지 못하는 것 자체가 문제입니다. 자본이 작동하는 방식이 언제나 약탈적이라는 말은 아니지만, 본질에 대한 비판적 이해 없이는 자본시장의 개혁을 통한 민생의 근본적 해결은 어렵습니다.

추미애 바로 그런 관점을 어떻게 현실과 만나게 해서 정책으로 이어지게 할 것인지가 우리가 당면한 과제이지요. 개혁이냐 민생이냐가 아닙니다. 개혁의 적이 민생이고, 민생의 적이 개혁이 아닙니다. 인간과 자연을 약탈하는 자본, 그중에서도 토지 독점을 통해 지대를 추구하는 부동산 시장의 투기자본과 그들이 누리는 금융특권에 대한 비판적인 이해가 중요합니다. 그 가운데 금융자본이 가진 특권은 아주 강력하지요. 모든 경제가 금융의 지배를 받고 있어요. 부동산도 은행에서 돈을 빌릴 수 있는 사람만 투자나 투기를 할 수 있고 그런 돈이 부동산 시장에 넘쳐나게 되니까 가격이 폭등하고 그러면 투기세력만 떼돈을 버는 식이지요. 실물 경제 쪽도 기업가가 창업 아이디어를 발굴해서 공장을 새로 짓고 고용을 새로 하는 식이 아니라, 투기세력이 은행돈을 빌려 기존 기업을 인수합병해서 주가를 뻥튀기한 다음 되팔아 주식 차익의 금융 이익만을 노리기 때문에 고용 증가는 일어나지 않거든요. 이런 식으로 사회 여러 부분의 금융화가 우리 사회의 양극화를 일으키는 주범이 되었어요.

김민웅 금융자본의 힘이 세지니까 신자유주의의 폐단이 더욱 극명하게 드러납니다.

추미애 맞아요! 돈을 아무리 찍어내도 부동산이나 주식으로 흡수되고 돈이 절실하게 필요한 서민의 주머니로는 들어가지 않고 있어요. 돈이 경제 상층부 안에서만 돌고 돌아요. 하층부 서민경제로는 내려가지 않고 있습니다.

김민웅 신자유주의자들은 대기업과 부유층의 부가 늘어나면 소비와 투자가 확대되어 중소기업과 저소득층에 혜택이 돌아간다는 낙수효과(trickle down)를 주장해왔지요. 그러나 그 주장은 틀렸어요. 최근 미국 바이든 대통령은 낙수효과가 전혀 작동하지 않았다면서 사실상 신자유주의와의 결별을 선언했습니다. 전후 최대 규모로 6조 달러, 우리 돈으로 6,700조나 되는 슈퍼예산안을 제출했다지요.

추미애 저도 놀랐습니다. 바이든 대통령은 연륜 있는 대정치가로서 정치적 관점이 매우 참신해요. 부자와 연줄이 좋은 사람뿐만 아니라 모든 사람을 위한 경제를 건설하기 위한 종합전략이 필요하다고 강조했어요. 더 높은 임금을 주면서도 더 많은 일자리를 만들고 차별을 줄이겠다고 말이지요. 지금까지 자본의 이익만 옹호하던 미국과는 다른 길을 제시하고 있어요. 코로나19로 지친 국민들에게 국가의 역할을 보여주면서 위안을 주는 대통령입니다.

김민웅 우리나라 재정 담당 관료들이 국가채무만 걱정하면서 재정정책의 확대를 주저하고 있는 것과 대조되지요.

추미애 코로나19 방역을 이유로 영업제한을 당한 자영업자들이 1년 이상 겪고 있는 막대한 피해에 대해 정부가 과감한 영업손실 보상정책을 펼쳐야 합니다. 우리와 경제적 힘이 비슷한 캐나다는 그렇게 하고 있어요. 보수 경제지에서는 정부가 그런 지원을 하게 되면 국가채무가 늘어난다고 야단입니다. 그러나 골목상권에 지원하는 돈은 부동산이나 주식으로 흡수되는 돈과는 달리 민생 저수지로 들어가서 소비를 일으키고 내수경제를 활성화시킵니다. 늘어난 조세수입은 국고로 되돌아가니까 결국 선순환 경제를 일으켜 국가 채무 걱정을 할 필요가 없게 됩니다. 지금은 고갈된 민생 저수지에 돈이 흘러들어가게 해야할 때입니다.

김민웅 네. 그래서 관료주의를 깨는 정치적 결단력이 절실한 시기입니다. 오죽하면 노무현 대통령께서 관료에 포획된 것을 한탄하셨을까요? 관료가 기득권층을 보호하는 이유는 그저 보신(保身)적 자세 때문이 아닐까 생각합니다. 그래서 대한민국 3대 마피아 세력이라는 관피아·모피아·검피아가 개혁의 입구를 틀어막고 있는 것 같아요.

추미애 김 교수님의 진단이 바로 현실이에요. 비교적 돈에 덜 쪼들리는 중산층도 자신들의 노후나 자녀 결혼 등을 위해 돈을 불려보려고 주식투자하다가 금융자본 기득권 세력의 먹잇감이 됩니다. 거기에는 또 검피아가 역할을 하지요. 라임이나 옵티머스 사건 같은 경우도 관피아·모피아·검피아가 합세해서 일반 투자자들에게 막대한 피해를 입힌 금융사기 사건이거든요. 이런 금융시장 교란 행위를 바로잡으라고 검찰조직에 증권범죄합동수사단을 만들었던 것인데 거기가 오히려 범죄의 온상이 되어버린 거예요.

김민웅 그래요? 그런데 언론을 보면 증권범죄합동수사단이 폐지되어 금융범죄를 신속하게 수사할 수 없다고 비판하잖아요?

추미애 지난해 초 검찰 조직을 개편할 때, 증권범죄전담수사 기구 자체를 없앤 건 아니었어요. 서울 남부지검의 증권범죄합동수사단 대신 금융조사 1·2부가 금융 증권범죄를 전문적으로 수사하도록 하면서 기존 합동수사단의 카르텔을 허물려고 한 것이지요. 다만 그들이 마치 법무부가 정권수사를 못 하게 하기 위해 증권범죄합동수사단을 폐지한 것처럼 왜곡 주장하는 이유는 그들만의 부패 특권 카르텔을 다시 부활시키고 싶다는 의도예요. 부활시키기 이전에 특권 카르텔을 깨는 장치가 있어야 합니다.

## 관피아와 결탁한 기업사냥꾼

김민웅 증권범죄합동수사단은 금융시장 질서 교란을 막기 위해 절대적으로 필요한 조직이라고 사람들이 이해하고 있지 않습니까?

추미애 잘 알려지지 않아서 그렇지 비리의 온상이 되었어요. 여러 차례 주가 조작으로 재벌이 된 전관변호사 박○○와 거물 사기꾼인 증권사 대표 유○○이 있었어요. 박 변호사와 유 회장은 저축은행 '상상인'의 대주주이기도 한데, 상상인에서 대출받은 돈으로 '기업사냥'을 해요. 그리고 그 기업에 관한 허위 정보를 흘려 주가 조작을 하고 주가가 올라가 최고점을 찍을 때 주식을 팔아치우는 거지요. 그런 먹튀 수법으로 엄청난 돈을 벌었어요. 전관변호사 박

○○은 곧 재벌변호사라고 알려졌지요. 그들이 단숨에 수십, 수백억 원을 가로채는 동안 허위정보를 믿고 투자에 뛰어든 수많은 서민들은 주식이 하루아침에 휴짓조각이 되어 막대한 피해를 입었습니다. 그런 식의 범죄 행각은 2015년부터 2018년 사이에 이루어졌는데, 무려 10개의 회사를 기업사냥했어요. 상상인의 돈이 어느 기업에 멀쩡하게 투자된 것처럼 속이면 주식 가격이 치솟아 고점에 이르렀을 때 팔아치우지요. 그들은 사냥한 기업의 경영에는 애당초 관심이 없었기 때문에 해당 회사자금도 횡령해 부도를 내고 멀쩡한 기업을 고사시켰습니다. 공장 가동이 멈추면서 대량해고가 일어나기도 했습니다.

자본시장을 어지럽히고 기업을 고사시킨 이 사건들을 관할했던 서울 남부지검 증권범죄합동수사단은 초창기부터 제대로 수사하지 않았어요. 그래서 피해규모와 금액, 피해자의 수가 막대하게 커졌습니다. 2015·2016년 증권범죄합동수사단장은 김○○ 부장검사였어요. 그는 과거 법무부장관을 지냈고 골프장 성추행사건으로 유명해진 전 국회의장의 사위이기도 하지요. 나중에 알고 보니 어이없게도 김 부장검사가 전관변호사 박○○의 범죄를 제대로 수사할 수 없는 처지에 놓여 있었어요. 그는 감옥에 있는 자신의 동창생이자 친구의 뒤를 봐주면서 뇌물도 받았는데, 나중에 뇌물받은 것이 들통나자 이를 무마시키는 데 필요한 비용을 박○○ 변호사가 대주었습니다. 이미 박 변호사의 비리에 대해 수사를 할 수 없을 정도로 엮여버린 것이지요. 현직검사와 전관변호사의 부패로 초기에 금융비리를 막지 못하는 바람에 유사한 피해가 반복 확대된 것입니다.

나중에 증권범죄합동수사단에서 금융을 잘 아는 수용자를 활용해 불법수사를 했다는 것도 함께 드러났어요. 검사실에 출정시켜 수용자에게 감방을 벗어날 수 있는 편의를 제공하면서, 범죄정보를 얻고 수사표적이 된 수용자의 자백을 유도하는 심부름도 시키고 별건수사를 한 것도 드러났어요. 최근에도 라임 사건에서 김봉현 씨가 66회나 검사실로 불려 다니면서 라임 사건 수사와는 관계없는 정치권 인사를 대라는 회유를 당했다고 폭로했지요. 검찰은 그런 버릇을 여전히 버리지 못하고 있습니다.

김민웅 듣고 보니 더 기가 막히네요. 전쟁이나 전염병으로 민생이 어려워지면 사람들은 정치적 메시아를 찾는 심리에 빠지게 됩니다. 그런 심리적 불안과 공황상태를 이용해 파시스트가 등장한 역사가 있었고 이들이 민주주의의 위기를 초래했지요. 우리도 경제 전문가에 대한 환상으로 이명박을 압도적으로 지지해 대통령으로 선출했고, 지금은 정치검사 윤석열 총장에 대한 환상을 여론으로 부추기고 있지요. 윤석열 총장은 대권수립용으로 속성 과외도 받고 심지어 금융전문성이 있다고 주변에 알리고 있기도 합니다.

추미애 경제범죄 전문가라고 하면 모를까 금융사건 수사 경험을 가지고 경제 전문가라고 할 수는 없지요. 금융범죄 전문가라고 하기도 그런 것이 윤석열 전 총장이 서울중앙지검장으로 재직할 때 옵티머스 펀드에 투자했던 정부기관인 전파진흥원이 수사의뢰를 요청했어요. 그런데 당시 중앙지검은 김재현 옵티머스 대표 등에게 무혐의 처분을 내렸어요. 무혐의 처리했던 부장검사가 윤 총장 청문회에 관여했고 이후 핵심보직으로 이동했지요. 옵티머스 변호인도 검찰총장과 긴밀한 관계에 있었던 유명 변호사였어요. 그런데 서울남부지검에서는 옵티머스가 투자자금을 횡령했다고 기소했거든요. 만일 중앙지검에서도 무혐의로 하지 않고 제대로 기소했었더라면 초기에 큰 피해를 막을 수 있었을 것입니다. 왜냐하면 검찰이 무혐의 처리해준 이후 마사회나 한국전력 등 공기업도 믿고 투자를 하고 민간투자도 뒤따라 급증하면서 투자금액이 1조 5,000억 원에 이르렀지요.

옵티머스 자산운용의 금융범죄 진화과정을 살펴보면 기업 편법탈취와 기업사냥이 진행되는 동안, 금융검찰이라 할 금융감독원이 제대로 감독하지 않은 것, 그 위에 모피아라는 금융관료들의 막강한 로비가 있었던 것이지요. 검찰·법원 등의 수사·기소·재판 단계에서는 전관변호사들의 로비가 이루어진 것인데, 대형 로펌을 중심으로 단계적·체계적으로 이루어진 것임을 알 수 있습니다. 이것이 우리 사회의 가장 지능적 특권층인 최상위 포식자들의 모습이에요. 그런데 3,000억 원 정도는 흔적도 찾지 못했습니다. 이 거대한 규모의 범죄를 누가 설계한 것인지, 전파진흥원이 수사의뢰할 때도 680억 원 상당을 수사의뢰했는데 중요 사건으로 보고되지 않았던 경위 등도 조사되어야 한다고 봅니다.

김민웅 금융시장이 그런 식으로 비리와 범죄의 복마전이 되기
도 합니다. 금감원과 검찰이 제구실을 하기는커녕 범죄를 키운 것
아닙니까.

추미애 금융산업을 보호하는 목적은 민생을 윤택하게 하려는
것이잖아요. 그런데 우리 사회 특권 카르텔이 금융산업을 이용해
민생을 고사시키고 있어요.

### 공정이라는 속임수

김민웅 우리나라는 특히 IMF 관리체제 아래 확보된 '자본시장
의 자유화'를 제동 없이 누리게 한 것도 큰 문제였지요.

추미애 그 출발은 '자본시장 자유화'를 가동하기 시작한 김영삼
정부가 외국자본을 도입해 경제성장지표를 끌어올리려고 무리하
게 추진했던 것에 있습니다. 그 결과 원화가 고평가되고 달러를 마
구 빌려다 쓰고 해외여행 등으로 흥청망청 소비하면서 국가부도
사태라는 초유의 외환위기를 맞게 되었고요. 돈을 빌려준 IMF 당
국이 우리에게 요구한 시스템은 너무나 가혹한 것이었지요. 사전
대비 없이 갑자기 강요된 신자유주의 체제였습니다. 흑자부도를
맞아 멀쩡한 상태에서 적지 않은 기업들이 문을 닫았단 말이에요.
외환위기의 부채경제가 모두를 짓눌렀으니까요. 그렇게 해서 졸
지에 망하게 된 기업들이 내놓은 땅을 소수 기득권층은 아주 손쉽
게, 거저 줍듯이 가질 수 있었어요.

김민웅 '파이어 세일'(fire sale)이라는 말이 있지요. 불난 집에서

꺼낸 물건을 싸게 가져가는 것입니다. 그때는 조금만 돈줄을 끌어올 수 있으면 부동산 거부가 되었어요. 부동산 시장의 투기화를 주도한 세력이 오늘날 이토록 심각한 부동산 불평등을 가져온 것이고요. 타인의 고통을 이익 극대화의 기회로 이용한 겁니다. 부동산 양극화의 역사를 제대로 살펴봐야 합니다.

추미애 그렇지요. 국민들은 금가락지까지 내놓고 외환위기를 극복하는 중에도 금융자본을 거머쥔 세력들이 토지독점의 패를 쥐고 놀았습니다. 공적 자금 투입으로 살아난 기업들도 다르지 않았어요. 땅을 사서 그걸로 부동산 시장의 투기판이 되도록 일조한 것이라 할 수도 있지요.

김민웅 그러다 보니 보통의 시민들에게 남은 경제적 영토는 매우 작아졌고, 그걸 가지고 서로 다투게 되니까 경쟁과 고통이 멈추지 않게 된 거지요. 여기에 '공정의 윤리'를 적용시켜서 전체 판은 못 건드리게 한 것입니다. 이건 대단히 기만적인 논리입니다. "공정의 윤리는 거기서만 논의해!" 하는 겁니다. 게다가 불평등의 문제를 거론하면서도 평등의 경제라는 개념은 적대시합니다. 먼저 기울어진 운동장을 평등한 장으로 만들고 거기서 공정을 말해야 하는데, 기울어진 운동장은 그대로 놓고 공정을 말한다면 그것은 속임수가 됩니다. 기울어진 운동장에서 온갖 특권을 누리는 자들은 슬며시 비켜나가고 엉뚱한 사람을 불공정의 표본으로 만들어버리는 거지요. 진짜 불공정한 세력은 무대 뒤에서 파티를 열고 있어요.

추미애 그런 상태에서는 아무리 나라 경제를 살린다, 경기를 부양한다고 해도 그 돈이 소수 특권층한테 흡수되어버립니다. 또 그런 현실이 너무나 당연하다고 인정되어버리는 겁니다. 이게 바로 '특권 카르텔'이 우리 사회를 세뇌시키고 끌고 나가는 방식이에요. 그런데 이걸 누구도 비판하거나 고발하지 않아요. 지방이나 중앙언론이나 모두 거대자본이 지분을 확보하고 있어요. 이들은 공생의 카르텔이에요. 정치검찰도 여기에 함께하고 있고요.

## 개혁을 호도하는 '개혁 피로도'

김민웅 확실하게 정리되었습니다. 그런 특권 카르텔의 권력구조를 해체하지 않는 한 그것이 독점하고 지배하고 있는 경제영역에서 불평등을 해결하는 일은 불가능해집니다.

추미애 좀더 쉽게 한 사례를 들어볼게요. 특히 건설 분야가 제대로 감독하지 못하면 그런 특혜를 누리게 됩니다. 여기서 전제가 중요합니다. "제대로 감독 못 하면"이라는 말을 강조하지 않으면 언론이 "추미애, 건설분야 콕 집어 특혜 비난"이라고 쓸 수 있으니 말이에요. 예를 들어 아파트 1층과 2층 사이의 콘크리트를 21센티미터는 유지해야 층간소음을 줄일 수 있다고 가정하면, 거기서 콘크리트 1센티미터만 줄여도 남는 돈이 어마어마해요. 그 돈이 부패자금으로 조성되는 거고요. 피해는 고스란히 소비자인 입주민들의 몫이고, 그로 인해 이웃 사이에 살인사건까지 일어나기도 하는데, 지금 그걸 누가 감시하고 따지고 처벌하나요? 검찰권력도 이를 봐주면서 부패와 비리의 고리가 서로 짝짜꿍이 되어 손잡고 돌아갑니다. 이명박 정부가 그랬고, 그 휘하에서 큰 검찰이 그 맛에 푹 빠져 성장했고, 그게 오늘날 정치검찰의 물적·정치적 토대가 되었어요. 바로 그게 '스폰서 검사' 문화지요. 스폰서를 둔 검사, 그러니까 부패검사를 말하는데 김학의 전 법무차관 성접대 사건도 건설업자 윤중천이 김학의 스폰서였고, 부산 LCT 비리 사건의 이영복 회장도 검사들의 스폰서였지요. 그래서 김학의 전 법무차관 사건도, LCT 특혜분양 사건도 수사나 기소가 제대로 되지 않았던 것입니다. 윤석열 총장이 "이명박 시절이 제일 쿨했다"고 한 말이 그냥 나온 게 아니라고 봐요. 노무현 대통령은 그런 특권에 온몸으로 저항하고 개혁하려 하시다가 이명박 집권 시기에 대검의 정치공작에 몰려 죽음에까지 이르신 거 아닙니까. 이런 뿌리를 잘라내야 해요. 타워크레인에서 사고가 일어나도 그저 기계조작 잘못, 개인의 잘못, 과실치사, 그것도 업무상 과실치사라고 덮어버립니다. 그러니 검찰의 수사방해, 감찰방해는 그들의 입장에서는 절박했던 거지요. 죄가 다 드러나게 생겼으니까요.

김민웅 매일 10명 가까운 노동자들이 죽어가도 언론은 그것을 파헤치지 않아요. 이따금 관심을 두는 척하지만 문제의 본질로 파고들지 않습니다. 대자본이 주는 광고비, 대자본의 언론 소유구조가 이런 상황을 만들고 있으니 언론개혁이라는 것도 다른 각도에서 대담한 접근이 필요합니다. 그 자본의 힘까지 파고들어야 하는 거지요.

추미애 이른바 진보언론조차 대자본의 부패를 눈감고 노동자들의 희생을 구조적인 문제라고 보지 않아요. 그렇지 않다면 검찰개혁을 그렇게 이상한 논조로 쓰지 못하지요. 말로는 노동자들의 희생이 이어지는 구조 자체가 문제라고 하지만 기사는 그렇게 쓰지 않잖아요. 이런 과정이 묵인되면서 비자금이 조성되고 부패와 비리의 연결망이 생기고 노동자에게 돌아갈 몫, 소비자의 권리를 보장하는 자본이 특권세력의 썩고 썩은 생태계로 모두 흘러들어갑니다. 피해는 국민이 보는데 '개혁 피로도'라는 말로 이런 부당한 구조를 혁파하지 못하게 만들어버려요.

## 욕망을 부채질하는 자들

김민웅 그와 같은 구조가 우리 경제를 지배하고 있으니 민생의 현실은 날로 더 척박해지고 사회적 약자들끼리 서로 적대적인 상황으로 몰려가는 끔찍한 사회가 됩니다.

추미애 제 말이 그겁니다. 그런데 우리 사회의 중산층도 이걸 잘 모르기도 하고, 알면서도 즐겨온 거예요. 비난하겠다는 건 아니고요, 현실에 대해 분명하게 직시할 필요가 있다는 취지로 말씀드립니다. 누구든 건설 과정의 비리에 분노해도 아파트라는 완성품으로 공급되고 나면 투기 대열에 합류해버리고 말아요. 가령 어제 은행에서 돈을 빌려 1억 원으로 아파트를 분양받았는데 그걸 되팔 때는 몇 천만 원이 더 올라서 엄청나게 이익을 보는 것이지요. 부동산 투기로 쉽게 돈을 벌겠다는 욕망을 비난하기는 어렵다 해도 이런 걸 조장하는 구조에 대해서는 우리 사회 전체가 좀더 깊게 성찰해야 합니다. 그렇지 못하면 바로 그 중산층도 결국 부동산 투기 시장에서 피해자가 되고 마니까요. 이런 현실에서는 그 어떤 부동산 정책이 나와도 성공하기 어렵습니다.

**김민웅** 부동산에 대한 일정한 규제가 들어가면 부동산 경기를 죽인다고 하고 가격이 상승하면 집 사려는 젊은이들을 죽인다고 하지요. 올라가면 올라간다고 난리고 내려가면 내려간다고 뭐라 하는 건데, 그럼 어쩌자는 걸까요? 결국은 아무것도 못 하게 만드는 것입니다. 그래서 언제나 부동산 정책은 무얼 해도 실패로 규정됩니다. 그러다 보면 부동산 문제는 건드리는 것 자체를 애초에 무서워하게 만드는 쪽으로 몰아가는 게 아닌가 싶습니다.

**추미애** 네, 그렇지요. 경기가 안 좋으면 경기를 부양해야 된다, 맨 먼저 부동산 시장부터 경기를 부양해야 한다고 훈수를 두지요. 그러면 정부도 경기부양책으로 부동산 시장 규제를 푸는 쪽으로 가게 됩니다. 그린벨트를 풀고 건축규제를 완화하고 취득세·보유세 등을 낮추고, 부동산을 담보로 돈을 빌리기 쉽게 금융정책을 조정하면 당장은 경기가 좋아지는 것처럼 돌아가지요. 그러나 그 이익은 고스란히 돈 가진 특권층이 누리며, 손쉽게 아파트를 소유하게 하는 등 지대추구의 판이 벌어집니다. 바로 임대업자 조세감면 정책이 그랬습니다. 그래서 부동산 시장이 과열돼 투기 열풍이 불어요. 그러면 또 공급 확대 정책을 펼쳐야 한다고 채근하지요. 결국 일감이 많아지니 건설사에게 좋은 일이니까 건설사가 광고주인 언론이 나서서 그런 주장을 합니다. 결국 이렇게 서로 결탁하는 관계가 만들어집니다. 공급 위주로 해야 된다고 생각하게 만들어요.

김민웅  공급은 수도권과 대도시에 집중되니 지방 균형발전 약속과 충돌할 수밖에 없습니다. 대도시 중심으로 공급정책을 추진하면 지방은 빈사상태로 가게 됩니다. 나라와 세대 전체가 불행해지는 걸 막으려면 부동산 문제를 근본적으로 정리하는 개념과 원칙을 만들지 않으면 안 됩니다. 그런 점에서 보면, 지금의 정치인 중에서는 추 장관님이 '지대개혁' '토지 공개념'에 대한 이야기를 가장 일찍 시작하신 걸로 알고 있습니다. 이 점에 대한 고민을 어떻게 시작했고, 또 어떤 지점까지 생각하고 있는지 이야기해주시지요.

추미애  제가 초선 때 한 매체와 인터뷰할 때 인터뷰를 맡은 김어준 씨에게 생수와 관련한 이야기를 했어요. 그때까지는 생수병에 담긴 물을 사먹는 게 아직 보편화되지 않았던 때였어요. 수돗물을 끓여서 보리차로 마시는 게 일반적이었지요. 그런데 그때 생수를 판매하는 곳이 있었어요. 그 생수를 예로 들었어요. 우리가 더 이상 수돗물을 식수로 쓸 수가 없다면 개개인이 생수를 사먹어야 할지 아니면 좀더 공공투자를 해서 수돗물을 생수처럼 그대로 먹을 수 있도록 만들어야 할지를 제가 되물었어요. 답은 자명하지 않겠어요. 누구나 깨끗한 물을 마실 수 있어야 하고 전염병도 막을 수 있게 관리해야지요.

김민웅 재미있네요. 장관님이 페이스북에 올린 "물 공산주의는 없다. 토지 공산주의도 말이 안 되는 것이다"라는 글이 그런 생각을 담았던 거군요.

추미애 네, 물이나 땅은 사람이 태어나기 전부터 있던 겁니다. '생산수단'을 사유화할 수 있느냐 없느냐에 따라 자본주의와 공산주의가 나뉘는데 물과 땅은 사람이 노력해서 만드는 생산수단이 아니라 원래 존재하는 자연이지요. 사람은 이걸 이용해서 생산물을 얻는 거잖아요. 그런 점에서 토지 공개념은 우리에게 저절로 주어진 자연을 함께 향유할 권리를 일깨웁니다.

김민웅 어려운 개념이라도 그걸 사람들이 이해하기 쉽게 설명하시는군요. 공부만 하는 학자들과는 다르세요, 하하.

추미애 그런가요? 대신 교수님은 정치하는 사람들이 사고를 풍성하게 할 수 있도록 일깨워주시잖아요. '토지 공개념'을 '토지 공산주의'라고 매도하는 야당 정치인들이 있습니다. 우리 헌법에도 토지 공개념이 분명히 있는데 말이지요. 그래서 지식인과 학자의 편견 없는 비판과 목소리가 소중합니다.

## 신자유주의의 참극

김민웅 대단히 중요한 이야기입니다. '공'(公)에 대한 기본이 서 있지 못한 사회는 보통 시민들의 사적 이익을 보장해주는 것 같아 보여도 사실은 그 개인의 영역마저도 막대한 피해를 입게 되고 말지요. 특정 세력은 정치가 이런 공공성을 추진하지 못하도록 시장

논리로 재갈을 물리고 있습니다. 장관님의 토지 공개념에 대한 사유는 어떻게 시작되었나요?

추미애 제가 미국에서 공부했을 때는 신자유주의의 위력이 절정이었던 시기였습니다. 9·11 테러가 발생하고 몇 년이 지난 부시 정부 때였어요. 테러의 공포가 지배하는 정치에서 뭐든 힘으로 밀어붙이는 식이 되어버린 현실을 보게 되었지요.

김민웅 그 시기는 미국의 민주주의가 엄청난 위기에 처했던 때였어요. 부시 정부의 대(對)테러 정책에 대한 비판적 발언을 하는 것 자체가 너무나 위험한 일이었으니까요. 거대한 폭력을 겪은 뒤였으니 사회적으로 그런 상황을 받아들일 수밖에 없다는 이유로 민주주의의 퇴행이 이루어지고 말았어요. 새로운 '안보국가'(Security State)의 출현이었습니다.

추미애 제가 그곳에 있을 때 부동산 가격이 엄청나게 올랐어요. 정치·경제적 현안에 대한 자유롭고 진보적인 논의에 재갈을 물린 거지요.

김민웅 2008년 부동산 거품이 꺼지면서 터진 '서브프라임 (subprime) 사태' 전이었군요. 미국 자본주의의 중대 위기였어요.

추미애 맞아요. 2008년 서브프라임 사태 충격이 대단했어요.

김민웅 그때 미국 사회는 신자유주의와 군사주의가 동맹체제를 맺었지요. '프렌들리 파시즘'(Friendly Fascism)이라고, 얼굴은 웃고 있지만 사실은 공포를 이용한 파시즘이었어요. 아까 말했던 이른바 새로운 '안보국가'의 출현입니다. 그 분위기에서 거대자본에 대한 공적 통제는 풀어버립니다. '규제 해제'(Deregulation)가 하나의 구호처럼 사회를 지배했어요. 부동산 시장 투기가 격렬해지면서 서브프라임 사태가 터집니다. 서브프라임은 신용 등급이 낮은 사람들에게도 부동산 매입을 위한 대출을 쉽게 해준 정책입니다. 얼핏 보면 신용도가 낮은 사람들의 편의를 봐준 것 같지만 이러면서 부동산 시장의 투기과열이 생기고 공급이 넘치다 보니 가격 하락이 전면화되면서 사람들이 은행에서 빌렸던 돈을 갚기 어려워진 거지요. 은행에서는 부실채권이 눈덩이처럼 커지고, 그걸 보전해줄 금융기관도 차례차례 지불 불능 상태가 되면서 금융시장 전체가 파국에 이르고 맙니다. 리먼 브라더스 같은 투자금융이 파산했던 게 그때였습니다. 투입된 공적 자금은 최고 경영진들이 다 챙기고 회사의 주식을 가지고 있던 소속 직원들은 휴짓조각이 된 주식에 아무런 대책도 없이 대량실업 사태가 벌어지고 말아요. 공공성을 저버린 시장주의가 지배하는 시스템이 어떤 참극을 빚는지 그대로 드러난 사태였지요. 장관님이 미국에 계신 그 시기는 바로 이런 위기가 안으로 진행되어가고 있던 때였어요.

추미애 설명 감사해요. 그때 저는 신자유주의의 문제점에 대해서 많이 공부하게 되었어요. 신자유주의가 약탈적 자본의 무대를 넓히고 그 결과 전 지구적인 피폐화를 가지고 왔으며, 자본의 족쇄를 이렇게 풀어버리는 것은 힘 없는 보통의 시민들에게 엄청난 고통을 준다는 걸 알았습니다. 지난날 미국은 대공황을 겪으면서도 최저임금법을 도입하고 근로기준법도 제정하고 독점적인 금융자본에 대한 규제도 했지만, 이제는 그걸 죄다 흔들어버리고 있다고 생각했어요. 그런 가운데 지구상에 약한 고리를 장악해서 신자유주의 체제를 이식시키고 있는데 이렇게 되면 가난하고 힘든 나라 국민들은 어떻게 되는지 고민하지 않을 수 없었습니다.

김민웅 미국의 진보적 성과들은 레이건 이후 뒤집혀지기 시작합니다. 대공황기의 뉴딜정책을 밀고 나갔던 루즈벨트의 정책, '위대한 사회'(Great Society)를 내세워 복지정책을 폈던 존슨의 정책, 인종차별을 극복하면서 진보적 사회통합을 시도했던 케네디의 정책, 이런 것들이 모두 허물어진 겁니다. 그 끝이 부시 정권 시기에 온 것이고요. 오바마는 2008년 서브프라임 사태 이후인 2009년에 취임하게 되지요. 미국 내에서는 이때 신자유주의에 대한 논란이 생겨납니다. '오바마 케어'는 그런 와중에 나름대로 의료 시장의 공공성을 확보하려는 시도였어요. 그러나 엄청난 대자본의 반대에 부딪혀 내용도 부실해지고 말지요. 미국의 의료복지 제도는 우리와 비교했을 때 상당히 열악합니다. 어떻게 보면 끔찍할 정도예요. 그토록 부자 나라인데 말이지요. 이게 다 공공성이 결여된 시장주의의 모순입니다.

추미애 저도 그런 미국의 현실을 경험하고 보면서 신자유주의는 결코 우리의 미래가 아니라는 생각이 분명해졌어요.


**땅이 땀을 삼키다**

김민웅 그런 인식이 어떻게 심화되어갔나요?

추미애 제가 잘못 이해한 건 없나 하고 열심히 점검하고 공부했지요. 그때 우리가 정치적 민주주의는 어느 정도 달성했지만 박정희 대통령 평가와 관련한 문제는 여전히 남아 있다는 생각이 들었어요. 박정희 대통령은 경제를 일으켰다, 보릿고개를 극복하고 쌀밥을 먹게 해준 대통령이라고 평가하고 있어요. 영구집권을 기도하고 폭력적인 독재로 많은 사람들을 희생시킨 문제는 간과하고 경제적 성취만 높게 평가하는 거지요. 그에 반해 민주세력은 경제에 무능하다고 뒤집어씌우는 거예요. 정치적 민주주의에 근거해서 민생의 실체를 만들어내야 하는데, 외환위기로 IMF 관리를 받게 되고 이걸 극복하는 과정에서 자본이 고갈됐으니 자본을 들여와야겠다면서 자본이 투자할 환경을 만들어주는 게 우선이라고 해버리니까 자본시장의 자유화 논리로 자본의 고삐를 풀어버리게 된 것입니다. 민생을 위한 민주주의가 더 어려워진 것이지요. 그런 가운데 비대해진 대자본과 권력화된 검찰, 여기에 합세한 언론이 일종의 특권 카르텔을 만들어왔습니다.

김민웅 그런 차원에서 봐도 '민생'이라는 말은 사실 그 자체로 대단히 개혁적인 개념이에요. 특권을 받아들이지 않는 균등한 사회를 전제로 한 개념이니 말이지요.

추미애 그렇지요. 거슬러 올라가면 우리가 나라를 빼앗겼을 때 나라를 되찾는다면 이런 나라를 세우자고 꿈꾸었던 분들이 계시잖아요. 정치와 경제, 교육의 균등을 담은 삼균(三均)주의를 주장한 조소앙 선생도 그렇고 해방 이후에는 농지개혁을 주장한 조봉암 선생도 모두 민생 민주주의를 세우고자 했습니다.

김민웅 임시정부의 헌법을 보면 지금도 놀랄 정도의 진보적인 내용이 담겨 있습니다. 방금 말씀하신 조소앙 선생은 '평등공화국'을 지향합니다. 대한민국의 헌법이 임시정부의 법통을 계승한다는 점을 생각해보면 바로 그 민생 민주주의, 평등공화국이 당연한 정치적 책무가 되어야 하는 거지요.

추미애 3·1 만세운동과 임시정부의 건국 역사에서 재발견하는 평등사상이지요. 그런 정신과 기개가 지금 우리에게 정말 필요한 것 같아요. 야당에서 민주당으로 당적을 옮겨오신 어떤 분이 "민주당은 왜 이렇게 추모행사가 많으냐"고 제게 물었어요. 해마다 달마다 추모식이 너무 많다고 말이지요. 우리 역사 발전에 헌신한 분들을 추모하는 건데 아마도 "역사가 밥 먹여주냐, 민주주의가 밥을 해결하냐"는 고정관념이 깔려 있는 게 아닌가 싶었어요. 그러나 역사의 교훈을 재발견해나갈 때 오늘의 문제에 대한 해답을 찾을 수 있다고 생각해요.

김민웅 그렇지요. 우리의 역사에서 더 거슬러 올라가면 17세기에서 19세기 사이에 등장한 실학은 특히 토지제도의 개혁에 집중합니다. 균전제(均田制)까지 거론하면서 이걸 바꾸지 않으면 민생은 질식한다고 하지요. 개혁정신이 가득 찬 논의였습니다. 『반계수록』의 유형원, 『성호사설』의 이익, 그리고 다산 정약용에 이르기까지 토지소유의 평등과 그 공적 성격을 모두 강조하지요. 기본적으로는 토지 공유제를 내세우고 내용으로는 균등한 토지 분배가 중심이 되어 있습니다. 조소앙 선생의 균등사상은 이런 뿌리에 닿아 있고, 임시정부의 헌법은 해방 이후 우리가 절절히 소망했던 국가의 근본을 그렇게 천명한 것입니다. 절차에서 발생하는 불공정 문제도 중요하지만 그 이전에 구조 자체의 불평등을 바로잡는 일이 중요합니다. 오늘날 부동산 문제도 이런 맥락에서 볼 필요가 있습니다.

추미애 잘 정리해주셨네요. 바로 그런 사상적 논의의 맥이 끊기면서 우리 사회가 부동산 문제를 근본적으로 해결하지 못해 고통을 겪고 있습니다. 미국에서 그런 현실을 경험하고 경제학에 대한 새로운 이해를 가지고 돌아오게 되었어요. 그러면서 좀더 공부해야겠다는 마음으로 경제공부를 했습니다. 바로 그때 『진보와 빈곤』을 쓴 토지 공개념의 주창자 헨리 조지를 만나게 돼요. 물론 책에서지요, 하하.

김민웅 잘 만나셨네요.

추미애 헨리 조지에게 너무나 많은 영감을 얻었어요. 아까 말씀해주신 실학의 경우는 봉건체제 아래 토지개혁을 말한 거잖아요. 여전히 중요한 의미를 가지고 있는 문제의식인데 그걸 자본주의 사회에서 적용할 방도를 찾던 중에 헨리 조지에게서 그 단서를 발견하게 되었던 거지요. 헨리 조지는 광활한 땅을 가진 미국에서 노동자들이 힘들게 일해 번 돈이 고스란히 지대(地代)로 나가는 현실에 분노합니다. 자본주의 사회는 비약적으로 발전하는데 노동자들은 더욱 빈곤한 상태로 추락하고, 여기에 지대비용이 줄어들지 않으니 돈을 벌어도 쪼들리는 가난한 세입자의 신세를 면하지 못하는 거지요. 우리 현실에서도 익숙한 이야기였습니다. "미국의 지성은 다 어디로 간 거야"라며 한탄했는데 아니었던 거예요. 헨리 조지라는 지성이 일찍 예지력을 가지고 통찰하고 해법을 모색하고 있어서 대단하다 생각했어요. 물이나 땅은 자연이 인간에게 준 선물인데 이걸 누군가가 독점하고 누군가는 거기서 쫓겨나고 살아남기 위해 감당이 안 되는 지대를 지불해야 하고 그걸 불로소득으로 계속 챙기는 이 불평등 구조가 지속되어서는 안 되겠다 싶었어요. 땅이 땀을 삼키는 거지요.

알고 보니 톨스토이가 헨리 조지를 극찬했더라고요. 이건 "성경에 버금간다"라고요. 그래서 아, 이런 통찰은 정말 중요하다, 부동산 시장의 논리가 토지문제를 결정할 것이 아니라 토지 공개념을 기본으로 하는 공공성의 개념을 실현하고 확산해야 부동산 문제의 근본적 해법이 나오겠다, 그걸 위해 나는 꼭 다시 정치로 돌아가야 한다, 그런 각오를 했어요.

### 『부활』과 『분노의 포도』

김민웅  아, 매우 중요한 의식의 전환이었네요. 정치에 대한 기본 관점도 새로워진 거고요. 톨스토이의 명작 『부활』을 보면 헨리 조지를 왜 극찬했는지 바로 이해할 수 있어요.

추미애  네흘류도프와 카추샤!

김민웅  네, 귀족 청년 네흘류도프가 한때 사랑했다가 자신의 잘못으로 인생유전을 겪고 매춘부로 나타난 카추샤와의 연민을 그린 이야기지요. 그런데 사실은 그걸 큰 줄거리로 걸쳐놓고는 당시 차르 체제 아래 러시아의 형사·사법·토지제도를 아주 깊게 파고들고 있어요. 엉터리 재판으로 카추샤가 유죄선고를 받는 것도 그렇고, 서로 소리를 질러야 들릴까 말까 하는 아비규환 상태의 감옥 면회장소를 묘사한 장면에서 낙후한 인권의식을 고발하기도 합니다. 지주인 네흘류도프는 러시아 민중의 고통을 근본적으로 해결하려면 토지가 공적 소유가 되어야 한다고 믿고 자신의 토지를 농민들에게 나누어줍니다. 일종의 공공임대 방식을 선택해요. 나누어준 토지의 주인은 소작농 모두이며 어느 누가 사적으로 소유하는 방식이 아니었습니다. 장차 러시아 민중이 러시아 혁명의 주체가 되도록 예견하게 하는 작품이지요.

추미애 김 교수님 설명을 들으니 『부활』을 다시 더 깊게 읽어보고 싶어졌어요.

김민웅 『부활』은 20세기 초 우리나라에서도 엄청 인기를 모았지요. 헨리 조지 이야기를 하나 짧게 해보자면 『진보와 빈곤』이 1879년에 출간되는데 이 시기 미국에서는 남북전쟁이 끝나고 난 뒤 동서 철도가 이어지고 그걸 바탕으로 거대한 자본이 등장하면서 이들이 고리대금업을 하게 됩니다. 그러면서 가난한 사람들의 빚이 늘어나 가지고 있던 토지를 잃게 되고 그걸 기회로 이들 금융자본은 엄청난 땅 부자들이 되지요. 이걸 보고 헨리 조지가 빈곤의 해결책으로 토지 공개념을 본격적으로 제기했던 겁니다.

추미애  그런 현실을 다룬 작품과 영화도 적지 않지요. 스타인벡의 『분노의 포도』가 떠오릅니다. 무척 충격적이고 감동적이었어요. 거기서도 은행이 무자비한 약탈을 하고 사람들은 절망스러운 처지에 빠집니다. 그런 가운데 사람들이 함께 연대하면서 서로를 지켜내는 장면들은 지금도 잊을 수가 없습니다.

김민웅  그렇지요. 그 책은 1939년에 나오는데 대공황 이후 은행에 땅을 빼앗겨 오클라호마에 살던 조드 일가가 캘리포니아로 이주하는 과정을 그려내고 있지요. 역시 토지독점과 금융자본의 지배가 어떻게 보통의 사람들을 고통으로 몰아넣을 수 있는지 보여주고 있습니다.

추미애  오, 역시 문학작품에 대해서도 해박하시네요. 주인공 이름도 바로 기억해내시고요. 그게 대공황 시대의 여파 속에서 나온 작품이잖아요? 그런데 그런 현실을 보면서 루즈벨트의 뉴딜정책이 얼마나 공격받게 되는지, 그래서 노동자들을 위한 복지정책과 노동정책이 결국 대자본과 사법부에 의해 폐기되는 과정을 보면서 개혁적인 정부와 진보적인 지도자만으로 민주주의 복지국가가 완성되는 건 아니구나 했어요. 사회 전체의 시스템을 바꾸는 것은 생각보다 오랜 시간이 걸리고 그러기 위해서는 신념과 의지를 갖춘 정치세력이 연속성을 가지고 책임을 질 수 있도록 하는 것이 너무나 중요하다는 생각을 하게 되었습니다.

김민웅  그렇지요. 미국에서는 1933년, 노동자들의 권리를 지켜내고 소비자들의 이익을 우선하면서 대자본에 대한 일정한 규제를 가한 '전국산업회복법'(National Industrial Recovery Act)이 제정됩니다.

추미애 네, 그게 1935년 대법원에서 위헌 판결을 받습니다. 보수세력의 반대가 그런 결과를 가져온 거지요.

김민웅 오, 정확하게 아시는군요.

추미애 저에게도 충격으로 다가온 역사였으니까요. 개혁은 경제만 가지고는 안 된다는 것을 깨달았던 지점이기도 합니다. 사법개혁과 경제개혁이 서로 맞물려 있다는 걸 루즈벨트의 뉴딜정책이 겪었던 곤경에서도 볼 수 있어요. 지금 우리나라에서도 촛불혁명 이후에 촛불정부가 특권을 혁파하는 민생개혁을 하니까 경제 · 언론 · 검찰권력만 저항하는 것이 아니라 사법권력마저도 호의적이지 않잖아요.

김민웅 추 장관님과 이렇게 이야기를 나누는 게 참 좋네요. 역사적 성찰, 인문적 사유, 그런 기반과 의식을 갖고 있는 정치인이라는 점이 주목됩니다.

추미애 과찬이세요. 아무튼 감사합니다.


## 더 이상 개발주의는 아니다

김민웅 루즈벨트 이야기를 했지만 우리가 다시 국가주의를 중심에 놓고 문제를 풀 수 있는 시대는 아니라고 봐요. 케인즈 이론을 기반으로 한 뉴딜정책은 국가의 능동적인 역할을 강조하는 것인데 잘못하면 그것은 반민주적 폭력성이나 반생태주의 또는 관료주의적 통제로 빠지기 쉽습니다. 국가는 사회적 활력이 자연스럽게 가동되도록 최선의 조건을 만들어가는 것이 더 중요하지 않을까 해요. 물론 국가 자체가 가지고 있어야 할 책임에 관한 능동성의 영역이 있다는 것도 인정하면서 말이지요.

추미애 바로 그런 점에서 우리는 개발주의적 모델에 대한 것도 비판적으로 검토할 필요가 있다고 봅니다. 박정희식 개발모델이 지속가능성이 없다는 걸 이제는 너무나 잘 알게 되었잖아요. 지금 그걸 다시 해보자는 사람은 없겠지만 그 모델이 머릿속에 워낙 깊이 박혀서 성장 위주의 논리가 정치적 요구가 되어버리면 정치는 다시 그 모델을 소환하게 됩니다. 성장도 중요하지만 그 성장의 내용과 의미를 잘 짚어내는 일이 훨씬 중요하다고 생각합니다. 불평등의 문제, 생태계의 위기, 이런 내용까지 담아 성장의 개념을 다시 조정해야 국가주의 모델이 가진 문제를 넘어서는 새로운 지평이 드러날 수 있다고 봐요. 역설적인 것은 박정희 모델을 찬양하는 이들은 공적 통제를 반대하는 시장만능주의자들이라는 점이에요. 아주 모순적이지요. 결국 자기들 이익을 위해 수단과 방법을 가리지 않겠다는 것 아닌가요.

김민웅 그렇지 않아도 70년대 초반에 로마 클럽*이 이미 『성장의 한계』라는 보고서를 통해 지구자원의 고갈을 경고했지요. 유엔은 지속가능 개발 목표(SDGs, Sustainable Development Goals)의 개

---

* 1968년 서유럽의 정치·경제·학문 분야를 대표하는 인사들이 이탈리아 로마에서 결성한 미래 연구기관.

념을 오래전부터 강조해왔습니다. 공적 통제를 반대하는 시장주의는 우리 모두의 미래를 위협하는 태도입니다.

추미애 거기에 덧붙여 이제는 기업의 공적 윤리인 ESG, 즉 환경(Environment), 사회적 책임(Social), 지배구조(Governance)의 협치적 성격까지 고민하는 시대잖아요. 기후위기에 대한 대응도 절박해지고 있고요. 그러니 박정희를 다시 소환해낼 필요는 없습니다. 오히려 민생에 드리운 독재적 방식으로 자본의 힘을 너무 키운 나머지 경제적 정의를 망가뜨렸다는 걸 똑바로 인식해야 합니다. 평범한 사람들이 누릴 수 있는 파이는 계속 줄여버리고, 자연생태계까지 훼손하는 방식은 폐기처분의 대상이지요.

## 21세기 지대개혁

김민웅 매우 중요한 말씀입니다. 자, 정리를 좀 해볼까요. 토지정책을 통해 균등한 사회, 평등한 세상에 대해 고민했던 역사가 조선에도 있었지요. 실학파의 사상과 임시정부 건국이념에서도 발견되고요. 그런데 아직까지도 토지 불평등이 계속되고 정의가 바로 서지 못한 안타까운 현실입니다. 이런 상황에서 이념적 왜곡과 정치적 표적이 될 수도 있는데 토지 공개념을 꾸준히 주장해오시는 장관님의 용기가 대단하다고 생각해요.

추미애 그렇게 봐주셔서 힘이 납니다. 저는 그게 역사에 대한 의리라고 생각합니다. 빼앗긴 나라를 되찾으면 그곳에서는 모두가 평등하게 정치·경제·교육의 권리를 누리며 행복을 추구하는 문화강국이 되기를 소망하면서 목숨 걸고 자주독립 운동을 했는데, 정작 그 후손은 가난에 찌들고, 나라의 주인인 다수의 국민은 여전히 자본과 권력의 카르텔에 의해 민생을 억압당하고, 불로소득을 누리는 불평등이 판치고 있다면, 우리는 역사에 대한 의리가 없는 것이지요. 양심에 찔려야 당연하지 않을까요.

김민웅 2017년 국회 당대표 연설에서 토지 공개념과 지대개혁을 주장하셨던 모습, 인상 깊게 기억하고 있습니다.

추미애 촛불정부 초반에 저는 지대개혁을 해야 한다고 주장했습니다. 불로소득에 기대는 지대추구형의 낡은 경제시스템을 혁파해야 시장의 정의가 되살아나고 4차 산업혁명으로 나아갈 수 있다고 했어요.

김민웅 조봉암 선생의 농지개혁에 대해서도 우리가 잊고 있었던 점을 잘 설명하시더군요. 조봉암 선생을 다시 꺼낸 건 사실 놀라웠어요. 이념적 공격을 받을 수도 있는데 말입니다.

추미애 조봉암 선생은 국회부의장으로 진보를 꿈꾼 민주주의자였어요. 한때 공산주의자였으나 전향을 한 것이지요. 그래서 이승만 대통령이 그를 초대 농림부장관으로 임명했는데 그는 짧은 임기 동안 농지개혁을 단행했어요. 그 당시 농지분배를 통해 소작농에서 자작농으로 된 농민들이 농업소득을 가지게 되니까 민생의 새로운 활기가 생겨난 거지요. 그렇게 해서 높아진 소득으로 자녀들을 교육시켜 산업인력을 길러낼 수 있었습니다. 교육받은 자녀들은 경제적으로도 성장해 도시 중산층으로서 기반을 닦게 되고,

정치적으로 민주주의 시민세력이 됩니다. 당시는 농업이 큰 비중을 차지해 농지개혁만으로도 엄청난 효과를 본 겁니다. 그러나 이제는 교통이나 교육·문화·정보 등 모든 것이 도시에 집중되어 도시 토지의 부가가치가 엄청 커졌지요. 그래서 도시 토지에 대한 평균지권을 실현해야 한다고 주장했던 것입니다.

김민웅 지대개혁은 정치인 가운데 처음 주장하신 거지요? 반응이 어땠나요?

추미애 전강수(대구가톨릭대 경제금융부동산학과) 교수가 제 연설을 듣고 대한민국 국회 교섭단체 대표연설로 가장 돋보였다고 극찬을 해주셨어요. 그때 이후로 부동산 정책에 대해 꾸준히 교감을 나누는 관계가 되었어요. 연구자와 정책입안자의 좋은 인연을 맺게 된 거지요. 그분은 나중에 저서 『부동산공화국 경제사』에서 "노무현 부동산 정책을 추미애가 가장 잘 구현하고 있다"고 칭찬하는 글도 써주셨어요. 참으로 고맙고 과분했지요.

김민웅 자신감이 생길 만한 응원이었네요. 방향은 알겠는데 현실이 언제나 문제지요. 그래서 결국 정치인은 정책대안을 내놓아야 하는 것 아니겠어요? 구체적인 방안을 듣고 싶네요.

## 건강한 자본주의

추미애 첫째, 공유지를 늘려야 한다는 겁니다. 이렇게 말씀드리면 공산주의자라고 몰아갈지도 모르겠네요, 하하.

김민웅 그래서 제가 용감하다고 했지요. 금기를 깨뜨리니까요,

하하.

추미애 사람이 소유대상인가요? 아니잖아요. 그러나 과거 노예제도가 합법적일 때는 사람을 물건처럼 소유한다는 생각이 당연했지요. 하지만 지금은 그렇게 생각하는 사람이 없습니다. 사람의 생각은 언제나 올바른 방향으로 변화할 수 있고 또 그래야 사회가 발전하지요. 그런데 우리는 아직 냉전시대 사고에서 한 치도 벗어나지 못하고 있는 겁니다. 그것이 우리 사회의 발전을 막고, 정치권이나 기득권은 이를 이용하지요. 토지 문제에 대한 시각도 그런 틀 속에 갇혀 있어요.

김민웅 동감입니다.

추미애 토지는 한정된 자원이므로 자본주의 국가에서는 정책으로 공유지를 늘리고 있지요. 김 교수님께서 커먼스 운동에 관해 말씀해주셨는데, 토지정책에도 적용할 수 있습니다. 토지의 공공성을 확보하려는 노력은 자본주의 국가인 미국·독일·덴마크·싱가포르·타이완 등 여러 나라에서도 하고 있어요.

김민웅 그렇지요. 그런데 우리나라는 국공유지 현황이 어떤가요?

추미애 2019년 우리나라의 국공유지 비율은 30%로 적은 편이고 그것도 대부분 공원 등 산지입니다. 싱가포르는 81%고, 타이완은 69%, 심지어 미국도 50%나 된다고 해요. 그런데 우리는 공기업도 사유지를 싼값에 강제수용해서 상당 부분을 다시 민간에 팔아버리지요. 저는 공영개발한 택지는 민간 분양을 할 것이 아니라 공유지로 갖고 있으면서 그 이용권만 장기 임대하는 토지 공공임대제 기반의 주택공급으로 바꾸는 것을 제안합니다. 그러면 투기도 막고 주택 분양가격도 낮출 수가 있어요.

김민웅 당연히 그렇게 해야지요. 좋은 생각입니다.

추미애 제가 SNS로 이런 생각을 밝혔더니 댓글로 좋은 의견을 주신 분들이 많았어요. 어떤 분은 제 의견에 공감하면서 SH와 LH를 성토하셨습니다. 공기업이 땅값 올리는 주범이라고요. LH가 그분의 땅을 평당 400만 원에 수용하고 나서 토목공사 후 평당 4,000만 원에 일반 분양했다면서, 공기업이 무려 10배 장사로 땅투기를 부채질한다는 내용이었습니다.

김민웅 공기업이 공공성과 거리가 먼 방식을 쓰면 안 되지요.

추미애 네, 택지와 공유지를 확충하고 주택도 질 좋은 공공임대주택을 많이 공급해야 한다고 생각합니다. 그러려면 국공유지를 임대하고 장기 공공임대주택을 관리할 수 있도록 토지주택청을 신설하는 것도 필요합니다.

김민웅 오! 공공임대주택을 관리하는 '토지주택청'이라, 신선합니다.

추미애 저 혼자 느닷없이 주장하는 것이 아니라 연구자들이 연구해주신 것을 제가 이해하고 공개 제안을 하는 겁니다.

김민웅 공부를 해야 주장도 펼칠 수 있지요. 진보적 경제정책에 대해 공부하고 궁리하는 정치인이 있어 다행입니다. 이 혼돈의 시기에!

추미애 교수님 같은 연구자는 깊이 이론적인 연구를 하시고, 저 같은 정치인은 대중과 교감할 수 있도록 쉬운 언어로 설득의 기술을 찾고, 시민과 소통하며 공감을 넓혀나가는 게 각자 역할이겠지요. 이렇게 연구자와 정치인이 협업을 해 세상을 바꾸는 대중의 힘을 만들어내는 것이 큰 보람이 아닐까요?

김민웅 그렇게 생각해주신다면 저도 감사합니다. 그런데 이런 공공성이 주가 된 정책은 필연적으로 세금제도의 변화를 요구합니다. 그렇지 않아도 주택 공급 이전에 보유세를 올려야 한다고 주장하셨던데 세금을 올리자고 하면 다들 좋아하진 않을 텐데요. 설득해보실 수 있을까요?

추미애 다주택자 보유세를 올려야 합니다. 우리나라 부동산 보유세 세율은 0.15%로 매우 낮아요. 미국만 해도 1~1.2%이니까 우리나라의 6~7배가 되지요.

김민웅 네, 미국도 보유세가 만만치 않습니다.

추미애 그에 비하면 우리는 너무 낮은 수준이에요. 보유세가 주택가격 안정과 상관관계가 있다는 연구결과도 있어요. 주택가격을 안정시키려면 우리도 1%를 목표로 보유세 실효 세율을 해마다 점진적으로 높여나가야 하지요. 보유세가 낮으면 다주택을 보유하더라도 부담을 갖지 않으니까 갭투자가 더 성행하게 되고 신규 공급을 해도 투기세력의 먹잇감이 되지요.

김민웅 낮은 보유세가 부동산 투기시장의 문을 여는 열쇠고리처럼 된 것입니다. 그래서 토지 공개념이나 보유세 증대 정책은 여전히 반(反)시장적이라고 반감을 가지는 경향이 많습니다. 이건 또 어떻게 설득하시겠어요?

추미애  제가 말하는 공개념은 무엇이든 규제하고 공적으로 소유하겠다는 것이 아닙니다. 규제 대상이 분명합니다. 시장에서 독과점을 규제하는 것은 반시장주의가 아니라 시장의 공정성을 위해 반드시 필요한 행위입니다. 국가의 존재 이유 가운데 하나인 것이지요. 토지는 한정되어 있는데 이걸 독과점하는 것은 시장의 불균형을 만들어내고 시장의 정상화를 가로막게 됩니다. 따라서 국가가 나서서 이를 정책으로 조절하는 것은 건강한 자본주의를 지켜내는 일입니다. 도리어 친(親)시장주의인 것이지요. 시장을 움직이는 주체는 대자본이나 독과점하는 자본만이 아니잖아요. 그런데 그들이 주도하는 시장으로 내버려둔다면 약한 사람들을 끊임없이 희생시키게 됩니다. 우리가 원하는 것은 이들의 희생을 막고 공정한 기회를 줄 수 있는 시장 구조가 아닌가요? 그렇다면 그것이야말로 진정한 의미의 친시장주의입니다. 토지의 공공성을 살리면서 친시장주의적인 정책은 얼마든지 가능합니다.

이런 저의 주장을 반시장주의로 몰아붙인다면 그건 힘센 쪽을 편들라는 것이고, 약자들이 생존하기 어려운 시장을 만드는 데 기여하라는 꼴이 됩니다. 그건 아니지요.

김민웅  그렇지요. 그런데 토지 공개념을 확대하다 보면 토지의 사적 소유에 대한 제한이라는 점도 있으니 계속 논란이 일지 않겠어요?

추미애  당연히 대한민국 토지를 모두 공유지로 할 수는 없지요. 그렇게 하자는 것도 아니고요. 공유지의 확대와 함께 토지에 대한 개인의 사적 소유권도 인정하면서 토지가 가지는 가치세에 대해서만 세금을 부과하면 시장 친화적인 토지정책이 되는 것입니다. 개발이 잘된 곳은 임대수익이 상당하지 않겠어요? 그 임대료에서 금융비용인 이자를 뺀 차액 지대를 세금으로 거두어들이는 거지요. 이를 저소득층이나 청년을 위한 사회주택 공급재원으로 활용한다면 어떻겠어요? 납세자의 조세저항도 줄일 수 있고 주거복지 정책도 수월하게 달성할 수 있지 않을까요?

김민웅  고민을 구체적으로 하셨군요. 실학자들의 경세론을 보면 토지의 규모와 부양가족의 수, 세금의 수준 등을 숫자로 밀도 있게 정리한 걸 보게 됩니다. 우리의 현실도 지금 말씀하신 것처럼 그렇게 해결할 방도를 손에 쥐고 만질 수 있을 만큼 정리해낼 필요가 있습니다. 기대가 됩니다.

추미애  네! 감사해요. 제 이야기도 사실 학자들의 연구 결과물이지요. 저는 그걸 살펴보고 공부한 거고요. 기회가 주어지면 꼭 정책으로 추진해보고 싶습니다.

제9장

# 공존을 위한 희망의 씨앗

"서열주의를 극복하기 위한 지혜를
모아야 합니다. 인간이 존엄하게 살 수 있는
세상을 만드는 힘은 교육에 있습니다.
인권의 가치를 교육의 중심에 두는 것,
그것이 미래정치의 임무입니다"

## 교육, 이대로는 안 된다

김민웅 정치는 이해관계에 따라 좌우되기 쉬운데 그러다 보면 애초의 원칙이나 철학이 흐려질 수 있습니다. 초심(初心)이라는 말이 있지만, 애초부터 초심 자체가 타락하는 경우가 있으니 그 말을 쓰는 게 적당치 않다고 여겨질 때도 있습니다. 장관님과 대화하면서 자신의 철학을 지켜나가려는 의지를 보게 됩니다. 고 노무현 대통령께서는 "성공하려면 의리 있는 사람이 먼저 되라"고 하셨는데, 장관님은 "역사에 대한 의리"라고 하셨어요. 역사에 대한 부채의식 또는 책임감이 확고하다고 느꼈습니다. 정치·경제·교육의 균등이 삼균주의인데, 이제 교육에 대해 이야기해볼까요?

추미애 정말 할 말이 많지요.

김민웅 오늘날 우리 교육은 신자유주의에 포획되었다고 할 수 있습니다. 인문지성을 학교에서 밀어냄으로써 사유의 비판적 힘을 제거해버리고 말았어요. 제가 교수로 재직하다가 올해 퇴임한 경희대는 2012년 후마니타스칼리지를 만들어서 인문적 사유, 과학적 사유, 세계시민적 시야와 실천 등에 관한 체계화된 교육과정을 만들어서 나름 큰 성과를 거두고 있어요. 현실의 무대에서 추방당하거나 무시되거나 배제된 가치에 눈뜨게 하고 자신의 삶을 주체적으로 설계할 수 있도록 합니다. 실학 이야기를 했습니다만, 실학은 당쟁과 사화(士禍)의 현실에서 초야로 추방당한 지식인들이 힘겹게 쌓아올린 역사관이자 낡은 세상을 혁파해서 새로운 세상을 일구려는 뜨거운 목소리였습니다. 임진왜란에서 병자호란까지 네 차례의 전란을 겪고 명·청 교체기라는 문명사적 전환의 충격에 대응하는 노력이기도 했습니다. 매우 소중한 유산이지요. 그러나 이런 것들을 제대로 담아내지 못하고 있는 것이 오늘 우리 교육의 현실이에요.

추미애 그렇지요. 기존 질서가 주류라고 여기는 것들로만 교육 내용으로 채워지지요. 대안적 사유를 하기가 무척 어려운 교육 환경입니다.

김민웅 지난 시기의 문명적 자산을 계승하고 미래를 향한 좀더 깊고 의미 있는 사유를 훈련할 기회를 주는 것이 교육인데, 그런 가치교육이 설 자리가 사라지고 있습니다. 이래서는 미래 세대를 생각의 힘을 지닌 품격 있는 존재로 키울 수 없게 되고 맙니다. 시장의 욕망만을 인생의 목표로 삼게 됩니다. 이런 교육으로는 인간의 존엄성을 지켜내는 정신성을 기대할 수 없게 됩니다.

추미애 교육이 무너지면 사회는 황폐화됩니다. 대학마다 CEO 초청 특강이 유행처럼 되어버리고 '돈 잘 버는 젊은 CEO 만들기' 같은 과목이 엄청 많아졌어요. 이제는 없어졌지만 '교육인적자원부'라는 부처의 명칭도 문제였지요. 사람을 자원으로 보니까요. 말씀하신 인간의 존엄성은 버리는 것입니다. 그러한 분위기가 조성되면 부패한 기업가 출신인 이명박 같은 인물이 성공한 CEO의 모델이 됩니다.

김민웅 그렇지요. 그런 신자유주의적 환상 속에 정치·교육·문화가 다 빨려 들어갔습니다.

추미애 교육 문제가 정말 심각합니다. 교육이란 사과나무를 심는 것과 같습니다. 우리의 내일과 미래를 위한 투자지요. 투자라는 말을 쓰면 자본의 논리처럼 생각할 수 있는데, 미래가 없으면 오늘은 의미가 없다는 뜻입니다. 이 미래에 대한 올바른 투자가 교육에 이뤄져야 합니다. 우리 교육은 아이들을 서열주의 경쟁의 대열에 세워놓고 점수만 매기고 있어요. 그러면서 자본의 논리가 지배하게 되지요. 부모가 돈이 많으면 정보를 많이 얻어 이른바 경쟁력 강한 학교에 들어가지요. 이런 현상이 유독 심한 지역이 만들어지는데, 강남특구가 바로 그런 곳 아닌가요? 이게 또 부동산 가격에 영향을 미친다는 건 이제 상식이 되었어요.

하지만 성적이 높다는 것, 경쟁력 강한 학교에 다닌다는 것이 인간됨을 보장해주지는 않아요. 인성이 불량해도 성적만 좋으면 괜찮다는 식의 교육을 교육이라고 할 수 있나요? 내 자식이 좋은 학교 다닌다는 것만 중요하게 생각해요. 이해하지 못할 바는 아니지만 이건 교육이 아니라 도장 찍기예요. 교육은 공장에서 물건 만들어내는 것이 아니지 않습니까. 오죽하면 교육기관이 공장이 되었다는 비판까지 나오겠어요. 우리의 교육은 지금 중대한 위기에 처해 있습니다. 교육논쟁은 거의 언제나 입시제도 논쟁에만 국한하는데 그걸로는 교육의 미래를 제대로 풀어낼 수 없습니다. 교육의 근본을 바로잡지 못하면 입시제도를 백날 바꿔봐야 계급적 차등에 따른 불평등 요소를 그 안에 담게 됩니다. 모든 절차와 제도가 불공정해질 수밖에 없어요.

김민웅  꽤 신랄합니다. 본질을 짚어주셨어요.

## 스스로 만들어내는 잔혹사회

추미애  하나 더 꼭 말씀드리고 싶은 건 견고한 서열주의 문제예요. 이건 우리 사회 불평등의 씨앗입니다. 그 구조 자체고요. 교육 실종시대를 해결해야 해요. 교육이라면서 이런 식의 서열주의를 강화하는 것은 사실은 반(反)교육이잖아요. 교육은 무엇보다도 먼저 휴머니티를 함양해야 하지 않나요? 지금의 교육은 사람답게 성장하지 못하게 합니다. 저도 판사 출신이지만 '사' 자 들어간 사람들이 사실은 우리 사회의 부패에 가장 큰 책임이 있어요. 이런 문제의식이 교육개혁의 출발점이 되어야 한다고 봅니다. 시험 보고 나면 아무것도 기억나지 않아 결국에는 쓸데없는 것이 되어버립니다. 진정한 인간을 키우는 교육이 절실해요. 그런 교육을 바탕으로 해야 지식도 기술도 의미가 있다고 생각합니다.

김민웅  교육에서 '윤리적 지성'은 매우 중요하다고 봅니다. 깊은 성찰의 힘, 모든 생명에 대한 존엄성을 온몸에 배어들게 하는 의식과 태도를 품도록 가르쳐야 해요. 그런 교육을 받은 인간이 꿈꾸는 현실과 미래가 중요하지요. 영화 『미나리』를 보셨나요?

추미애  아쉽게도 아직 못 봤어요.

김민웅  그 영화에서 병아리 감별하는 장면이 나오는데, 수컷들은 공장의 굴뚝 연기로 사라져버려요.

추미애  독일 농림부는 2022년부터 법으로 수컷 병아리 감별을 금지하고 '대량학살'을 못 하게 한다고 해요. 생태주의와 생명 존중의 가치를 교육에 반영하고 현실에서도 작동하게 하려는 거지요.

김민웅 그런데 우리 사회는 병아리 감별 시스템이 사람을 교육할 때도 작동하고 심지어 사회 곳곳으로 퍼지고 있어요. 누군가 밀려나고 짓밟혀도 전혀 상관하지 않고 그냥 그렇게 끝나버리는 잔혹한 사회를 스스로 만들고 있습니다.

추미애 함부로 짓밟아도 되는 '잉여인간'을 만들어내지요.

김민웅 그러면 많은 사람을 '일회용 소모품'처럼 쓰고 내다버리는 사회가 되고 말 것입니다. 인간에 대한 존엄성이 사회적 원리로 받아들여지기가 어렵지요. 그렇게 되고 싶지 않으니 생존경쟁은 더욱 치열해지고요. '만인이 만인에게 적'이 되는 상황이 구조화됩니다. 이렇다 보니, 교육은 자기 적이 누군지를 구별하고, 적이 된 남을 퇴치하는 기술을 배우는 과정이 되고 맙니다. 사랑을 배울 기회가 없어져요. 서로 죽이는 기술만 배우게 되는 거지요. 끔찍하지 않나요?

추미애 바로 이런 교육의 황폐화와 경쟁주의의 만연이 민주주의의 작동을 더 어렵게 하고 있어요. 인간의 존엄성이 교육의 가치가 되지 못하고, 돈이 제일이라는 태도가 교육과정을 지배하게 됩니다. 그런 사회는 인간 공동체에서 생기는 문제를 풀어낼 능력을 잃게 됩니다. 그저 기계적으로, 법으로만 풀려고 하지요.

김민웅 '선덕화이후형벌'(先德化而後刑罰), 즉 덕을 먼저 베풀고 꼭 필요할 때만 형벌을 내리라는 금언이 생각납니다. 『지봉유설』을 쓰신 이수광 선생 말씀입니다. 법 이전의 인간, 그걸 잘 살펴야 한다는 뜻 아니겠어요? 교육이 이런 가치를 잘 담아낼 수 있어야 합니다. 교육은 잔혹해지는 사회를 바로잡고 인간애가 풍부한 공동체를 만드는 일이잖아요. 그렇게 되지 못하면 힘과 권력을 가진 이들의 폭력이 일상이 되고 맙니다.

**추미애** 정말 그렇게 되는 거지요. 견제받지 않는 조직과 권력을 가진 사람이 한 방향으로만 달려갈 때 사회는 정말 잔혹해져요. 우리는 검찰권력에서 그 실상을 똑똑히 보았지요. 법을 잘 운용하면 갈등을 다 덮을 수 있다고 생각하지만 절대 아니에요. 문제는 법권력에 강한 자들이 몰린다는 겁니다. 특정 지역, 특정 학교 출신이 법권력을 거의 다 지배하고 있단 말입니다. 그렇게 계급화가 진행됩니다. 현실의 많은 갈등을 조정하고 중재해본 체험이나 인간 존엄의 가치를 몸에 새기는 교육을 별로 받지 않은 젊은이들이 법의 영역으로 들어옵니다. 그들은 엘리트적 관점에서 사회현상을 피상적으로만 재단합니다. 그 과정에서 인권이 짓밟혀도 무신경합니다. 때로는 가혹하기조차 합니다. 특권교육과 엘리트교육이 가져온 폐해입니다. 인권의식과 비판적 사유 그리고 오늘날 우리가 깊이 관심을 기울여야 할 생태주의적 철학과 자세를 가르치는, 시민을 위한 교육이 필요한 이유지요.

**김민웅** 어느 사회나 엘리트는 필요하지만 그것이 지배엘리트가 되어서 문제지요. 군림하겠다는 거니까요. 시민을 위해 봉사하고 시민사회의 미래 복지를 위해 이바지할 자세가 없는 엘리트는 자기들끼리 스크럼을 짜 특권을 누리려고만 합니다. 우리의 교육이 이런 구조를 계속 재생산해서는 안 된다는 건 너무나 분명한데, 이걸 여전히 깨지 못하고 있어요. 신분질서를 철폐하자고 한 게 1884년 갑신정변 때의 일인데, 21세기에 다시 후퇴해 새로운 신분질서를 용인하는 사회가 되고 말았습니다.

**추미애** 정말 문제예요. 교육으로 소수의 엘리트를 만드는 게 우리 사회니까요. 그런 사회에서 21세기형 신분질서를 타파하는 일은 날이 갈수록 어려워져요. 앞서 서열주의 문제를 제기했는데, 연장선에서 대학의 서열주의도 깨나가야 해요. 대학 평가기준도 달라져야 하고요. 어떤 철학을 가지고 무엇을 목표로 교육하는지를 놓고 우리 사회가 깊이 토론하고 성찰해야 합니다. 그런 개혁이 절실해요.

**김민웅** 우리 사회에서 법대·의대의 사회적 권위와 그곳에 가고자 하는 열망은 줄어들고 있지 않아요. 이들 대학에 과도한 지위가 부여되고 있습니다.

**추미애** 우리가 엘리트라고 부르는 법조인이 배출되는 구조를 논의할 때 로스쿨이냐 사법시험이냐만 따지는데, 더 깊이 들어가 바로 지금 말씀하신 내용을 고민해야 합니다. 다양한 현실의 이해관계와 그 충돌의 본질을 파악하고, 해결방안을 모색할 능력을 길러주고 있는지가 중요해요. 그렇지 않으면 로스쿨이든 사법시험이든 그걸 통과하고 나면 엘리트 자격증을 딴 것처럼 되고, 거기에서 비롯되는 특권을 누릴 생각부터 하게 되니까요. 이런 교육의 틀로는 김 교수님의 말씀처럼 우리 사회를 윤리적으로 설계하기가 매우 어려워져요. 의대도 사회윤리적 성찰을 할 수 있도록 훈련시키는 게 대단히 중요합니다. 그렇지 않으면 의료의 공공성이나 공적 체계를 만들어가는 일에 함께하려 하지 않을 수 있으니까요. 우리 모두 코로나 팬데믹을 겪으면서 의료의 공공성 가치를 절감하고 있잖아요.

## 백조가 부럽지 않아요

김민웅 정치인으로서 그런 사유와 고민을 하신다는 게 참 놀랍고 반갑습니다. 면전에서 민망하게 너무 칭찬하는 것 같은데 사실이에요.

추미애 이거 어떻게 반응해야 하는 거지요? 하하!

김민웅 그대로 받아들이시면 됩니다, 하하. 공공성의 철학이 모든 것의 뿌리이고, 그 뿌리가 깊이 내려야 정치가 교육정책의 근본을 바로잡을 수 있을 겁니다. 자신이 살고 있는 현실에 대해 사회과학적 사유가 가능한지, 철학적 사유가 가능한지 등이 토론되어야 합니다.

추미애 교육내용에 민주시민교육을 넣고 비판능력을 길렀으면 합니다. 비판적 사고는 합리적 사고이고 자기 점검을 하는 능력을 키우니까요. 그런데 요즘 야당이나 언론이 하는 말을 들어보면 비판이라기보다는 유치한 말장난이나 조롱인 경우를 자주 봅니다.

민주주의는 대안을 모색하고자 서로 비판하면서 성숙하고 발전해 가는 것인데, 소모적인 조롱이나 비난이 난무하니 대립과 반목만 남아요. 정치권이나 언론을 보면서 다음 세대들이 뭘 배울 수가 있을지 참 걱정입니다.

김민웅 정치의 언어가 참으로 경박하거나 살벌하기만 합니다. 성찰의 깊이를 갖지 못한 거지요. 남을 무시하고 조롱하는 버릇이 배어 있다고도 생각됩니다. 안데르센의『미운 오리 새끼』는 그동안 열등감과 모욕에 시달렸던 존재가 자신이 백조임을 알게 됨으로써 존엄하게 바뀌는 이야기를 들려주지요. 하지만 잘 따져보면 이 내용에는 오리는 못난 것이고 백조는 잘났다는 신분질서, 위계질서가 전제되어 있습니다. 주인공 백조는 결국 오리의 세계와 결별하고 자기의 우아함을 내세울 수 있는 세계에서 자족합니다. 물론『미운 오리 새끼』는 자기 내면의 가치를 발견하도록 용기를 북돋아주는 이야기라는 해석이 전통적인데, 다르게 살펴보면 위계질서와 차별의 시스템은 사실 대단히 문제가 많은 거잖아요. 이런 면을 우리가 인문적 성찰을 통해서 깨우치면 사회를 바꾸는 중요한 교육적 지침이 될 수 있어요.

추미애 『미운 오리 새끼』를 그렇게도 읽을 수 있군요. 사실 우리 안에 은근히 차별주의가 있지요. 그것이 건전한 자아정체성과 구분되도록 잘 교육해야 한다고 생각해요. 판사 시절 어느 부장판사님이 자신은 가난한 집에서 어렵게 살았어도 사법고시 붙어 이렇게 멀쩡히 살고 있다, 그런데 가난한 집 아이들은 대부분 노름에 빠지더라, 사람은 자기 하기 나름이라고 말씀하시는 거예요. 아무리 노력하려 해도 벗어나기 힘든 환경이 있다는 걸 이해하지 못하고, 나는 했는데 저들은 못 했으니 그들 탓이라고 비난하는 격입니다. 그 부장판사님은 먹는 것 입는 것은 제대로 못 해주지만 공부는 뒷바라지해줄 테니 풀 뽑지 말고 소 여물 먹이지 말고 그 시간에 공부하라고 인정해주고 격려해주는 부모님을 만났기에 그렇게 된 거지요. 누군가 도박하고 술 마시고 와서 가족을 때리거나 감정 풀이하는 부모를 만나 폭력적인 환경에서 자랐다면 그 개인을 노력 부족이라고 비난하면 안 되잖아요. 그런 사정을 안다면, 자기가 성취한 걸 어디다 써야 하겠어요? 그런데 대부분의 엘리트는 미운 오리 새끼처럼, 그래 난 백조였어, 알고 보니 잘났네 하고 특권의 세계에서 잘난 체하며 살지요. 그런 백조, 저는 부럽지 않아요.

김민웅 보통 '노블레스 오블리주'(noblesse oblige)라는 개념을 그만한 위치라면 이 정도는 사회에 이바지해야 하는 거 아니냐 하는 정도로 받아들이지요. 그러나 그건 아닙니다. "그만한 위치에 올라간 것은 그만한 사회적 기여와 책임을 다하라는 것이다"라고 해석해야 맞다고 봐요. 그렇지 않으면 누릴 것 다 누리고 아주 조금 봉사하는 흉내를 내는 것으로 자신의 특권을 정당화하는 논리가 되고 맙니다.

추미애 맞습니다. 나보다 어려운 처지에 있는 사람들의 삶을 개선하기 위해 내 위치와 힘과 경험을 활용해보자, 선용할 수 있는 기회를 최대한 많이 만들어보자고 생각해야 하는데, 반대로 그런 사람들을 더 심하게 경멸하는 거예요. 앞서 말한『부활』의 네흘류도프가 바로 노블레스 오블리주의 전형이라고 봅니다. 교육이란 사람들이 이런 삶의 모델을 소중히 여기고, 그만큼까지는 하지 못하더라도 우리 사회의 정의를 조금이라도 바로 세워나가도록 하는 역할을 맡아야 하지 않을까 싶어요.

김민웅  추 장관님 자신은 그렇게 살아왔고, 또 그렇게 살고 계신가요?

추미애  아, 바로 찌르시네요. 하하. 그렇다고 말하면 오만이지요. 그렇게 살려고 노력할 뿐입니다. 본인의 이야기를 공개적으로 하면 못마땅해할 수도 있겠지만, 제 남편 서 변호사가 그렇게 살아온 사람입니다. 제가 참 많이 배워요. 자기 것을 내놓고 다른 사람들의 아픔에 공감하며 활동해왔습니다. 큰돈을 벌 수 있는 기회도 있었는데, 사건을 의뢰하는 사람이 제 이름을 보고 그 영향력을 이용하고 싶어 하는 듯해 수임을 거절하기도 했어요. 남편이나 저나 그런 것에 마음이 움직이는 사람도 아니고, 그냥 사건처리에 법률적으로 충실하면 되는 건데도 딱 자르더라고요. 그런 사람과 평생 살아왔으니까 저도 그러리라고 봐주실 수 있지 않을까요? 하하. 적어도 그러한 가치와 삶을 일치시키려고 노력해요. 물론 너무나 부족하지요. 하지만 진정성을 가지고 있다는 건 분명히 말씀드릴 수 있습니다.

김민웅  접수하겠습니다, 하하. 결국 교육이란 미래사회의 설계라고 할 수 있어요. 이 설계에서 '윤리적 인간의 존재'가 핵심이라고 봅니다. 서로 존엄하게 대하고 배려하고 품고 함부로 능멸하지 않고 고통을 겪고 있는 사람을 보면 어떻게든 도우려는 사람들이 많아지는 게 가장 중요하다고 생각해요. 아니면 자비심을 잃고 잔혹해지는 사회를 만들어버리게 됩니다. 자비를 마치 시혜를 베푸는 것쯤으로 이해하기도 하지만 그건 아닙니다. 상대의 사정에 귀를 열고, 이해하고자 노력하고 같은 마음을 나누는 데서 시작되는 인간애라고 할 수 있지요.

## 폭력을 이기는 자비

추미애 자비는 기본적으로 고통에 대한 공감능력이라고 생각합니다. 자기중심적인 사람에게는 자비가 없어요. 췌미처럼 사람을 죽이는 살인마도 반려견을 키우면서 자비롭게 대해요. 그런데 살인을 저질러요. 동물을 사랑하고 식물을 사랑하는 모습만 보고 그 사람이 자비심이 깊고 인간을 존중한다고 판단하면 오판일 수 있습니다. 자기중심적으로 세상을 바라보고, 다른 사람들은 자기에게 무조건 복종해야 하며, 권력을 자기중심적으로 구사하는 사람에게는 자비를 기대할 수 없어요. 정치검찰 이야기를 또 안 할 수 없는데, 바로 이들이 그래요. 사건을 조작하고, 피의자를 압박하고 훈련시켜 거짓증언을 하게 해 죄 없는 사람을 엮어 죄인으로 만듭니다. 이들에게 자비심은 별로 의미가 없어요. 온 세상이 자기중심으로 돌아가야 직성이 풀리는 거지요.

김민웅 자비가 부재한 곳은 폭력이 지배하기 마련입니다. 따라서 교육은 폭력을 추방하고 인간의 존엄성을 지켜내는 노력을 가장 중요한 책무로 받아들여야 한다고 봐요. 인류의 위대한 정신이 태어난 시대는 모두 폭력과 마주하면서 평화와 자비를 일깨운 과정이었습니다.

추미애 그런 지혜를 길어 올리는 노력이 소중한 것 같아요. 결국 인간이 존엄하게 살아갈 세상을 만드는 힘이 그렇게 생겨날 테니까요. 저는 판사 시절부터 '인권'이 가장 중요한 화두였어요. 이제는 생태적 가치까지 포함해서 인권이 생명권으로 확장되어야겠지요. 이런 가치가 교육의 중심에 서도록 하는 것, 그게 미래정치의 임무가 아닐까 해요. 약육강식의 질서로 구조화된 사회시스템 위에서 무한경쟁하며 질주하느라 인권과 생명을 홀대하는 사회적 병리현상을 해결하려면, 복잡하게 얽힌 고르디우스의 매듭을 단칼에 베어버릴 수 있는 획기적인 교육처방전이 나와야 한다고 봅니다.

김민웅 고르디우스식 단칼 처방이라니, 어떤 방법일까요?

추미애 우리 사회는 엘리트 지향 교육과 부동산 식탐이 서로 얽혀 있지요. 강남의 문제는 서울만의 문제가 아니잖아요. 지방에서도 강남의 고가 아파트를 노다지로 여기고 돈 있는 부자들은 '똘똘한 한 채'라도 마련하려고 하지요. 자녀 교육을 다 마치고도 자녀에게 물려주기 위해 그대로 보유해요. 요즘에는 강남 외에 '마용성'도 인기라지요.

김민웅 마용성? 그게 뭐지요? 중국집 이름 같지는 않은데요,

하하.

추미애 아직 모르고 계셨군요. 신개발 열기 때문에 부동산 투기가 뜨거운 마포구·용산구·성동구를 묶어 부르는 신조어입니다. 거긴 강남이 아니에요. 이처럼 투기는 국지적으로 끝나지 않고 전국으로 번지는 전염병이지요. 전국의 돈을 블랙홀처럼 흡수해버리니 교육 문제가 교육 문제만으로 끝나지 않는 총체적 모순이 담겨 있어요. 그래서 저는 교육 문제의 접근방식이 근본적으로 변해야 한다고 생각해요. 지금 그러한 부분을 깊이 고민하며 대안을 세우고 있습니다. 멀지 않은 시기에 국민께 알리는 자리를 마련하도록 하겠습니다.

### 평화의 해법을 바꾸다

김민웅 어떤 내용이 나올지 무척 궁금합니다. 그날을 기다려보겠습니다. 교육에 대한 논의는 여기서 마무리하겠습니다. 이제 한반도 문제를 다뤄볼까요?

추미애 그렇지 않아도 지난 5월 22일 문재인 대통령과 바이든 대통령의 정상회담이 열렸어요. 외교적 성과가 한둘이 아니지요. 한반도와 관련해 가장 눈에 띄는 건 4·27 판문점 회담만이 아니라 트럼프 정부가 서명한 싱가포르 합의 성과를 그대로 이어받아 한반도 비핵화를 추구하겠다는 거였어요. 북한과 미국 간 관계 정상화의 수준에 연동된 비핵화 프로세스의 진행이 예고된 셈이지요. 한반도 평화로 가는 경로의 안정성을 일정하게 확보한 점이 무엇보다 중요하게 다가옵니다. 문재인 대통령의 외교력과 우리나라의 역량이 하나되어 기존의 국지적 한미동맹이 전 지구적 파트너십 수준으로 전환되어가는 과정을 만들어냈다고 봐요. 상대가 바이든 정부였다는 점도 도움이 되었고요.

김민웅 말씀대로 한반도 평화를 달성하기 위한 중요한 관문을 넘었다고 봅니다. 그런 점에서 우리의 지난 현실과 현재 마주하고 있는 문제는 무엇인지 짚어봤으면 해요. 우린 지금 분단체제에서 살고 있습니다. 평소에는 잘 느끼지 못하지만, 남북 대치상황이 벌어지거나 하면 아주 민감하고 불안하게 분단상황을 인식하지요. 사실 우리는 일상적으로 '섬'의 지정학 속에 살고 있어요. 지형은 반도이지만 분단되어 있으니 대륙과의 연결고리가 없는 채로 존재하는 섬의 처지입니다. 하늘과 바다로 이어져 있다지만 육로가 차단된 상황은 우리의 발전을 가로막고 있어요.

추미애 바로 그런 이유로 한반도 평화의 의미를 소극적인 평화, 서로를 공격하지 않는 상태로만 좁게 이해하는 경향을 넘어서야 합니다. 그 수준에 머물러 있으니까 분단체제에서 살고 있다는 걸 잊거나 불편하게 여기지 않아요. 우리의 발전 가능성에 얼마나 강한 제동이 걸려 있는지 상상조차 못 하게 됩니다.

김민웅 그러니까 과거가 아니라 현재와 미래를 비교해야 한다는 뜻이지요?

추미애 그렇지요. 저는 적극적으로 현재와 미래를 비교해야 우리의 현실과 앞날이 제대로 보인다고 믿어요. 미래에 얼마나 놀라운 발전이 가능해질지 조금만 상상해보면 현실이 얼마나 불편하고 말도 안 되는지 금세 깨닫게 되거든요.

김민웅 동의합니다. 저는 '미래로부터의 회상'이라는 관점을 가지고 있어요.

추미애 아, 멋있는 말이네요. 정확히 어떤 뜻일까요? '회상'이라고 하면 지난 시간을 돌아보는 것 아닌가요?

김민웅 그렇지요. 그런데 돌아보는 시점이 장관님이 말씀하신 것처럼 미래예요. 그러니까 현재와 미래를 비교하는 거지요. 이미 이루어진 미래, 그걸로 현재를 보면 지금이 어떤 상태인지, 무얼 해야 하는지 명확해질 테니까요. 그렇게 되면 우리 상상력의 지평도 훨씬 넓어지게 된다고 봅니다.

추미애 그런 점에서 우리가 준비해야 할 게 있다고 봐요. 북한과 미국 사이에 맺어진 싱가포르 합의 내용을 우리 정치가 한반도 평화의 중요한 경로로 인정하는 일, 그리고 4·27 판문점선언을 의회 차원에서 비준하고 후속적인 법제화 노력을 기울이는 일 말이지요. 비용의 차원에서 봐도 전쟁 준비 체제에 소모되는 안보비용이 엄청나서 경제나 교육에 막대한 부담으로 작용하고 있어요.

김민웅 그 비용을 지불하고 있기에 경제가 유지된다는 안보 논리도 있지요.

추미애 물론 그런 논리도 정당성이나 현실성이 없지는 않아요. 그러나 그건 어디까지나 분단의 지속성을 당연한 전제로 삼는 논리라고 봅니다. 과거 말고 미래와 비교하면 그런 족쇄에서 풀려날 수 있어요. 한반도가 분단과 군사적 대치에서 벗어나 하나의 경제 단위로 공생의 길을 걸으며 유라시아대륙 전체와 연결되는 미래를 그려보세요. 물론 어렵고 복잡한 과정이 있을 거예요. 그러기에 더더욱 우리 정치의 책임이 크다고 봅니다. 미국과의 정상회담에서 주지한 싱가포르 합의, 4·27 판문점 선언 등의 내용을 우리부터 정확히 숙지할 필요가 있다고 생각해요.

김민웅 그렇지요. 싱가포르에서 채택된 북한과 미국 정상 간의 성명으로 핵 문제의 접근방식 자체가 본질적으로 달라진 거니까요. 기존의 기조가 '핵 문제 해결 없이는 관계 정상화도 없다'였다면, '관계 정상화의 절차를 통해 비핵화로 진전하자'는 내용이 핵심이 되었습니다. 비핵화의 범위가 '북한의 비핵화'가 아니라 '한반도의 비핵화'(Deneuclearization of Korean Peninsular)라는 점도 유념할 필요가 있습니다.

추미애 그러한 내용의 싱가포르 합의에 기초해 대화와 외교로 대북 접근을 모색하기로 한·미 두 정상이 합의한 것은 상당한 의미와 추진력이 생겨나는 게 아닌가 기대됩니다. 실제 협상에 임하면서 풀어가는 것도 있겠지만, 그동안은 북한의 핵무장 해결을 우선해 그 검증과정이 협상의 중심처럼 되어왔잖아요. 그러나 적대관계를 풀어가는 관계정상화와 더불어 핵 문제를 해결하는 방식의 해법을 받아들인 거지요. 좀더 친하게 지내다 보면 서로의 적대감과 공포가 해소되어 굳이 핵무장이라는 것이 필요없는 상황이 된다면, 비핵화의 진전을 실제로 견인하게 된다고 봅니다.

김민웅 미국의 극우 강경세력이라고 할 수 있는 존 볼턴 같은 신보수주의자들의 개입으로 그것을 교란시켜버린 것이 이후의 상황입니다. 바이든 정부에서는 그런 교란요인이 없을 것이라고 기대합니다.

추미애 당연히 그래야겠지요. 북한이 유엔의 제재와는 별개로 외부에서 오는 팬데믹 위험요인을 최소화하기 위해 스스로 봉쇄하고 있지만 이건 오래 갈 수 없는 잠정적 상태 아니겠어요? 그러면 미래를 구사할 때 아까 말했던 것처럼 북한도 소극적 평화에서 적극적 평화로 나아가야 하지요. 서로가 공격하지 않는 상태가 아니라 적극적으로 교류하고 왕래하고 협력해야 하는 체제를 만들어야 합니다. 한반도가 가진 지정학적 기회요인의 가능성을 키우고 민족의 미래를 함께 건설하는 비전을 공유하는 지점까지 나아가야 해요. 그러려면 한반도에서 공멸할 수밖에 없는 핵무기는 어떤 명분으로도 존속할 수 없다고 봅니다. 물론 북한이 핵무장을 한 동기로 내세우고 있는 것이 미국의 대북 적대정책이니 그걸 해소하는 과정이 필요합니다. 하지만 북한도 관계 정상화의 수준에 따라서만 핵 문제를 해결하기보다는 주도적으로 문제를 풀어가는 자세도 필요하지 않을까 해요. 북한이 하기에 따라서는 싱가포르 합의의 내용을 더 앞지를 수도 있는 거니까요. 핵무기는 인류의 공적(公敵)이잖아요. 그걸 버리도록 촉구하는 게 우리의 역할 가운데 하나이기도 하고요.

김민웅 좋은 이야기입니다. 문제를 바로 보기 위해 일단 북한의 핵무장 요인을 역사적으로 이해할 필요가 있을 것 같아요. 누구나 알다시피 핵무장은 냉전의 산물입니다. 미국과의 관계가 좌우해 온 문제지요. 과거 중국과 소련 사이에서 북한 나름의 생존전략이 필요했기도 하고요. 그러나 세계적 수준의 냉전은 종식되었고, 중국과 러시아의 관계도 북한으로서는 과거와 같은 긴장을 주는 관계는 아니지요. 미국과의 관계가 결국 관건인데 서로 위협이 되지 않는 상태로 옮아가는 과정이 실현되어야 합니다. 주목할 점은 전 세계 핵무장 국가 가운데 어떤 나라도 적대관계가 청산되면 핵을 해체한다고 말하지는 않았다는 겁니다. 북한만 그렇게 이야기했어요. 저는 이 지점을 살려야 한다고 생각합니다. 그 말을 어떻게 믿느냐는 문제가 물론 여전히 남아 있습니다. 그래서 비핵화의 과정을 잘 밟아나가야 하는 거지요. 그러자면 한반도 전체에 비핵화의 물꼬를 트게 하는 일이 필요합니다.

추미애 어떤 경우라도 비핵화는 놓쳐서는 안 될 중심 현안입니다. 앞으로의 한반도 평화 논의는 그런 적대관계를 어떻게 청산할 것인지에 새롭게 모아졌으면 해요. 비핵화 문제는 민족 전체의 생존이 달려 있는 것이라 북한의 비핵화 의지가 더 강해져야 합니다. 문재인 대통령이 평양 현지에 가서 '핵무기 없는 세상'을 이야기하셨을 때 아주 잠시 어떻게 반응해야 할지 몰랐던 평양 시민들이 우레와 같은 박수를 보냈잖아요. 핵무기 소유가 강력한 '전쟁 억지력'이라고 확신하고 있는 사람들이었는데 말이지요. 북한 주민도 핵무기가 좋기만 하겠어요? 일단 사용되면 다 죽는 건데 말이에요. 우리도 우리지만 북한도 공포와 두려움이 있을 거예요. 경제도 그렇고 이번 미사일 지침 해제도 북한으로서는 심상치 않게 받아들였을 겁니다.

한반도 비핵화는 핵공포에서 서로가 함께 해방되는 겁니다. 이를 위해 우리가 어떻게 할 것인지가 더더욱 중요해지는 거지요. 제재상황이 오래 지속되면서 겪고 있는 곤경도 간단치 않을 거예요. 빨리 그런 상태에서 벗어나서 한반도 전체가 평화롭게 잘 살 수 있었으면 하는 바람이 너무나 큽니다. 하루 빨리 '공포의 균형'에서 '공존의 균형'으로 나아가야 합니다.

## 전 지구적 파트너십

김민웅 그렇지요. 따지고 보면 본래 '공포의 균형'이란 현실에서 존재하지 못합니다. 끝없는 무력 강화만이 답이 되니까요. 균형이 아니라 끊임없이 비대칭을 추구하게 되지요. 우리가 아무리 압도적인 첨단 무기체제를 가지고 있다 해도 북의 핵무장은 그 자체로 비대칭입니다. 미국과의 관계에서는 비대칭이 아니라 해도 핵을 사용할 경우 미국에 엄청난 타격을 가할 수 있고요. 그래서 방금 말씀하신 대로 공포가 중심이 된 시스템을 근본적으로 넘어서는 노력이 가장 중요합니다. 우리 언론들이 북한과 관련한 보도에서 체제보장과 안전보장을 혼동하는 경향이 있어요. 북한은 체제보장을 미국이나 남들에게 요구한 적이 없고 안전을 보장하라고 하지요. '시큐리티 개런티'(security guarantee)는 '안전을 위협하지 마라'는 안전보장 요구이지, 체제보장 요구와는 다르거든요. 체제보장은 자기들이 스스로 하는 것입니다.

추미애  결국 기본관계의 새로운 설정이 핵심이라고 봐요. 북미관계 정상화라는 것도 북한 정권의 정통성과 정당성을 미국이 승인한다, 아니다가 아니라 우선 북한과의 외교관계를 확립한다는 것입니다. 체제문제로 들어가면, 그 나라 그 권력이 정통성이나 정당성을 갖췄는지 여부를 판단하는 것은 밖에서도 가능하겠지만, 그 문제를 현실에서 좌우하는 것은 그 국민의 자결권입니다. 국민의식이 달라져 변화가 필요하다고 하면 그에 따라 정권의 변화가 생기는 것이지 밖에서 누가 개입해서 재단할 수 없는 것이지요. 그런데 부시 정권이 북한을 '악의 축'이라고 했잖아요. 이러면서 미국 여론이 혼란을 느낀 점도 있다고 봐요. 북한 권력이 악의 축인데 핵무기까지 갖고 있으니 인정할 수 없다, 무슨 대화냐, 이라크의 사담 후세인처럼 제거해야 할 상대다, 그러니 핵무기 폐기를 보상할 이유도 없다고 반응하게 된 것이지요. 그러면 모든 외교가 작동되지 못하게 됩니다.

김민웅  그걸 깨고 전환점을 만든 게 싱가포르 회담이었지요.

추미애  바로 그 점이에요. 트럼프의 독특한 방식이기도 했고 우리 정부도 지속적으로 애쓰고 노력한 결과가 담겨 있다고 봅니다. 우리는 당사자이면서 중재자라는 이중의 역할과 위치가 있으니까요. '악의 축'이라 했던 미국이 대화하자, 협상장에 나오라고 하니 북한으로서는 의아해할 수 있다고 봐요. 말씀하신 대로 그런 교착 상태를 싱가포르 회담이 바꾼 거지요.

김민웅 바이든 정부가 들어서면서 트럼프의 성과는 모두 과거사로 정리되고 마는 게 아닌가 하는 우려도 있었습니다. 하지만 그게 사실 트럼프만의 것은 아니었고, 문재인 정부의 중재자적 역할의 비중이 상당히 높았기 때문에 바이든 정부가 이를 수용하는 것이 가능했던 거지요. 북한은 미국과의 관계에서 본인들이 당사자라고 생각하기에 누가 그 사이에 끼어드는 걸 달갑지 않게 여겨왔지만, 문재인 정부의 역할은 받아들였기 때문에 트럼프와의 외교적 타결이 이루어질 수 있었던 것입니다. 이것을 이번 한미 정상회담에서 다시 살려냈다는 것은 남북관계에도 대단히 중요한 의미가 있습니다. 물론 한동안 소강상태가 지속되겠지요. 북한이 남한에 대한 신뢰를 회복하는 데 시간이 걸릴 수 있겠지만, 이 또한 하기에 달려 있다고 봅니다.

추미애 바로 그렇기 때문에 전격적 타결 시도는 상당히 중요한 의미가 있고, 이걸 제도·구조 체제로 구체화하는 절차가 앞으로 고민하고 실천해야 할 사항이 아닌가 해요. 싱가포르 회담으로 뿌린 씨가 하노이 회담에서 열매 맺지는 못했지만, 그 실패가 준 충격, 그러면서 생겨난 여러 가지 암초를 넘어서는 것이 향후 과제이지요. 그때 트럼프는 탄핵 위기에 몰려 있어 하노이 회담을 제대로 추진하기 어려운 지경이었습니다. 미국 국내 정치가 한반도 문제에 영향을 미친 셈입니다. 그러나 문재인 정부와 바이든 정부의 외교적 우호관계가 상당한 수준으로 진전해 전 지구적 파트너십의 시대를 열었다는 점에서 우리의 의사가 잘 담겨질 가능성이 커졌다고 봐요. 좀더 속도를 냈으면 해요.

## 안중근과 김대중이 꿈꾼 평화

김민웅 당연히 속도를 내야지요. 다른 변수들이 개입해 들어오지 못하도록 말입니다. 그런 한편, 동아시아의 세계체제적 변화도 함께 고민해야 할 필요가 있을 것 같아요. 과거에는 미국이 압도적으로 한반도와 동아시아를 지배했다면 지금은 미국과 중국의 패권이 부딪히는 지점에 한반도가 놓여 있어요. 북한도 예외가 아닙니다. 우리로서는 어느 쪽으로도 기울 수 없는 형편인 데다가, 미·중 패권 갈등의 중심에서 희생될 수도 있으니 대단히 고차원적 성찰과 접근이 절실합니다. 동맹과 자주에 대한 논란이 오래 있어왔는데, 동맹이라는 건 자주에 이바지하지 않으면 상대적으로 힘이 강한 쪽에 종속되기 쉬운 구도를 형성합니다. 그 균형추를 만드는 일또한 간단치는 않아요.

추미애 1909년에 안중근 의사가 의거를 일으키고 100년이 지나서 김대중 대통령이 돌아가셨어요. 두 분은 공통점이 많습니다. 평화주의자, 인권주의자인데 단순히 주창만 하지 않고 제도화를 꿈꿨어요. 안중근의 '동양 평화론'은 평화를 제도화해 이웃 국가끼리 서로 상부상조하며 부족한 건 이끌어주고 넘치는 건 나눠주자는 내용이지요. "동양 평화를 제도로 구축합시다" "함께 상생·공영합시다" "이게 서구열강에 맞서는 방법입니다. 침략적·약탈적으로 무장할 것이 아니라 선진 문명국가로 갑시다. 같이 번영합시다"를 주장한 겁니다. 김대중 대통령도 남북관계를 동아시아 평화의 관점에서 바라보셨습니다. 평화적 공존·교류·통일이라는 3단계로 평화의 제도화를 실현하자는 구상과 함께 4자회담과 같은 다자협력을 제안했지요. 동아시아 평화의 구조를 만들고자 하신 거예요. 햇볕정책에 담긴 철학입니다.

김민웅 햇볕정책을 단지 남북관계에만 국한해 이해하는 경향이 있는데, 지금 말씀하신 것처럼 사실은 동아시아 전체의 틀 속에서 고민한 결과였지요. 남북관계의 정상화는 동아시아 전체의 평화로 확장되는 구조의 시작이라는 차원을 가지고 있습니다.

추미애 네! 그렇지요. 6자회담에서 한반도 비핵화만 다루는 것이 아니라 동아시아 안보공동체라는 더욱 큰 규모의 논의도 할 수 있어요. 유럽안보회의처럼 동아시아에도 평화를 보장하는 안보공동체를 만드는 것이지요. 그게 햇볕정책 정신의 발전적 적용입니다. 바로 그런 점들이 새롭게 평가되고 알려져야 한다고 봐요.

김민웅 그런 시도를 해보셨나요?

추미애 영국에 채텀하우스라는 싱크탱크가 있는데, 왕립연구소예요. 2010년 가을에 초청받아 가서 햇볕정책이 담고 있는 비전을 소개하고 더 나아가 6자회담과 같은 다자안보의 틀을 제안했지요. 일종의 동아시아 집단안보체제 구상이었어요. 집단으로 관리하는 군축·평화체제를 제안해본 겁니다. 햇볕정책은 단순히 남북 간 교류를 트기 위한 이솝우화식의 립서비스가 아니다, 공존의 상호 약속을 함축하고 있다, 공멸을 막기 위해 핵무기는 용납할 수 없다, 동아시아 전체의 평화가 여기에 달려 있다며 햇볕정책의 정신과 내용을 강조했어요.

김민웅 국제정치적 차원에서 햇볕정책의 의미, 평화의 세계적 구조를 이야기하신 거군요.

추미애 그래서 오해의 지점도 거론했어요. 햇볕정책은 북한에 일회적으로 선심 쓰듯 선물 주고 환심을 사겠다는 것이 아니다, 북한 경제의 도약을 위해 필요한 기술지원도 할 수 있다, 그런 기반 위에서 북한이 국제사회의 중요한 일원이 되는 길을 여는 데 이바지하고자 한다고 했어요. 이것을 공동의 다자안보체제로 보장해나가면 흡수·소멸로 끝난 리비아 방식의 공포감이 없어지는 거지요.

김민웅 동아시아 평화의 미래를 설계해보자고 하신 거네요. 평화를 보장하는 다중 장치의 마련이라고 할 수 있지요.

추미애 '동아시아적 미래 기획', 그러니까 오래전 안중근 의사께서 '동양 평화'로 말씀하셨던 내용을 21세기형으로 업그레이드해보는 겁니다.

김민웅 바로 그겁니다. 그런 미래 모델을 다채롭게 상상할 필요가 있습니다.

추미애 우리의 문제는 우리의 문제로 그치지 않고 세계사적 의미와 위상을 가지고 있으니까요. 그런 미래 모델을 만들어낼 때 인류 전체의 지지를 이끌어낼 수 있습니다. 김대중 대통령은 언제나 이런 지점을 고민하셨고 그런 흐름이 문재인 정부에까지 이어지고 있다고 봐요. 우리의 외교가 국제적으로 존중의 눈길을 받고 있는 건 그런 차원 때문이지요.

김민웅 그래서 저는 남북 간 민족경제의 가동 또는 유라시아로 이어지는 세계적 철도연결망 같은 것도 대단히 중요하지만, 동시에 한반도에 생태주의적 미래를 함께 만들어나가는 것 또한 소중하다고 봅니다. 인류가 지향하는 미래가치를 한반도에서 펼쳐나가는 거지요.

추미애 그건 너무나 중요한 가치입니다. 우리 자신이 살아가고 있는 한반도의 미래이기도 하고 후손들에게 물려줄 산하라는 점에서 더더욱 그렇지요. 우리의 현실이 실타래가 엉켜 있는 듯이 보이지만 무한한 상상력과 용기를 갖고 나선다면 반드시 풀어낼 수 있다고 확신합니다. 이 모든 것은 결국 미지(未知)의 미래를 향해 모험을 마다하지 않는 의지로 가능해진다고 생각해요.

김민웅 함께 이야기를 나누니 잘 정리됩니다. 정치는 상상력이 필요하다, 그 상상력은 모험이다, 모험을 끌어안고 가는 존재가 역사의 주체가 된다, 그런 상상력과 모험을 소중히 여기는 시민들, 그런 시민들과 함께하고자 하는 지도자가 손잡고 나간다면 우리의 미래는 전혀 다른 차원으로 진전할 수 있다고 말이지요. 우리 역사를 새로운 상상력과 모험의 광장에 들어서게 하는 것, 이것이 오늘날 대전환의 시기에 우리에게 가장 절박한 정치가 되어야 한다고 생각하게 됩니다.

추미애  아, 벅차네요.

김민웅  이 대담은 그러한 정치의 의미를 새롭게 조명하게 될 것이고 촛불시민들과 함께 나눌 기억이 될 것입니다. 상상력과 모험의 기백이 넘치는 정치를 위해서 말이지요.

# 제10장

# 새롭게 태어나는 정치

"정치가 누군가를 짓밟는다면
그것은 생명의 정치가 아닙니다.
우리가 하는 개혁은 '생명운동'입니다.
사회 전반에 걸쳐 따뜻한 희망을
품게 하는 생명 살리기 운동입니다."

## K팝·K방역 그리고 K민주주의

김민웅 새로운 정치를 기획하려면 실제 우리의 역량은 어떤지를 살펴볼 필요가 있습니다. K팝은 우리의 문화적 역량을, K방역은 우리의 생명 보호 능력을 전 세계에 새롭게 보여주고 있습니다. 정치가 이런 힘과 역량을 신뢰하고 나아가야 합니다. 그런데 언론의 왜곡과 비난에 휘둘려 헤매고 있지 않나 합니다. 우리 민족의 내면, 오랜 시간에 걸쳐 쌓은 역량, 시민들의 지혜 등을 믿지 않으니까 도리어 정치가 불신당하고 있지요. 개혁의 길에서 정치가 멈칫하는 것도 시민의 역량을 오판하고 있기 때문입니다.

추미애 저는 요즘 K팝, K방역과 함께 K민주주의가 얼마나 자랑스러운지 모릅니다. 촛불 민주주의 말입니다. 흔히 민주주의를 서구에서 가져온 수입품 정도로 생각하는 경향이 있지만 절대 그렇지 않습니다. 우리 스스로 정의를 위해 얼마나 똘똘 뭉쳤습니까. 그 민(民)의 힘이 불의한 권력을 무너뜨렸어요. 우리 시민들은 현명합니다. 자기들을 조정의 대상으로 여기는 세력을 우습게 만들어버려요. 우리 국민은 현명한 판단과 선택을 합니다.

김민웅 제2차 세계대전이 끝나고 해방된 식민지에서 순식간에 민주적 자치 조직이 만들어진 건 우리나라가 전 세계에서 유일합니다. 여운형의 조선건국준비위원회가 그것입니다. 치안과 행정을 비롯해서 보건후생까지 감당해요. 총독부가 관할하던 교육체제가 붕괴되자 곧장 자율적으로 대처해나갑니다. 우리가 얼마나 강력한 민주주의의 역량을 가졌는지를 알게 됩니다. 동학으로 거슬러 올라가 봐도 그 기본은 철저한 자치조직이었어요. 5·18 광주 민주화운동이 바로 그런 자치와 자율로 빛나는 민주공동체의 실체를 그대로 보여주었습니다. 촛불혁명의 현장도 민주적 자율성을 그대로 입증했습니다.

추미애 그런 한편 현실에서는 패배하는 민중의 역사가 반복되어왔지요. 그래서 비극이 되었고 그 역사적 의미가 잊혀지기도 했어요. 그러나 나라를 바로 세우기 위한 촛불혁명은 성공했습니다. 이건 우연이 아닙니다. 단순히 국회의사당에서 국회의원 234명이 대통령 탄핵소추안을 가결했고, 헌법재판소가 이 탄핵소추안을 받아들여 대통령에게 파면을 선고함으로써 이긴 게 아니라고 생각해요. 승리를 위한 역사적 경험치를 꾸준히 쌓아왔던 것이지요. 일제의 폭력에 시달리고, 이승만 독재하에서 억압받고, 박정희와 전두환의 군홧발에 짓밟힐 때마다 우리는 가만히 있지 않았어요. 그런 현실에 굴복하지 않아야 한다는 역사적 사명감을 갖고 시민 한 사람 한 사람이 들고일어난 유구한 역사가 있어요. 마침내 촛불혁명의 현장에서는 쓰레기 하나 함부로 버리지 않고, 누가 감독하고 지휘하지 않아도, 호루라기 불고 회초리 들지 않아도 스스로 질서 정연하게 촛불을 들었어요.

김민웅 그렇습니다. 모일 때나 흩어질 때나 다 그랬지요. 역사를 만드는 위대한 풍경이었습니다.

추미애 촛불광장에서 시민들과 함께 손잡고 눈물 흘리면서 우리는 말하지 않아도 거듭 다짐했어요. 지금까지 피 흘리고 실패했던 역사를 반복하지 않겠다고, 다시는 반민주 세력에게 빌미를 주지 않겠다고 가슴에 새겼습니다. 그 결과 지혜로움과 자기절제로 더욱 강화된 시민적 자치, 자발적 통제가 나타났습니다. 계엄을 기획했던 자들은 이런 시민들 앞에서 결국 그 시도를 포기할 수밖에 없었습니다.

김민웅 촛불혁명의 민주성, 시민의 주체적 역량, 의식의 진보성, 역사적 헤게모니로 통합되어 우리 삶이 새로운 차원으로 진전합니다. 그렇게 작동하게 됩니다.

추미애 네, 설령 역사의 물길을 전격적으로 바꾸는 것이 아니라도 하나의 전환점을 만들어내는 거지요. 촛불을 든 광장에서 함께 경험하게 되는 희열과 동지애 안에서 우리 모두의 정치교육이 이루어집니다.

김민웅 촛불시민혁명을 혁명이라고 부를 수 없다는 주장도 존재합니다. 그러나 그건 혁명을 어떻게 이해하는지에 따라 달라지지요. 석 달 열흘이 넘는 기간 동안 우리는 인내하고, 요구하고, 평화롭게 행동했습니다. 하나의 거대한 역사 공동체를 경험하게 되었어요. 그 기억은 소멸되지 않고 우리 안에서 새로운 성찰과 의식을 만들어냅니다. 혁명은 혁명 이후를 다시 혁명의 길로 이끄니까요. 프랑스혁명도 100년이라는 긴 시간 동안 그걸 다시 겪는 치열한 과정을 거쳐 자신을 실현해냅니다.

모든 혁명은 특권체제를 해체하고 평등한 시민권을 요구합니다. 정의로운 경제와 사법제도를 갖추고 인권을 존중하는 나라를 만들고자 합니다. 기존의 낡은 세력, 이른바 앙시앵레짐(Ancien régime)은 혁명의 의지를 무산시키기 위해 우리의 인식을 혼란하게 합니다.

추미애 우리에게는 살아 움직이는 흥과 한을 품으면서도 그것을 뛰어넘는 힘이 있어요. 이를 무시하는 세력은 결국 이 힘으로 역사의 무대에서 밀려날 거라고 봅니다. 언론은 이런 힘에 눈감고 우리의 눈까지 감기려고 하는데 그러다가 결국 자기들이 충격을 받게 될 겁니다. 촛불광장의 민주주의는 역사가 가리키는 지점을 정확히 보고 있습니다. 이걸 피로하다느니, 그게 무슨 혁명이냐느니 하면서 시민들의 정치의식을 깔보거나 무시하는 건 민주주의를 거스르겠다는 것과 다를 바 없습니다.

김민웅 때로는 현실에서 실패한 것 같지만 사실은 성공의 지혜를 끊임없이 축적하는 과정입니다.

추미애 그렇습니다. 놀랍도록 아름답고 평화롭게 이뤄낸 것이 바로 2016년의 촛불혁명이었고, 2019년 서초를 밝힌 촛불은 그 규모와 의미를 더욱 압축해 이어나간 거지요. 전 세계에 내놔도 너무나 자랑스럽고 감격적인 일입니다. 우리가 그 안에 담긴 의미를 더 깊게 성찰하고 정치의 근본으로 삼아나간다면 많은 변화가 가능하리라 믿어요.

김민웅 2016년 광화문 촛불과 2019년 서초동 촛불을 보면 우리는 1919년 3·1 운동이 어떤 것이었는지 상상할 수 있습니다. "대한독립 만세!"라는 외침 하나로 무얼 이뤄낼 수 있다고 믿었을까요? 60일간 전국 방방곡곡에서 손에 태극기 하나 들고 역사를 진동시켰습니다. 그해 4월 대한민국 임시정부까지 세우는 저력을 보였습니다. 이후 우리의 독립운동사는 새롭게 쓰여지지요. 그런 점에서 3·1 운동도 이제는 3·1 민족혁명으로 불러야 한다고 생각합니다. 촛불혁명도 손에 촛불 하나 들고 우리의 역사를 바꿔낸 것이니 당연히 혁명이지요.

추미애 검·언·정 카르텔은 바로 그 소중한 촛불혁명을 끊임없이 폄하하고 정치에서 분리시켜 촛불이 가진 개혁 에너지를 말살시키려 하고 있어요. 촛불이 다시 살아날까봐 두려운 겁니다.

### 촛불시민의 개혁사, 우리의 이정표

김민웅 그렇지 않아도 우리가 대담을 마무리하려는 즈음에 조국 전 법무부장관의 책『조국의 시간』이 출간되었습니다. 출간되기도 전에 폭발적으로 판매되어 다들 놀랐지요. 출간 소식이 SNS로 알려진 지 얼마 되지 않아 베스트셀러 1위가 되었습니다. 독자들이 이 책을 구입하기 위해 며칠씩 기다리는 놀라운 일이 벌어집니다. 공식 출간 하루 만에 10만 부가 판매되는 등 한국 출판 역사에서 보지 못했던 현상입니다. 책이 촛불이 되어 다시 점화되는, 책의 행진이 진행되고 있습니다. 장관님도 이 책 발간 소식을 접하고 곧바로 SNS에 글을 올리셨지요?

추미애 너무나 감사했어요. 조국 전 법무부장관과 그의 가족이 엄청난 고통을 겪는 와중에 책까지 내는 것을 보면서 그 의지에 경의를 표하게 되었지요. 제가 그때 올린 글을 다시 소개하고 싶습니다.

"조국의 시련은 개인사가 아닙니다. 조국의 시련은 촛불로 세운 나라의 촛불개혁의 시작인 검찰개혁이 결코 중단되어서는 안 됨을 일깨우는 촛불시민 개혁사인 것입니다. 촛불시민의 명령인 검찰개혁의 깃발을 들고 앞장서 나아갔던 그에게, 검찰의 강력한 저항 한가운데로 돌진했던 그에게, 온 가족과 함께 시련과 모욕의 시간을 견디어내고 있는 그에게, 무소불위의 검찰권력과 여론재판의 불화살받이가 된 그에게 우리가 해야 할 일은 중단 없는 개혁으로 성큼성큼 나아가는 것입니다. 『조국의 시간』은 우리의 이정표가 되어야 합니다."

김민웅 『조국의 시간』 출간에 대한 반응도 뜨거웠고, 추 장관님의 글도 엄청난 반응을 불러일으켰습니다. 글을 올린 지 하루도 채 지나지 않아 '좋아요' 수가 1만을 넘어섰고 1,000회 이상 공유되었습니다. 언론은 장관님의 글 "조국의 시련은 개인사가 아닙니다. 촛불시민 개혁사입니다. 『조국의 시간』은 우리의 이정표가 되어야 합니다"를 인용했어요. 조국 전 장관도 그랬겠지만 촛불시민들이 그 글로 큰 힘을 얻었다는 이야기를 많이 했어요.

추미애 저도 사실 많이 놀랐어요. 검찰개혁 과정에서 희생당한 조국 전 장관을 응원하는 촛불시민들의 마음이 아프게 다가왔고, 새로운 촛불의 집결을 뜨겁게 갈망한다는 걸 절실하게 느낄 수 있었습니다.

김민웅　지금 우리가 나누는 대담도 책이 되어 나오면 그 역할을 함께해나갈 것이라고 확신합니다. 조국 전 장관은 "불씨는 아직 꺼지지 않았습니다"라고 말했는데 이제 그 불씨가 불길이 되어가리라고 봅니다.

추미애　정말 그렇게 되어야지요.

김민웅　『조국의 시간』을 읽어보면 추 장관님 이야기가 많이 나옵니다. 검찰개혁 1기 장관이니 그다음으로 검찰개혁을 맡은 추 장관님에 대한 관심이 있을 수밖에 없겠지만, 그 이상의 의미가 담겨 있다고 생각합니다.

"검찰은 유력한 차기 정치세력에 기생하는 정치검찰에서, 스스로 권력을 장악하려는 정치검찰이 되었다."

"그리하여 이제는 누구도 건드리지 못하는 무서운 집단이 되었다. 전직 대통령도, 전직 총리도, 전직 장관도, 가혹한 수사 활극에 희생되고 말았다."

『조국의 시간』에 인용된 추 장관님의 글입니다.

추미애　윤석열 검찰은 개혁의 최전선에 선 조국 전 장관을 그야말로 '사냥'한 것이고, 그걸 기반으로 대권까지 가는 길로 들어섰습니다. 그 자신이 최고 권력이 되겠다는 야망으로 검찰이라는 공조직을 망가뜨렸고, 민주적으로 선출된 권력까지 공격하는 무뢰한의 모습을 보였습니다. 잔혹한 인물입니다. 저나 조국 전 장관이나 검찰권력을 경험했고, 개혁하면서 고통을 겪게 되지요. 촛불시민들은 바로 그런 사실에 주목하고 응원해주신 거고요.

김민웅 "우리가 조국이다" "우리가 추미애다"라는 표어는 촛불 시민들의 함성이고 정신인 것이지요. 개혁하면서 겪은 동병상련을 느끼게 하는 대목도 있습니다. "윤 총장은 추 장관을 전혀 '상관'으로 대하지 않았다. 그가 충성하는 대상은 오직 '조직', 즉 검찰조직뿐이었다."

추미애 그러게요. 이제는 천하가 다 아는 이야기가 되었습니다. 용납해서는 안 되는 태도이고, 지나간 일이라고 그대로 지나칠 일이 아니지요. 반드시 그 과오에 책임지게 해야 합니다.

김민웅 『조국의 시간』에 이런 내용도 있습니다. "추미애 장관의 노력으로 2020년 8월 국가소송법 시행령이 개정되었다. 이제 각급 검찰청의 장은 법무부장관의 승인을 받도록 바뀌었다." 이건 무슨 의미인가요?

추미애 그전까지는 검찰이 국가소송, 행정소송의 지휘권을 다 가지고 있었어요. 이렇게 되니까 그러한 소송을 검찰이 다 맡게 된 거지요. 말이 안 되는 게 검찰 수사 중에 당한 인권침해에 대해 손해배상 소송을 제기해도 그 소송지휘권을 검찰이 행사해왔어요. 이해충돌이잖아요. 당연히 인권감독부서인 법무부가 지휘권을 행사해야 하는데도 지금껏 검찰이 검찰을 셀프 지휘·셀프 감독한 셈이지요. 검찰이 국가를 대표한다는 비정상적인 상태였습니다. 국가소송법 시행령 개정은 이것을 온전히 돌려놓은 겁니다. 1970년 박정희 체제가 만들어놓은 비정상을 50년 만에 정상화한 거지요.

김민웅 오, 그런 뜻이 담겨 있었군요. 검찰이 자신의 위치를 그토록 높게 설정하는 태도가 이런 식으로 오래 지속되어왔던 거네요.

추미애 그렇지요. 법무부의 외청(外廳)이 아니라 법무부보다 더 높은 위치라는 태도이지요. 그런 식으로 막강한 힘을 휘둘러온 겁니다. 박정희 체제가 검찰을 자기 손발로 부린 결과였습니다.

## 고 김홍영 검사를 추모하다

김민웅 중요한 개혁을 하신 거네요. 장관님 SNS에 이런 글이 있던데요. "1년 전, 조국 전 장관께서 고 김홍영 검사의 아버님께 약속드렸던 작은 명패를 조만간 준비해 부산에 계신 아버님을 모시고 소박하게나마 그 약속을 지켜드리고자 한다."

추미애 제가 2020년 10월 1일 페이스북에 올린 글이에요. 김홍영 검사는 2016년 남부지검 형사부 2년 차 검사로 근무하다가 직속 상관인 김대현 부장검사에게 괴롭힘당한 끝에 결국 스스로 목숨을 끊은 분입니다. 그때 나이가 서른셋이었어요. 폭력적인 검찰 문화에 희생된 거지요. 윤석열 총장이 조직에 충성한다고 했던 말과 이 사건을 겹쳐 생각해보면 너무나 끔찍해요. 조직의 눈에서 벗어나면 어떤 일이 벌어지는지 그대로 드러낸 사건입니다. 조국 전 장관은 남부지검에 작은 추모 명패라도 만들겠다고 김홍영 검사 부모님과 약속했고 제가 그 뜻을 이어받아 약속을 지켜드린 것입니다.

김민웅 조국 전 장관은 『조국의 시간』에서 "추미애 법무부장관은 인사와 감찰을 통해 검찰 조직을 개혁하려고 고군분투했으나, 집중 공격을 받고 중도에 내려왔다"고 기록했습니다.

추미애 조국 전 장관님도 제가 어떤 상황에 놓였는지 너무나 잘 알고 계셨던 거지요. 그래서 저는 "조국의 시련은 개인사가 아니다. 촛불시민의 개혁사다. 『조국의 시간』은 우리의 이정표다"라고 말했던 겁니다.

## 사유하는 정치

김민웅 촛불이 다시 집결하고 있습니다. 기다리고 있었던 거지요. 두 전직 법무부장관이 검찰개혁 과정에서 고통과 뜻을 함께하는 모습이 촛불시민들에게 감동으로 받아들여졌을 겁니다. 이런 역사의 의미가 젊은 세대에게도 새롭게 각인되었으면 해요. 이 역사적 기억은 끊임없이 소환되고 환기되어야 하고, 정치에 대한 경고와 지침이 되어야 합니다. 그 방향을 말해주는 역할을 해야 합니다. 그렇지 않으면 촛불혁명의 역사와 개혁 에너지를 서서히 밀어내고 추방시켜 흔적도 없이 지워버리려는 고도의 정치적 음모가 승리할 수 있습니다.

추미애 맞습니다. 그래야 정치권이 시민의식을 오판하거나 언론의 여론공작에 휘둘리지 않게 된다고 생각합니다. 정치권력이 자기도 모르게 기득권화되고 부패세력이 되는 일도 막을 수 있고요. 그게 바로 국민에게 복무하는 정치, 새로 태어나야 하는 정치라고 봅니다. 촛불의 힘은 누가 기획한 게 아니에요. 그래서 더 위력적입니다. 이 성과를 부정하기 위해 끊임없이 실패했다고 말하고 열등감·열패감을 느끼게 하며 지치게 하는 작전이 작동하고 있다는 걸 날카롭게 경계해야 합니다. 자기 자신이 들었던 촛불마저도 회의하게 하는 대중 세뇌작전이 틈을 타고 스며들지 못하도록 해야 합니다.

김민웅 그렇게 끊임없이 좌절시켜서 역사의 기억을 지워버리는 전략을 쓰는 거지요. 대동사회를 꿈꾸는 공동체적 연대를 무너뜨리겠다는 겁니다. 한나 아렌트 하면 대개 '악의 평범성'(banality of evil)을 떠올리잖아요. 사유하지 않으면 평범한 사람조차도 악행을 저지를 수 있다는 걸 경고한 것 아닙니까. 그런데 아렌트는 무엇보다도 파시즘의 전략을 날카롭게 정리한 정치사상가입니다.『전체주의의 기원』에서 아렌트는 '반유대주의'를 거론합니다. 반유대주의의 본질은 누군가를 혐오의 대상으로 낙인찍어서 고립시키는 것이지요. 사람들이 서로 연대하고 뭉치는 대동의 연결고리를 끊어서 하나하나 개별적인 원자처럼 만들어 무력화하는 겁니다.

추미애 조국 전 장관님도 그렇고 저도 그렇고, 그렇게 혐오의 대상으로 만들고 고립시켜서 개혁을 꿈꾸는 시민들과 연대하지 못하도록 하겠다는 거지요. 그러나 그들의 계획은 실패할 것입니다. 시민들은 현명하고 위대하니까요. 저도 아렌트의 정치사상과 통찰에서 많은 깨우침을 얻어요. 무엇보다도 사유하지 않으면 언제나 악이 창궐할 수 있다는 경고를 새기며 정치인은 어떻게 살아가야 하는지 생각해봅니다. 당장의 현실을 위한 프로그램을 제시하는 수준의 정치를 넘어서 '사유하는 정치'로의 질적 전환을 모색해야 한다고 봐요. 권력과 언론이 대중의 의식을 조작해서 만드는 대중파시즘을 경계하고 그것을 막아내는 것도 사유의 힘에서 나오지 않겠습니까. 그러니 정치가 '사고의 근력'을 갖춰야 하는 거지요. 정치를 단순화하고 깊은 사유를 비현실적인 것으로 만드는 것도 정치의 질을 떨어뜨리는 기득권 카르텔의 전략이라고 봅니다. 정치가 '생각하기 시작하면' 자기들이 불리해질 테니까요. 우리 사회에 만연한, 누군가를 혐오의 대상으로 낙인찍어 고립시키는 풍토도 경계해야 합니다. 언론이 선정주의로 사람들을 몰아가고 그런 잣대로 판단하게 하는 걸 멈추게 하고 뛰어넘게 하는 것, 그게 정치가 해야 할 중요한 역할 가운데 하나라고 생각해요.

김민웅 그러자면 언론이 말하는 이른바 여론의 대세와 맞서는 일이 요구됩니다. 중요한 것을 사소한 것처럼 만들고 사소한 것을 중요한 것처럼 호도하는 작태에 분명한 태도를 취할 수 있어야 합니다. 용기가 필요하지요.

추미애 김대중 대통령께서는 그러한 언론 때문에 끊임없이 고통당하셨어요. 그래서 국민을 믿는다고 하신 거지요. 노무현 대통령은 정면으로 맞서 치고 나가셨어요. 대단한 용기셨지요. 문재인 대통령께서는 굉장한 인내로 견디시는 것 같아요. 결국 국민이 알거라는 신념이 있으신 것 같아요. 저는 이 모든 게 형태만 다를 뿐이지 용기라고 봅니다. 무엇보다도 거짓에 대해 진실의 힘을 믿고 가는 것, 그게 용기 있는 마음이자 자세가 아닐까 해요.

　김민웅　정치지도자는 때로는 국민에게 "이건 아닙니다. 이렇게 생각해야 하지 않을까요?"라고도 할 수 있어야 하지 않나 싶습니다. 잘난 척하고 가르치려 들기보다는 관성에 빠진 의식에 도전하는 의미로 말이지요. 극작가 출신으로 체코 대통령이 된 하벨은 과거 스탈린주의 정치의 잘못은 체코 시민들에게도 책임이 있다고 말했습니다. 표를 얻어야 하는 정치인으로서는 하기 어려운 말인데, 하벨은 "정치란 진실과 양심을 본질로 삼아야 한다"라고 했어요. 그래야 힘을 합쳐 어두운 베일을 거둘 수 있다고 믿은 거지요. 앞서 언급한 아렌트는 『어두운 시대의 사람들』이라는 책에서 로자 룩셈부르크, 칼 야스퍼스, 발터 베냐민 등 고통을 견디고 어둠을 뚫고 나간 이들의 의식세계를 조명합니다. 기존의 교육과 언론이 왜곡시킨 현실인식의 지층이 너무 두터울 때 용기를 내서 긍정할 것은 긍정하고 부정할 것은 부정해야 하지 않을까 하는 거지요.

　추미애　정말 쉽지 않은 일인 것 같아요. 사실 두렵기도 하고요. 언론이 그런 공론의 정직한 장을 열어준다면 시민들과 함께 깊이 있는 정치 사유를 나누고, 격론도 벌이면서 방향과 좌표에 대한 도전적 논쟁을 펼칠 수 있을 것 같아요. 아무리 선의의 발언도 끊임없는 왜곡과 거짓뉴스로 만들어버리는 현실에서는 언론의 공정성을 확보하는 일이 우선입니다. 이런 고민이 우리의 정치적 담론이 되어 시민들과 함께 토론하고 공유하면서 민주 공화국의 길을 만들어갈 수 있다면 얼마나 좋을까 싶어요. 촛불시민들과 함께하는

SNS 공간은 그런 가능성을 보여주고 있다는 점에서 저는 희망을 가지고 있어요.

## 지구와 사람을 위한 정치

김민웅 깊이 있는 정치 사유를 시민들과 나누고 싶다는 이야기를 하면서, 국내 정치뿐 아니라 지구적 차원의 문제들과 우리의 현실 또는 실존을 연결시키는 힘도 필요하지 않을까 합니다. 기후위기, 생태위기 등과 같은 전 지구적 위협의 현실 앞에서 세계시민적 차원의 의식이 있어야 합니다. 촛불혁명의 역사를 가진 나라답게 세계 인류에 덕을 쌓는 정치를 꿈꾸는 것이지요. 우리 교육기본법 제2조 교육이념에도 "홍익인간"(弘益人間)이라는 말이 나오는 것처럼 인류적 차원의 정치지평도 만들어가야 합니다. 특히 기후위기는 인간과 문명의 멸종이 경고되고 있을 만큼 긴급한 사안입니다.

추미애 한국 안에서 한국의 하늘만 보고 살라고 하면 안 됩니다. 그러면 앞으로의 세상을 꿈꿀 수가 없어요. 세계시민적 위상을 만들어줘야 합니다. 근대사의 역경을 뚫고 개화·독립 운동을 했던 우리 선조들도 변모하는 세계와 호흡하면서 살아갈 나라를 꿈꿨어요. 웅대한 기상을 가진 미래세대를 위한 정치·사회를 만들어가야 해요. 기후위기를 경고하면서 세계적 영향력을 갖게 된 그레타 툰베리를 보면 우리는 너무 내부 문제에만 매달려 있구나 싶었어요. 사실 따지고 들어가면 우리 문제가 세계적 문제와 분리된 게 아닌데, 우리는 국내 문제·국제 문제 하는 식의 이분법적 사고에 익숙해져 있어요. 기후위기에 대한 대응은 세계적 차원에서 함께 고민해야 풀리는 것이고 우리의 경제시스템 전체의 전환을 요구하고 있습니다. 최근 이 사안의 긴급성이 강조되고 있는 것은 우리가 그만큼 위태로운 지점에 와 있다는 건데 정말 잘 대응해나가야 합니다. 안과 밖의 경계가 사라지고 있는 세상에서 우리의 정치의식도 지구적 수준으로 나아가야 합니다. 그럴 때 생태주의 정치도 가능해지게 되지요.

김민웅 말씀을 하시니까 지구의 미래와 관련해서 우리나라에서도 토마스 베리 신부의 지구 생명공동체에 대한 여러 노력에 대해 관심이 깊어지고 있지요. 『우주 이야기』라든가 『위대한 과업』 같은 책들이 번역되고 인간의 영성, 지구 생명의 존엄성에 대한 깨달음을 주지요. 우리의 정치현실에서 이런 주제를 놓고 성찰한다는 게 정말 가당치 않은 지경이지만, 그래도 확실하게 관심을 기울이면서 미래를 만들어가야 합니다.

추미애 노무현 정부 때 강금실 법무부장관이 검찰개혁의 첫 시도를 하게 됩니다. '검사들과의 대화' 자리에 노무현 대통령과 강금실 장관이 함께했던 장면을 모두 기억하실 거예요. 언젠가 법률잡지와의 인터뷰에서 강금실 전 장관이 "참여정부 때 미완에 그쳤던 개혁이 현 정부에서는 완결될 것이라고 생각하며 응원하고 있습니다"라고 하셨어요. 그런데 이분이 요즘에는 지구생명운동을 하고 계셔요. '지구와사람'이라는 포럼 대표이시기도 하고요.

2020년에 『지구를 위한 법학』이라는 책을 내셨어요. 김 교수님이 말씀하신 토마스 베리 신부님의 영향을 깊게 받으셨지요. 저는 이런 노력들이 참으로 소중하다고 생각해요. 우리가 하는 개혁은 결국 '살림운동'입니다. 생명운동이지요. 정치와 교육, 사회와 문화 전반에 걸쳐 생명 살리기 운동이 바로 개혁 정치의 요체라고 봅니다.

## 생명의 아름다움

김민웅 장관님은 불교신자이시잖아요. 생명은 불교정신의 핵심이니 '정치와 생명'이라는 주제는 실존 자체라는 느낌이 듭니다. 저는 기독교인입니다. 기독교 역시도 생명의 가치를 가장 소중하게 여기지요. 모든 위대한 종교의 공통점입니다. 이런 삶의 태도를 지키기 위해 기도와 명상은 기본생활이라고 할 수 있지요. 저는 교육에서도 어릴 때부터 특정 종교의 양식에 얽매이지 않고 기도와 명상의 시간이 있었으면 해요. 아이들의 정신과 마음에 소중한 성찰의 기회가 될 테니까요. 장관님도 아침에 기도와 명상을 하신다고 들었습니다.

추미애 기도와 명상은 저에게 하루를 시작하는 힘입니다. 법무부장관 시절에는 더더욱 기도와 명상에 매달렸어요. 아니면 도저히 견딜 수 없는 일들이 많았으니까요. 남들에게 속 털어놓고 말할 수 없는 일을 두고 기도하는 가운데 치유하고 평정심을 찾았어요. 때로 산사에 가서 혼자 명상에 잠기는 시간이 저에게는 너무나

귀했습니다. 격하고 거친 일을 당하고 나면 마음에 분노가 차서 망가질 수 있으니까 그걸 잘 다스리고 지켜나가는 게 저의 정치에서 언제나 출발점이고 귀환의 자리였어요.

정치가 누군가를 죽이고 짓밟는다면 그것은 생명의 정치를 하지 않고 이해관계와 권력추구에 따르기 때문입니다. 저는 법무부장관을 하면서 정치적 유불리를 계산하지 않겠다고 다짐했어요. 그렇게 하지 않으면 저 역시 정도(正道)에서 벗어날 수도 있다는 것이 분명하니까요. 제가 다치고 부스러지고 깨져도 그래서는 안 된다는 것을 다짐하고 우리 사회의 생명선을 지켜내자고 할 수 있었던 건 촛불시민들의 격려와 응원, 그리고 기도와 명상이었어요. 그러면서 늘 생각했습니다. 따뜻한 마음을 잃지 말자, 이성적 냉철과 차가운 냉정은 다르다, 그렇게 말이지요.

불교가 자비의 종교라는 건 다 아는 사실이잖아요. 정치에 자비가 사라지고 잔혹만 남게 되는 현실을 검찰개혁을 통해 극복하려 했어요. 개혁을 막으려는 세력과 싸우면서 이 싸움에서 이기지 못하면 너무나 많은 희생이 이어지겠다는 걸 절감했어요. 언제나 제 자신을 일깨우는 것은 따뜻하고 아름다운 마음과 생각을 지니고 사는 삶입니다.

김민웅 결국 생명의 기운이 흐르는 정치는 아름다움을 쫓는다, 라는 생각을 하게 됩니다. 저는 애초에 법무부장관을 역임한 추미애라는 사람과 만나서 이야기하는 것만 생각했었는데 그러다 인간 추미애를 만났고, 정치인 추미애를 만났고, 촛불광장의 추미애,

역사의 현장에 서 있는 추미애를 만나게 되었습니다. 그에 더하여 어떤 철학적 고민과 성찰을 하는 사람인지를 알게 되었습니다. 무엇보다도 따뜻한 마음을 가진 한 인격과의 깊은 대화였습니다. 귀한 소득입니다. 이것이 많은 촛불시민들에게 희망과 용기를 나눌 수 있는 터전이 되었으면 좋겠습니다.

우리 이야기는 사실 미완입니다. 어떻게 보면 이제 본격적인 이야기를 하기 위한 현관문을 여는 정도가 아닐까 생각해요. 뿌듯하기도 하고 한편으로는 아쉽기도 합니다. 이런 아쉬운 마음이 새로운 미래를 약속하는 출발점이 되지 않을까 생각합니다. 앞으로 계속 정치를 해나가는 과정에 우리가 나눈 대담이 늘 소중한 기억이 되시길 바랍니다. 이것이 역사의 숨결과 만나는, 시민들의 고통과 만나는, 희망을 함께 껴안는 귀한 시발점이 될 수 있을 테니까요.

추미애 저 또한 이렇게 김민웅 교수님과 이야기를 하면서 저의 정치적 진심을 전달할 수 있어서 기뻤습니다. 기회를 만들어주셔서 정말 감사합니다. 대담을 잘 이끌어주셔서 편안하게 속마음을 털어놓을 수 있었습니다. 우리의 이야기는 아직 미완이라는 말씀, 깊이 다가옵니다. 그 미완을 실천으로 연결해 꼭 결실을 맺어보겠습니다. 이 시대의 인문지성으로 많은 이들이 존경하는 교수님과 깊은 대화를 무겁지 않게, 즐겁고 따뜻하게 나눌 수 있어서 참으로 좋았습니다. 이야기를 하면서 제 자신도 좀더 다져지고 체계화되고 앞으로 무얼 어떻게 해야 하는지 분명하게 볼 수 있었습니다. 아픔이 치유되고 한이 풀리는 해원(解冤)의 시간이 되었고 그것만으로도 감사했는데 좋은 성찰의 기회, 결심을 다지는 계기가 되었습니다. 다시 한번 촛불시민들에게도 감사의 인사를 전해드리면서 저 역시 아쉬운 마음 여기서 마무리하겠습니다.

김민웅 앞으로 이런 대화가 계속되기를 바랍니다. 새로운 세상을 만드는 데 추미애 장관님의 특별한 역할을 기대하는 바입니다. 추미애의 생생한 육성을 들어본 시간이었습니다. 격정·솔직 대담, 여기서 마치겠습니다. 감사합니다.

추미애 감사합니다.

# 개혁정치의 미래를 만나다

• 책 끝에 부치는 말씀

## 촛불시민의 힘

마침내 여기까지 왔습니다. 2016년 촛불혁명은 민주주의 세력의 정치적 위력을 입증했고, 2019년 서초동 촛불은 그 기반을 딛고 구체적인 적폐 혁파의 힘을 모아냈습니다.

이제 필요한 것은 바로 이 개혁전선의 정치적 확장과 진화입니다. 머뭇거릴 이유가 없습니다. 총력을 기울여서 역사적 거사를 완성시켜야 합니다.

우리의 민주주의 운동사에서 많은 희생이 있었습니다. 그러나 그것은 단지 희생으로 그치지 않고 역사의 동력이 되어 파시즘의 난동을 막고 미래를 향한 우리의 역량이 되었습니다. 지난 2년 동안 검찰개혁은 특권 카르텔의 억압적 구조를 무너뜨리고 인간의 존엄을 지켜낼 수 있는 세상을 만들 수 있는가에 대한 시금석이었습니다.

개혁을 좌절시키기 위한 정치검찰의 저항은 치열하고 잔혹했습니다. 이는 급기야 검찰 쿠데타라는 지점까지 가는 상황에 이르렀습니다. 법과 제도를 타고 움직이는 정치적 반역이라는 점에서 일상의 감각으로는 이를 느끼기 어려웠으나 언론과 한 몸이 되어 움직이는 그 위세는 우리의 사회의식 전반을 쥐고 흔들었습니다.

민주적으로 선출된 권력의 민주적 통제를 거부하고 자신들이 최고권력이고자 하는 집단의 칼끝은 특히 검찰개혁의 수장으로 등장한 비검찰 출신 법무부장관을 향해 겨누어졌습니다. 정조준이었습니다. 조국 그리고 추미애 전 장관의 지휘체계 전반을 교란시키고 개혁을 파산의 지경으로 몰아가려 했고 자신들이 공정과 윤리의 주역으로 변장하고 나섰습니다.

하지만 촛불혁명의 주체인 시민들은 침묵하지 않았습니다. 숱한 위정자와 지식인들, 명망가와 지도층이 진실을 외면하고 왜곡된 시류에 영합할 때 촛불시민들은 역사가 가야 할 길이 어디인지 명확히 꿰뚫어보고 있었습니다.

## 개혁정치가 추미애

'추미애'라는 개혁정치가와의 만남과 대화는 내내 즐겁고 경이로웠습니다. 언론이 가려온 그의 진면목을 솔직하게 마주할 수 있는 기회였습니다. 한 인간에 대한 사회정치적 이미지를 비틀고 파편화시키는 정치공작은 지금도 진행 중입니다.

이 책은 정치공작의 현실을 뚫고 추미애와 시민들이 직접 만나 그 육성을 나눌 수 있는 현장입니다.

그는 한결같습니다. 옳은 길이면 가고 아니면 가지 않습니다. 아무리 어렵다 해도 가야 할 길이라면 갑니다. 혼자라도 머뭇거리지 않고 함께라면 빗발치는 공세 앞에서도 선봉을 마다하지 않습니다. 어떻게 그럴 수 있을까요. 답은 분명합니다. 역사의 진실에 자신을 내놓기 때문입니다. 그래서 추미애는 만신창이가 되어도 맑고, 상처투성이인데도 씩씩합니다.

이야기를 나누면서 추 장관의 배우자 서성환 변호사에게도 깊은 관심을 갖게 되었습니다. 그는 인권·환경·역사 운동을 펼쳐온 시민운동가이고 변호사입니다. 사고로 장애인이 되었지만 전혀 위축됨이 없이 용기 넘치는 인생을 살고 있습니다. 이번에 저는 이 두 사람의 연애사와 이들이 함께 결단한 이야기를 들으면서, 그러면 그렇지, 하고 고개를 끄덕였습니다. 부부가 함께 손잡고 오로지 바른길만을 걷는다는 것은 쉽지 않은 일입니다. 정의를 위해 동지적 결속을 지켜온 두 분에게 경의를 표합니다.

추미애는 단련된 정치가입니다. 고난 앞에서 좌절하지 않고 견뎌왔습니다. 경륜의 정치를 실천하고 있습니다.

추미애의 정치멘토는 김대중입니다. 시야의 넓이와 깊이, 신중함과 추진력, 결단과 책임이 추미애 정치의 핵심입니다. 본인의 능력인 동시에 세계적인 지도자 김대중에게 받은 정치적 훈련의 결과입니다.

노무현과 문재인 두 대통령과의 정치적 인연이야 더 이상 말해 무엇하겠습니까. 돌아보면, 김대중·노무현·문재인 대통령 선거의 중심에 언제나 추미애가 있었습니다. 김대중이 발탁한 정치신인, 노무현이 자신의 왼편에 세운 미래의 지도자, 문재인 대통령을 세운 촛불혁명 정부의 최전선에 당대표였던 추미애가 존재합니다.

결코 간단한 정치여정이 아닙니다. 길이 보이지 않는 상황에서도 억세고 지치지 않는 단단함으로, 마음먹으면 마음먹은 대로 돌진하니 이런 그를 정치권에서 누가 쉽게 달가워하겠습니까. 그러나 촛불시민들은 달랐습니다. 그런 추미애에게서 우리는 실천적 해답을 구할 수 있습니다. 그는 성찰하고 행동하기 때문입니다.

그래서 추미애는 촛불의 명령에 답하고자 합니다. 이 책에 담긴 목소리입니다. 그는 최선을 다해 자신을 보였습니다. 때로는 격정적이고 냉철하게, 때로는 따뜻하고 사랑스럽게 말했습니다. 개혁정치가 추미애와 인간 추미애 사이에 빈틈은 하나도 없었습니다.

『추미애의 깃발』은 촛불의 새로운 집결거점을 마련하게 될 것입니다. 보다 단단해진 개혁전선의 출범입니다. 폭풍을 겪었던 검찰개혁의 수장이 다시 폭풍의 진원지가 될 것입니다. 거센 바람이 어디에서 와 어디로 가는지 모르게 불어, 바다는 출렁이고 산은 춤을 출 것이며 들판에는 혼불이 맹렬하게 번질 것입니다. 그것이 추미애의 심장이 가진 화력입니다.

## 이제부터 시작입니다

기후위기라는 지구적 비상사태에 대응하는 우리의 현실은 초라합니다. 생태계의 재앙은 경고가 아니라 우리의 현실입니다. 한반도 평화를 여는 힘은 아쉽게도 답보상태입니다. 불평등의 세상은 움쩍도 하지 않습니다. 언론의 부패와 공작은 매일 되풀이되고 있습니다.

우리 모두의 과제인 교육은 또 어떻습니까. 가치에 대한 고민을 잃은 채 유효기간이 짧은 생존기술 연마에 급급하고 있습니다. 노동자들이 일회용 소모품으로 방치되고 있습니다. 이런 과제들 앞에서 정치는 왜소해지고 있을 뿐입니다. 우리 모두 함께 만들어가야 할 '위대한 기획'이 절실합니다.

기후위기는 과학적 상상력의 소산이 아닙니다. 엄연히 존재하는 현실입니다. 인간과 자연에 대한 산업자본주의의 유린을 멈추고 생태계의 생명력을 지켜내는 인류적 결단이 요구됩니다. 이것을 위해 필요한 일체의 행동과 제도의 최우선적 실현이 너무나 긴급합니다. 토지개혁에 준하는 정책이 나오지 않는 한 불평등한 사회의 기본구조는 건드리지도 못하게 될 것입니다.

한반도 평화와 통일을 가로막고 있는 장벽을 허무는 일은 우리에게 주어진 역사적 임무입니다. 세계평화에 헌신하는 작업입니다. 평등한 사회와 노동의 가치를 하나로 연결시키는 일은 미래세대를 지켜내는 일입니다. 철학하는 삶을 키워내는 교육 없이 새로운 미래는 만들 수 없습니다. 언론의 여론조작과 정치공작을 막지 못하면 우리 사회의 의식은 퇴행하고 말 것입니다.

무엇보다도, 특권의 카르텔을 방어하는 문지기였다가 그 자신이 카르텔의 중심이 된 정치검찰을 혁파하지 않으면 누군가는 끊임없이 억울하게 될 것입니다. 또 누군가는 죄를 짓고도 활보하며 위세를 부리게 될 것입니다. 정의는 짓밟히고 참혹한 세상에서 자비를 구하는 것은 무모해집니다.

이 모든 것을 일거에 할 수는 없겠으나 '대균열'을 내는 일은 할 수 있습니다. 이것이 창조의 시발점입니다.

예언자 이사야는 악을 행하는 이들을 질타합니다.

"더 차지할 곳이 없을 때까지 집에 집을 더하고 밭에 밭을 더하는 자들, 의인의 정당한 권리를 빼앗는 자들"(「이사야」 5:8, 5:23).

시편은 경고합니다.

"악인은 함정을 파지만 그가 만든 구덩이에 그가 빠지고 남에게 휘두른 폭력이 그의 정수리로 돌아간다"(「시편」 7:14-15).

저는 『성서』에 기록된 예수님의 말씀을 믿습니다.

"의에 주리고 목마른 이들이 복이 있습니다. 의를 위해 박해를 받은 사람이 복이 있습니다. 마음이 깨끗하고 평화를 이루는 사람이 복이 있습니다. 온유한 사람이 복이 있을 것입니다"(「마태복음」 5:5-10).

생명의 역사를 열기 위한 대결전의 시간이 다가오고 있습니다. 혁명은 혁명 이후로 판가름납니다.

촛불혁명은 이제부터입니다.

새로운 세상을 바라는 사람들과 함께 드는 추미애의 깃발, 이 시대의 길을 위엄 있게 뚫어내길 간절히 기도합니다.

그것은 이 시대가 펄럭여야 할 깃발이기 때문입니다.

2021년 6월

*Choo Mi-ae's Flag: Hand in Hand We Together*
By Choo Mi-ae · Kim Minwoong
Published Hangilsa Publishing Co. Ltd., Korea, 2021.

# 추미애의 깃발

**지은이** 추미애 · 김민웅
**펴낸이** 김언호

**펴낸곳** (주)도서출판 한길사
**등록** 1976년 12월 24일 제74호
**주소** 10881 경기도 파주시 광인사길 37
**홈페이지** www.hangilsa.co.kr
**전자우편** hangilsa@hangilsa.co.kr
**전화** 031-955-2000 **팩스** 031-955-2005

**부사장** 박관순 **총괄이사** 김서영 **관리이사** 곽명호
**영업이사** 이경호 **경영이사** 김관영 **편집주간** 백은숙
**편집** 박희진 노유연 이한민 박홍민 김영길
**관리** 이주환 문주상 이희문 원선아 이진아 **마케팅** 정아린
**디자인** 창포 031-955-2097
**인쇄** 예림 **제본** 예림바인딩

제1판 제1쇄 2021년 7월  1일
제1판 제6쇄 2023년 7월 16일

값 17,000원
ISBN 978-89-356-6868-7 03340